Jörg Berger

Meine Stacheln

Wie Sie Ihre Schwächen entschärfen

francke

Über den Autor:
Jörg Berger arbeitet als Diplom-Psychologe, Psychotherapeut und Paartherapeut in eigener Praxis. Daneben schreibt er Sachbücher und ist freies Redaktionsmitglied der Zeitschrift „family". Er hat schon viele Lebenswege begleitet, auf denen Menschen ihre Stacheln abgelegt und sich stattdessen in einer selbstbewussten, konfliktbereiten Liebe geübt haben.

Bibliografische Information Der Deutschen Bibliothek
Die Deutsche Bibliothek verzeichnet diese Publikation
in der Deutschen Nationalbibliografie;
detaillierte bibliografische Daten sind im Internet
über http://dnb.ddb.de abrufbar.

ISBN 978-3-86827-530-8

35037 Marburg an der Lahn
Illustrationen im Innenteil: Thees Carstens
Umschlagbild: © iStockphoto.com / malerapaso
Umschlaggestaltung: Verlag der Francke-Buchhandlung GmbH /
Sven Gerhardt
Satz: Verlag der Francke-Buchhandlung GmbH
Printed in Czech Republic

www.francke-buch.de

Inhalt

Einleitung

*„Hilf, Herr meiner Tage,
dass ich nicht zur Plage
meinem Nächsten bin."*

Dieses alte Kindergebet leuchtete mir ein. Nachdenklich stieg ich die Stufen des großen Treppenhauses nach oben, vom kleinen, mit Matratzen ausgelegten Andachtsraum meines Gymnasiums zum Klassenzimmer. Ich dachte an die Gemeinheiten, die unter Schülern üblich sind. Später entdeckte ich, was alle Menschen im Lauf ihres Lebens entdecken: Man muss nicht einmal gemein sein – selbst wenn man nett und fair sein will, leiden andere unter den eigenen Schwächen. Oft begreift man gar nicht, was eigentlich das Problem ist und was den anderen verletzt. Die eigenen blinden Flecken machen Beziehungen kompliziert.

Sozial eingestellte Menschen haben den Wunsch, der sich im oben zitierten Kindergebet ausdrückt. Sie wollen nicht, dass andere unter ihren Schwächen leiden. Es quält sie, wenn dies doch passiert. Es gibt aber auch ganz eigennützige Gründe, sich den eigenen Schwächen zu stellen. Denn wenn andere unter unseren Schwächen leiden, fahren sie ebenfalls ihre Stacheln aus. Das kostet Zeit und Kraft. Es hindert uns, Ziele zu erreichen, weil die Zusammenarbeit nicht mehr gut funktioniert. Schließlich verschlechtert es auch Beziehungen, wenn beide Seiten ihre Stacheln einsetzen. Eine gute Zusammenarbeit und glückliche Beziehungen erfordern daher einen guten Umgang mit den eigenen Schwächen.

Dieses Buch lädt Sie auf eine Entdeckungsreise zu Ihren Schwächen ein. Wir alle haben wunde Punkte und wenn bestimmte Situationen auftreten, dann fahren wir unsere Stacheln aus. Manche Stacheln dienen dem Angriff, andere der Verteidigung. Es hängt von unserer Lebensgeschichte ab, zu welchen dieser Stacheln wir greifen. Die meisten Menschen setzen vorwiegend ein oder zwei verschiedene Stacheln ein. Es gibt aber auch Persönlichkeiten, bei denen kein Stachel besonders stark ausgeprägt ist. Sie entdecken dafür oft mehr als zwei bei sich. Je mehr Stress wir in einer Situation erleben, desto deutlicher zeigen sich unsere Stacheln. Dabei kann es auch sein, dass wir in verschiedenen Lebensbereichen zu unterschiedlichen Stacheln greifen, im Berufsleben etwa zu anderen als in Freundschaften.

Dieser Ratgeber macht Ihnen Ihre Schwächen bewusster. Auch wenn Sie sich schon gut kennen, dürfen Sie mit einigen Aha-Erlebnissen rechnen. Die Konfrontation mit den eigenen Schwächen könnte auch entmutigen. Ein wenig Schmerz über die eigene Person jedoch ist heilsam. Denn Sie werden auch entdecken: Niemand muss bei seinen Schwächen stehen bleiben. Jeder kann sich auf einen Weg der Veränderung begeben. Er lässt uns zu Persönlichkeiten werden, die um ihre Schwächen wissen.

Wer darf uns auf unsere Schwächen hinweisen? Wohl nur eine Person, die uns schätzt und auch unsere Schattenseiten annehmen kann. Im Laufe dieses Buches beschreibe ich viele Menschen mit ihren jeweiligen Stacheln, in anonymisierter, verfremdeter Weise natürlich. Ich hoffe sehr, dass dabei auch meine Wertschätzung und mein Verständnis durchscheinen. Mit der Entschärfung meiner eigenen Stacheln bin ich selbst längst nicht am Ende angelangt. Etliche Passagen dieses Buches lese ich mit einem schmerzlichen Gefühl. Auch wenn ich dieses Buch als Fachmann schreibe, fordert mich das Thema selbst heraus. Man kann es vielleicht mit einem Physiker vergleichen, der über die Schwerkraft bestens unterrichtet ist, ihren Gesetzen aber wie jeder andere unterworfen ist. Diese Selbstverständlichkeit würde ich nicht betonen, wenn ich nicht an dieser Stelle um Ihr Vertrauen werben wollte. Wo ich Menschen begleite, werden dabei auch ihre Schwächen sichtbar. Dann hängt alles vom Vertrauen ab. Wer sich verstanden und angenommen fühlt, kann auch eine peinliche Selbsterkenntnis verkraften. Nach einer kurzen Erschütterung finden Menschen ihr Gleichgewicht wieder. Ein zerknirschtes Gefühl, etwas anders machen zu müssen, verwandelt sich in das befreiende Gefühl, nun etwas anders machen zu können. Es öffnen sich neue Möglichkeiten, Beziehungen zu gestalten und mit anderen zusammenzuarbeiten.

Folgende acht Schwächen sind es, die andere verletzen, enttäuschen oder auch bedrohen.

Grenzen überschreiten. Wenn beziehungsorientierte Menschen zu weit gehen, dann vereinnahmen sie andere. Sie stellen mehr Nähe her als die, auf die sich ein anderer einlassen kann. Auch in der Zusammenarbeit, im Teilen von Dingen und Informationen setzen sie manchmal ein „Ja" voraus, das noch gar nicht ausgesprochen wurde.

Blenden. Wer auf einen guten Eindruck aus ist, stellt manchmal ein Bild von sich aus, das zu schön ist, um wahr zu sein. Selbstdarstellung weckt Erwartungen, die andere irgendwann enttäuschen.

Energie rauben. Manche Menschen verlangen zu viel von sich. Sie überfordern sich und suchen dann ein offenes Ohr oder Unterstützung. Anderen kann das Zeit und Kraft rauben.

Abwerten. Kritische Menschen urteilen manchmal streng, wenn andere ihren Maßstäben nicht gerecht werden. Das entmutigt, kränkt und verletzt. Es weckt auch den Zorn auf den, der sich selbst zum Maßstab macht.

Einschüchtern. Dies ist die Versuchung starker Persönlichkeiten, die anderen Angst machen und sich auf diese Weise durchsetzen.

Vermeiden. Vorsichtige Menschen gehen Unangenehmem manchmal aus dem Weg. Wenn in Beziehungen etwas schwierig wird, ziehen sie sich lieber in ihr Schneckenhaus zurück. Auch bei schwierigen Aufgaben zögern sie manchmal lange. Das kann enttäuschen.

Rächen. Manche Menschen sind sensibel für Ungerechtigkeiten. Wenn ihnen die widerfahren, greifen sie zur Macht der Ohnmächtigen. Sie bestrafen andere, oft auf unauffällige Weise.

Menschen ohne Stacheln. Auch Friedfertigkeit kann man übertreiben. Ein Übermaß an Toleranz und Gelassenheit macht andere wütend.

Jeder Schwäche ist ein eigenes Kapitel gewidmet. Jedes schließt mit einer Einladung zu einem spirituellen Weg. Psychologische Werkzeuge verändern erstaunlich viel. Doch irgendwann kommen sie an ihre Grenzen. Denn hinter unseren menschlichen Schwächen stehen auch existenzielle Fragen, die eine existenzielle Antwort erfordern. Ich schöpfe hier aus der christlichen Tradition, in der ich verwurzelt bin. Darüber hinaus habe ich schon viele Menschen begleitet, die kirchlich geprägt sind.

Vielleicht sind Sie in einer anderen religiösen Tradition verwurzelt. Dann werden Sie sehen: Die existenziellen Fragen stellen sich jedem Glaubenden und müssen dort eine Antwort finden. Vielleicht inspiriert Sie ja der Vergleich mit der christlichen Tradition und hilft Ihnen, die Schätze Ihrer eigenen Religion zu bergen. Vielleicht verstehen Sie sich auch als Atheistin oder Atheist oder auch als Agnostikerin oder Agnostiker. Auch dann könnte Sie die Beschäftigung mit Existenzfragen anregen. Sie führen zu einer Lebenskunst, die mit Ohnmacht, Ungerechtigkeit, Mangel und Angst umgehen kann.

Hinter den Stacheln, die ich in diesem Buch beschreibe, stehen psychologische Konzepte. Am stärksten ist mein Ansatz von der sogenannten Schematherapie geprägt, in der ich als Psychotherapeut beheimatet bin. Sie ist eine moderne Weiterentwicklung der kognitiven Verhaltenstherapie und findet in Deutschland eine große Verbreitung. Ihre Grundidee ist folgende. Bei jedem Menschen gibt es einige wunde Punkte (Schemata), die in Stresssituationen seine Gefühle und sein Verhalten bestimmen. Um diese wunden Punkt zu schützen, bildet ein Mensch Verteidigungs- und Angriffsstrategien aus. Die haben allerdings Nebenwirkungen, die zwischenmenschliche Probleme verursachen.

Die Verteidigungs- und Angriffsstrategien habe ich in einer Weise aufbereitet, die mir verständlich und anschaulich erscheint. Diese habe ich auch schon einem anderen Buch zugrunde gelegt: „Stachlige Persönlichkeiten. Wie Sie schwierige Menschen entwaffnen". Dieses Buch hat eine außerordentliche Resonanz gefunden. Ende 2014 befand es sich zum Beispiel für drei Monate unter den Top 10 der Idea-Bestsellerliste, die die Verkäufe in evangelischen Verlagen und Buchhandlungen abbildet. Bereits innerhalb eines Jahres wurde eine zweite und dritte Auflage gedruckt. Das habe ich auch als Bestätigung für meinen Ansatz gewertet, der die Schwächen von Menschen mit sieben Stacheln beschreibt. Auch in meinen Vorträgen ließen sich Fallbeispiele von Teilnehmern hier gut einordnen.

Während es bei den „Stachligen Persönlichkeiten“ um extreme Ausprägungen schwieriger Verhaltensweisen geht, nimmt „Meine Stacheln“ auch die leichteren Ausprägungen in den Blick. In diesem Ratgeber habe ich neben den sieben Stacheln auch einen achten Typ beschrieben: Menschen ohne Stacheln. Auch Friedfertigkeit kann man übertreiben. Dann kann sie zu einer Schwäche werden, die anderen Probleme bereitet.

Dieses Buch können Sie auf mindestens drei Weisen nutzen. Pragmatische Leserinnen und Leser werden gezielt zu den Kapiteln gehen, die sie selbst betreffen. Die Leitfragen am Anfang jedes Kapitels führen Sie schnell zu Ihren Schwächen. Andere werden die Kapitel sowohl für sich selbst als auch für andere lesen. Besonders wenn Sie in einem sozialen Beruf arbeiten, Menschen führen oder anleiten, hilft Ihnen auch ein Verständnis für die Schwächen der anderen. Wenn Sie psychologisch interessiert sind, werden Sie vermutlich auch alle Kapitel lesen. Hinter jeder Schwäche verbirgt sich ein menschliches Lebensthema, das sich jedem in der einen oder anderen Weise stellt. Wo Sie bereits gelassen sind, können Sie souverän werden. Mit diesem Zugang können Sie das Buch zur Charakterbildung nutzen.

Ich wünsche Ihnen eine aufschlussreiche
und gewinnbringende Lektüre.

Jörg Berger
im Mai 2015

Grenzen überschreiten

Haben Sie manchmal das Bedürfnis, andere zu erziehen? Haben Sie einen anderen Menschen schon einmal vereinnahmt? Haben Sie schon Aufgaben verteilt, ohne die Zustimmung Ihres Gegenübers abzuwarten? Oder haben Sie eine andere Person schon einmal gedrängt, sich zu öffnen? Dann könnten Grenzüberschreitungen Ihr Stachel sein.

Jeder Mensch hat einen persönlichen Bereich, über den er frei entscheiden darf: Mit wem er seine Gedanken und Gefühle teilt, wie er sein Geld einsetzt, wie er seine Zeit verbringt, wofür er sich engagiert, auf welche Weise er seine Aufgaben anpackt und mit wem er Umgang hat. Alle diese Dinge machen die Entscheidungsfreiheit eines Menschen aus. Natürlich dürfen wir einander beeinflussen. Wir sprechen Bitten und Wünsche aus, wir argumentieren oder werben für eine bestimmte Sichtweise. Wir warnen, geben Empfehlungen oder sprechen ein kritisches Wort aus. Das alles wird als fair empfunden, weil wir anderen dabei ihre Entscheidungsfreiheit lassen. Grenzüberschreitungen gehen einen Schritt weiter. Sie bestimmen über andere.

Grenzüberschreitungen verfolgen keine böse Absicht. Trotzdem bringen sie andere in unangenehme Situationen, wie die folgenden Beispiele zeigen.

Erziehen. „Sag doch auch mal was. Du bist immer so still." Frauke nickt ihrer stillen Freundin aufmunternd zu. Die errötet, besonders weil noch andere am Tisch sitzen. Aber immerhin beteiligt sie sich daraufhin mit ein paar Sätzen am Gespräch.

Kontrollieren. „Wo willst du hin?" Thomas tritt seinem Kollegen Jens in den Weg, der überrascht stehen bleibt: „Zum Kopierer, wo ist das Problem?"
„Wir haben doch jetzt das Meeting", wendet Thomas ein.

Jens windet sich: „Ja, aber ich bin doch längst in einem neuen Projekt. Das betrifft mich nicht mehr."
Doch Thomas bleibt hartnäckig. „Schon, aber wir haben das doch zusammen auf die Beine gestellt. Jetzt brauchen wir dein Know-how noch mal." Thomas fasst Jens am Oberarm. „Komm, wenigstens die erste halbe Stunde. Ich mache dir auch einen guten Kaffee."

Vereinnahmung. Moritz ist neu in der Stadt und hat eine Kirchengemeinde gefunden, in der er sich wohlfühlt. Unter den Männern seines Alters fällt ihm Thomas auf. Er singt im Chor und hat eine sympathische Ausstrahlung. Moritz könnte sich gut vorstellen, sich mit ihm anzufreunden. Zu einem Gespräch gab es bisher keine Gelegenheit. Deshalb packt Moritz die Gelegenheit beim Schopf, als er Thomas nach dem Gottesdienst einmal ohne Gesprächspartner erwischt: „Ich würde dich gerne einmal zu einem Glas Wein einladen." Thomas scheint nicht recht zu wissen, wie er darauf reagieren soll. Aber er schreibt Moritz seine Telefonnummer auf.

Einspannen. „Sag mal. Hast du am Sonntag in einer Woche Zeit?" Sybilles Freundin überlegt einen Moment. „Nun, ich habe noch nichts vor." Jetzt rückt Sybille mit ihrem Anliegen heraus: „Meine Eltern feiern Goldene Hochzeit. Ich organisiere das ja alles. Und ich bräuchte dringend noch jemanden, der am Nachmittag Kaffee ausgeschenkt."
„Und was habe ich davon?", hätte Sybilles Freundin am liebsten geantwortet. Aber das gehört sich ja nicht. Natürlich kann ich helfen, denkt sie sich weiter. Aber hätte Sybille nicht auch irgendjemanden von der Familie fragen können? Das wäre in diesem Fall doch viel passender gewesen.

Stoppsignale übergehen. Heiner hat Lisa mit seiner Bemerkung verletzt. Wie kann er nur so etwas sagen? „Warum?" Mit dieser Frage bohrt sich Lisa in Heiners Gewissen. Der wird immer hilfloser. Er schlägt vor: „Lisa, beruhige dich, lass uns morgen noch einmal darüber reden. Ich kapiere gar nicht mehr, was gerade vor sich geht." Aber Lisa möchte es gleich klären. Sie redet noch lange mit Heiner, eigentlich redet sie auf ihn ein, während Heiner kaum noch reagiert.

Vertrauliches preisgeben. „Wer weiß denn noch alles von meinem Diabetes?", fragt Maike ärgerlich.
Kathrin kann die Kritik gar nicht verstehen: „Ich mache mir doch nur Gedanken um dich. Und unter Freunden darf man doch sagen, was einen bewegt." Maike wird unsicher. Schlimm ist es nicht, wenn andere ihre Diagnose erfahren. Trotzdem hätte sie es lieber selbst mitgeteilt.

Wegschnappen. Mark bedrückt ein Problem. In der Besprechung ergreift er als Erster das Wort und macht sich Luft. Nach einer Weile hat Mark ein paar gute Tipps gehört. Aber er ist noch nicht zufrieden und schildert seine Situation ausführlicher. Allmählich werden die Kollegen unruhig, denn es ist klar: Für andere Themen wird keine Zeit mehr bleiben. Mark dagegen geht zufrieden aus der Sitzung. Es wurde eine Maßnahme beschlossen, die ihn künftig entlastet.

Grenzüberschreitungen geschehen auf ganz unterschiedliche Weise. Aber immer nehmen sie andern ihre Entscheidungsfreiheit. Aus diesem Grund kann man Grenzüberschreitungen nicht leicht erkennen, wenn man Macht hat, z. B. als Eltern oder als Vorgesetzter. Da darf und soll man schließlich über andere bestimmen. Aber auch hier gibt es Regeln, wie weit der Einfluss gehen sollte. Faire Vorgesetzte bestimmen nur da, wo es um die Umsetzung von Zielvorgaben geht. Sie lassen ihren Mitarbeitern Freiheit, auf welchem Weg sie Ziele erreichen. Eltern bestimmen nur da über ihre Kinder, wo diese noch nicht in der Lage sind, die Folgen ihres Handels zu überblicken. Mit wachsenden Fähigkeiten wächst auch die Freiheit, die man Kindern zugestehen sollte. Wenn der Einfluss, den Sie auf Ihre Kinder ausüben, weiter geht als der anderer Eltern, könnte es sein, dass Sie gelegentlich die Grenzen Ihrer Kinder überschreiten.

Grenzüberschreitungen geschehen auf ganz unterschiedliche Weise. Aber immer nehmen sie andern ihre Entscheidungsfreiheit.

Erkennen Sie sich selbst

Was geschieht mit anderen, wenn ich ihre Grenzen überschreite? Eine stille Freundin wird sich vielleicht zum Reden bringen lassen, dies aber nur als Ausweg aus einer peinlichen Situation sehen. Sie wird sich auch künftig mit ein paar Sätzen am Gespräch beteiligen. Denn sie hat gelernt, dass sie mit etwas Konversation unauffälliger ist und nicht zu etwas gedrängt wird, was ihr unangenehm ist. Doch wie alle Stacheln erreichen Grenzüberschreitungen oft ihr Gegenteil. Das Erziehen hat die Freundin nicht zu mehr Offenheit ermuntert, es hat ihre Scheu und Vorsicht nur verstärkt.

An diesem Beispiel sehen wir eine typische Folge von Grenzüberschreitungen. Menschen lassen sich zwar durch sie beeinflussen, aber nur oberflächlich, fassadenhaft und ohne eigene Überzeugung. Gedrängte entziehen sich dem Einfluss, sobald dies unauffällig möglich ist. Das fordert weitere Grenzüberschreitungen heraus und es kann zu einem Teufelskreis kommen, in dem sich Beeinflussung und Widerstreben aufschaukeln.

Grenzüberschreitungen ziehen verschiedene Arten von Widerstand nach sich. Andere distanzieren sich oder retten sich in eine fassadenhafte Oberflächlichkeit. Wieder andere gehen in eine Hab-Acht-Haltung und wehren sich reflexhaft, auch dann, wenn es sich um einen berechtigten Wunsch handelt. Dadurch verschlechtert sich die Beziehung. Unter Umständen müssen Sie sich dann sehr für eine Beziehung einsetzen, um diese wieder zu stärken. Das kann anstrengend sein.

Aber warum gehen andere überhaupt in den Widerstand? Was ist an den kleinen Grenzüberschreitungen so schlimm, die ich in den Beispielen gezeigt habe?

Wenn Betroffene offen sagen, wie es ihnen mit Grenzüberschreitungen geht, dann sagen sie Sätze wie die folgenden:

- „Ich habe mich total überrumpelt gefühlt. Ich hatte gar keine Gelegenheit, mir zu überlegen, ob ich das will oder nicht."
- „Mir ist das viel zu schnell gegangen. Ich hätte sie lieber unverbindlich kennengelernt und dann erst entschieden, ob wir uns privat näherkommen."
- „Ich war nur ein Mittel zum Zweck. Ihm war offenbar ganz egal, wie es mir damit geht."

- „Ich habe mich entmündigt gefühlt. Sie mag ja recht haben mit dem, was sie sagt. Trotzdem hat sie nicht das Recht, über mich zu bestimmen."
- „Er ist so dominant. Irgendwie bekommt er es immer hin, dass ich etwas für ihn tue und meine eigenen Sachen zurückstelle."
- „Sie nimmt sich einfach, was sie braucht – mehr als ihr zusteht. Mir ist es aber zu dumm, ständig Kämpfe mit ihr auszutragen."

Grenzüberschreitungen erzeugen also einen Widerwillen, weil sie anderen ihre Freiheit nehmen. Sie wecken Ärger und das Gefühl, gezwungen zu werden, weil sie Menschen dazu bringen, etwas zu tun, das sie eigentlich nicht wollen, oder etwas zu ertragen, das ihnen unangenehm ist. Schließlich verursachen Grenzüberschreitungen auch Angst, besonders bei Menschen, die sich nicht gut wehren können.

> Grenzüberschreitungen erzeugen einen Widerwillen, weil sie anderen ihre Freiheit nehmen.

Ein Gedanke könnte Sie in trügerischer Sicherheit wiegen: Solange sich andere nicht beschweren, ist alles in Ordnung. Dabei übersehen Sie: Oft wäre es für andere peinlich, sich zu wehren. Deshalb tolerieren viele die Grenzüberschreitung, ziehen aber im Stillen ihre Konsequenzen.

Auch wenn Sie gerade jemandem ein Zugeständnis abgerungen haben und hinterher fragen: „Ist das jetzt auch okay für dich?" – Sie können sich auf die Antwort nicht verlassen. Denn wer antwortet hier schon offen: „Nein, ich fühle mich über den Tisch gezogen, ich war nur nicht geistesgegenwärtig genug, mich zu wehren." Stattdessen werden Sie eine höfliche Antwort hören: „Ja, ist schon okay."

Aus diesem Grund sind Sie auf Ihr eigenes Gespür für Grenzen angewiesen. Nur in guten Beziehungen können Sie andere zu einer Rückmeldung einladen, zum Beispiel so: „Ich weiß von mir, dass ich andere manchmal überrumple. Wenn dir das einmal auffällt, sage es mir gerne."

Wenn ein Konflikt auftritt, finden Sie durch einfühlsame Fragen heraus, ob ein anderer gerade unter Ihnen leidet. Dabei kann ein Dialog wie dieser entstehen:

„Heiner, du wirkst so apathisch. Fühlst du dich denn nicht mehr wohl?"

„Ich bin platt, Lisa. Das war mir jetzt alles zu viel.“

„Warum hast du denn nichts gesagt?“

„Aber ich habe doch ...“ Heiner schüttelt den Kopf.

Lisa wartet aufmerksam ab.

„Ich habe doch gesagt“, setzt Heiner fort, „dass ich lieber morgen weiterreden würde. Aber ich habe das Gefühl, wenn ich nicht mehr will, dann legst du erst richtig los.“

Nun erkennt Lisa die Grenzüberschreitung, die ihr selbst nicht aufgefallen war. Andere Menschen dienen auf diese Weise als ein Spiegel, in dem Verhaltensweisen sichtbar werden, die man selbst nicht erkennen kann. Allerdings sollten Sie sich reife Menschen suchen, die Ihnen Ihr Verhalten spiegeln. Andere könnten auch zu einem Zerrspiegel werden. Es gibt zum Beispiel Menschen, die allergisch sind gegen jede Art von Beeinflussung. Sie fühlen sich schon angesichts einer Bitte unter Druck. Davon sollten Sie sich dann nicht verunsichern lassen.

Offenheit kann viele Situationen entschärfen. Sie können anderen sogar einen Einblick geben, warum Sie den Stachel der Grenzüberschreitung einsetzen. Doch dazu müssen Sie Ihre Beweggründe erst einmal selbst verstehen.

Ein starkes Verantwortungsgefühl. Manche Menschen fühlen sich für das Wohl anderer sehr verantwortlich. Sie platzen fast, wenn sich andere selbst im Weg stehen oder sich durch ihre Fehler schaden. Überverantwortliche würden dann gerne helfen. Aber wenn der andere passiv bleibt, geraten sie unter Druck. Der entlädt sich dann in Grenzüberschreitungen. Meist merken Überverantwortliche, dass ihr Verhalten nicht ganz korrekt ist. Doch der gute Zweck heiligt in ihren Augen die Mittel.

Ein Mangelgefühl. Andere haben in ihrer Kindheit unter einem emotionalen Mangel gelitten. Ihnen haben das Verständnis und die Einfühlung ihrer Eltern gefehlt. Sie hätten sich mehr Zeichen der Liebe gewünscht. Sie hätten mehr Schutz und Anleitung gebraucht, um mit den Anforderungen des Lebens zurechtzukommen. Wer als Kind solche Erfahrungen macht, kann als Erwachsener starke Mangelgefühle erleben. Die stellen sich besonders dann ein, wenn andere schlecht zuhören, unaufmerksam sind oder es an Hilfsbereitschaft fehlen lassen. Der vergleichsweise kleine Mangel der Gegenwart schlägt eine Gefühlsbrücke zu dem existenziellen Mangel in der Kindheit. Dann brechen Gefühle von Enttäuschung, Einsamkeit oder Schmerz hervor. Grenzüberschreitungen drängen andere dann, die notwendige Zuwendung zu schenken. Hier könnte man sagen: Die Not heiligt die Mittel.

Überhöhte Maßstäbe. Manche Eltern tragen ihre Maßstäbe unerbittlich an ihre Kinder heran: Leistung bringen, schnell und effektiv sein, die sozialen Spielregeln beherrschen, Erfolge erzielen, Gutes tun. „Geht nicht, gibt's nicht." Mit diesem Slogan kann man eine überfordernde Kindheit auf den Punkt bringen. Wer so geprägt wurde, steht auch als Erwachsener unter dem Druck, seinen Maßstäben zu genügen. Allerdings ist man in vielen Situationen auf andere Menschen angewiesen. Die müssen mitmachen, wenn man seine Ziele erreichen und seinen Maßstäben gerecht werden will. Wenn sich andere weigern, entsteht eine Spannung. Die lösen Getriebene manchmal auf, indem sie Grenzen überschreiten und andere dann zum Guten nötigen. Sie machen andere zum Rädchen in einem Getriebe, das für ihre Ziele arbeitet – Ziele, die den Eingespannten manchmal gar nicht wichtig sind.

„Geht nicht, gibt's nicht". Mit diesem Slogan kann man eine überfordernde Kindheit auf den Punkt bringen.

Die Erfahrung von Missachtung. Es gibt noch einen letzten Grund, der Menschen zu Grenzüberschreitungen verleitet. Manche haben in ihrer Kindheit erlebt, dass ihre Rechte missachtet wurden. Sie waren in ihren Familien Wutausbrüchen, Manipulation oder Grenzüberschreitungen ausgesetzt. Oder sie haben außerhalb der Familie Ausgrenzung, Mobbing oder Ungerechtigkeit erlitten. Leben bedeutet für sie, um das eigene Recht kämpfen müssen. Dieser Kampf setzt sich auch im Erwachsenenalter fort, selbst wenn Menschen dann in einem Umfeld leben, in dem es einigermaßen fair zugeht. Gewohnheitsmäßig kämpfen sie um ihre Rechte und um ihren Anteil, wenn es etwas zu verteilen gibt. Dabei kommt es zu Grenzüberschreitungen.

Diese psychologischen Hintergründe können Sie beachten, um den Stachel der Grenzüberschreitung zu entschärfen. Sie helfen Ihnen aber auch dabei, ehrlich mit dem eigenen Stachel umzugehen. So kann man sich in selbstentwaffnender Weise öffnen:

- „Manchmal will ich andere zu ihrem Glück zwingen. Eigentlich wollte ich dir nur helfen. Aber vielleicht habe ich dich dabei überrumpelt?"
- „Ich hatte solche Angst, dass du mich nicht verstehst und mich im Stich lässt. Bin ich in meiner Reaktion zu weit gegangen?"
- „Mich macht es verrückt, wenn wir in diesem Projekt auf der Stelle treten. Und ich glaube, dass du einen wichtigen Beitrag leisten kannst, damit es vorangeht. Aber ich weiß auch, dass ich über dich nicht bestimmen kann. Wenn ich dich einmal zu sehr unter Druck setze, dann sage es mir bitte."
- „Ich fühle mich schnell ungerecht behandelt. Dann kann ich ziemlich kämpferisch auftreten. Wenn ich dir dabei einmal Unrecht tue, tut es mir leid und du kannst mich gerne darauf hinweisen."

Ein offener Umgang mit der eigenen Schwäche hat viele positive Effekte. Er erhöht die Toleranz anderer. Denn wenn einer so offen mit seiner Schwäche umgeht, können andere sie richtig einordnen und werden vieles nachsehen. Außerdem öffnen sich andere leichter, wenn Sie selbst offen sind. Sie erhalten wertvolle Rückmeldungen, die Ihnen wiederum helfen, Ihre Schwäche immer genauer zu sehen. Dann stehen Sie bereits an der Schwelle zu einer Veränderung.

So ändern Sie Ihr Verhalten

Menschen, die gelegentlich Grenzen überschreiten, haben oft Ideale, in denen es um Gemeinschaft geht: für einander da sein, alles miteinander teilen, gemeinsam für wichtige Ziele arbeiten. Auf einem Weg der Veränderung erschließt sich ein anderes Ideal, das der Freiheit. Die Würde eines

> Gemeinsamkeit und Freiheit sind Ideale, die in einer Spannung zueinanderstehen.

Menschen besteht auch darin, dass er entscheiden und über das eigene Leben bestimmen darf. Auch Unabhängigkeit und Selbstbestimmung sind Grundbedürfnisse von Menschen. Zu allen Zeiten haben Menschen dafür sogar ihr Leben aufs Spiel gesetzt.

Gemeinsamkeit und Freiheit sind Ideale, die in einer Spannung zueinanderstehen. Manchmal schließen sie einander aus. In vielen Situationen müssen Gemeinsamkeit und Freiheit fein ausbalanciert werden. Die folgenden Schritte bringen Ihre Beziehungen in ein gutes Gleichgewicht.

Definieren Sie Ihren Einflussbereich

Wo liegt meine Verantwortung und wo endet sie? Inwieweit darf ich einen andern beeinflussen? Wo endet unser gemeinsamer Bereich und wo beginnt die Privatsphäre jedes Einzelnen? Über solche Fragen machen wir uns normalerweise keine Gedanken. Unser Gespür und die Notwendigkeiten einer Situation entscheiden darüber, wann wir andere beeinflussen und welche Mittel wir dafür einsetzen.

Wenn ich Menschen begleite, die unter Beziehungsproblemen leiden, dann führen oft genau diese Fragen zu einer Klärung. Es erleichtert sehr, wenn klar wird: „Bis hierhin kann ich mich einsetzen. Aber dann lasse ich los. Schön, wenn ich die andere Person gewinnen kann. Wenn aber nicht, finde ich einen anderen Weg, um für mich zu sorgen oder meine Ziele zu erreichen."

Solche Klärungen betreffen besonders die Fragen, wie weit die Verantwortung reicht, welche Einflussmittel geeignet sind und wo die Grenze zwischen „Wir" und „Ich" verläuft.

Verantwortung. Grundsätzlich gilt: Jeder ist für sein eigenes Leben und für seine eigenen Aufgaben verantwortlich. Vielleicht entdecke ich bei anderen einen Fehler oder sehe eine Möglichkeit, wie ein anderer leichter zum Ziel kommt. Je näher mir eine Person steht, desto eher werde ich eine Verantwortung spüren, sie auf bestimmte Dinge hinzuweisen. Ob der andere etwas einsieht oder umsetzt, bleibt aber letztlich ihm überlassen. Die Verantwortung endet meist mit einem freundlichen Hinweis. Darin liegt eine Befreiung. Sie müssen sich nicht mehr anstrengen, um einen anderen zu beeinflussen. Stattdessen können Sie sich auf Ihre eigenen Ziele konzentrieren.

Einfluss. Mein Einfluss endet da, wo die Entscheidungsfreiheit des anderen beginnt. Jeder hat das Recht, selbst über sein Eigentum und seine Zeit zu verfügen. Jeder hat das Recht, sein Leben in seiner eigenen Weise zu leben. Jeder ist frei darin, wem er sich wie weit öffnet, ob er Persönliches anvertraut oder lieber für sich behält. Manchmal regeln zwischenmenschliche Normen, wann ein anderer teilen oder seine Unterstützung schenken sollte. Aber in vielen Situationen sind solche Regeln nicht eindeutig. Menschen fassen sie unterschiedlich auf. Und selbst wenn Menschen eindeutig gegen die zwischenmenschlichen Spielregeln verstoßen, kann man sie oft nicht zwingen, diese einzuhalten.

Es gibt aber viele Möglichkeiten, wie Sie Einfluss ausüben und dabei die Grenzen anderer wahren können. Dazu gehören wünschen, bitten, die eigenen Gefühle und Bedürfnisse ausdrücken, Argumente nennen, negative und positive Folgen aufzählen, die das Verhalten des anderen hat. Auch Verhandeln – etwas für das Entgegenkommen des anderen anbieten – ist eine faire Einflussmöglichkeit. All diese Mittel lassen den anderen in seiner Entscheidung frei. Wenn sich eine andere Person dennoch nicht beeinflussen lässt, dann heißt es: Loslassen. Wem das gelingt, der gewinnt Souveränität und Gelassenheit.

Wir und Ich. Die gemeinsame und die private Sphäre lassen sich als zwei Kreise denken, die sich überschneiden. Im Überschneidungsbereich liegt das Wir, es bleiben zwei Bereiche, in denen das Ich von zwei Personen liegt, die miteinander verbunden sind. Die Vorstellungen, wie weit die Überschneidung geht, sind bei Menschen unterschiedlich. Manche würden die Kreise am liebsten so anordnen, dass sie sich gar nicht überschneiden, sondern nur berühren. Jeder bleibt ganz unabhängig und tritt nicht in die Privatsphäre des anderen ein, auch wenn es zum Kontakt kommt. Das gegenteilige Ideal wären zwei Kreise, die sich vollständig überlappen. Dann strebt ein Mensch eine Beziehung an, in der beide ihre persönliche Sphäre vollständig aufgeben und alles miteinander teilen. Grenzüberschreitende Menschen neigen eher zum zweiten Beziehungsmodell.

Auch hier gilt das Prinzip der Freiheit. Man kann und sollte andere nicht zwingen, ihren Ich-Bereich kleiner zu machen als sie es selbst wollen. Es kann mitunter traurig sein, wie klein dann der gemeinsame

Bereich wird. Vielleicht werden Sie sich fragen, ob eine solche Beziehung attraktiv genug ist, um sie weiter zu pflegen. Doch wenn Sie einen Menschen, der sich abgrenzt, für einen gemeinsamen Bereich gewinnen wollen, entstehen Konflikte, die für beide Seiten anstrengend sind.

Lernen Sie, Menschen zu gewinnen

Grenzüberschreitungen entspringen meist dem Gefühl, keinen Einfluss zu haben. Je größer die Ohnmacht, desto wahrscheinlicher wird eine Grenzüberschreitung und desto weiter wird sie gehen. Umso wichtiger ist es dann, seine Einflussmöglichkeiten zu kennen. Menschen, die zu Grenzüberschreitungen neigen, hatten oft keine Vorbilder für einen guten Einfluss. Entweder sind sie selbst mit Druck und Grenzüberschreitungen erzogen worden. Oder sie haben ihre Eltern ohnmächtig erlebt. Nicht selten erleben Kinder auch beides im Wechsel.

> **Grenzüberschreitungen entspringen meist dem Gefühl, keinen Einfluss zu haben.**

Aber wie beeinflussen Sie andere auf gute Weise? Wie gewinnen Sie Menschen dafür, dass sie Ihre Interessen wahrnehmen und auch berücksichtigen? Auf diese Fragen antworten die Bindungspsychologie, Sozialpsychologie, Motivationspsychologie und die Lernpsychologie[1].

In guten Beziehungen üben Menschen Einfluss aufeinander aus, ohne einander ihre Entscheidungsfreiheit zu rauben. Dabei spielen vor allem vier Einflüsse eine Rolle: eine starke Bindung, das Prinzip der Gegenseitigkeit, Authentizität und gemeinsame Ziele.

Eine starke Bindung. Eine Mutter tut alles für ihr Kind. Wenn es sein muss, steht sie für ihr Baby mehrmals in der Nacht auf. Später schränkt

1 Grossmann, Karin und Klaus (2012: Bindung- das Gefüge psychischer Sicherheit. Klett-Cotta Verlag, Stuttgart; Brisch, Karl-Heinz (Hrsg., 2012): Bindungen – Paare, Sexualität und Kinder, Clett-Kotta Verlag, Stuttgart; Grau, Ina, Bierhoff Hans-Werner (Hrsg., 2013): Sozialpsychologie der Partnerschaft, Springer Verlag, Berlin Heidelberg; Grawe, Klaus (2000) Psychologische Therapie. Hogrefe-Verlag, Göttingen; Kanfer, Frederick (2011): Selbstmanagement-Therapie. Springer-Medizin Verlag, Heidelberg; Lefrançois, Guy (2015): Psychologie des Lernens. Springer Verlag Heidelberg.

sie ihre Freizeit auf ein Minimum ein, um mit ihrem Kind zum Turnen zu gehen, ihm vorzulesen oder Zeit auf dem Spielplatz zu verbringen. Was motiviert eine Mutter zu diesem grenzenlosen Einsatz? Es ist die starke Bindung, die sich schon in den ersten Stunden mit dem Neugeborenen aufbaut: durch stundenlangen Körperkontakt – Haut an Haut, eine Überflutung mit dem Glücks- und Bindungshormon Oxytocin, durch die Erfahrung, den ängstlichen Säugling zu beruhigen, den hungrigen satt zu machen, den neugierigen zum Staunen zu bringen.

Auf diesen ursprünglichen Bindungsmechanismen beruhen alle guten Beziehungen, auch die außerhalb der Familie. Mit dem Vertrautwerden entsteht eine emotionale Bindung, die aufmerksam für den anderen macht und Einsatzbereitschaft weckt.

Folgende Erfahrungen lassen eine emotionale Bindung entstehen und vertiefen sie im Laufe der Zeit:

- Körperkontakt – ein aufmerksamer Blickkontakt, ein warmer Handschlag, ein Schulterklopfen, eine Umarmung bei der Begrüßung, beiläufige Berührungen im Gespräch, Schulter an Schulter sitzen. Natürlich bestimmt auch die Situation, ob und in welcher Weise Körperkontakt als angenehm erlebt wird.
- Eingehen auf Bindungsbedürfnisse – Trost spenden, wenn einer traurig ist; aufmerksam zuhören, wenn ein anderer etwas mitteilen möchte; Lob, Anerkennung, Bestätigung aussprechen; in Schutz nehmen; zu angenehmen Ablenkungen einladen; Rat und Anleitung schenken.

Der Aufbau einer guten Bindung erfordert also einerseits Aufmerksamkeit und Einsatzbereitschaft. Andererseits braucht es auch den Mut, selbst Bindungsbedürfnisse zu zeigen: ein Bedürfnis nach Kontakt und Anschluss, nach Aufmerksamkeit, Ermutigung, Trost und Unterstützung. Bei den meisten Menschen führt das mit der Zeit zu einer Bindung, in der auch die Zuneigung und das Engagement füreinander zunehmen. Bei einzelnen Menschen werden Sie jedoch feststellen, dass diese nicht bindungsbereit sind. Vielleicht sind sie gerade nicht offen für andere, weil sie mit sich selbst beschäftigt sind oder das Gefühl haben, schon jetzt anderen Menschen etwas schuldig zu bleiben. Wenn ein gutes Bindungsverhalten nicht ausreicht, einen anderen für eine Beziehung zu gewinnen, wird man es auch durch andere Mittel nicht erzwingen können. Besser hält man sich dann an Menschen, die offener sind.

Menschen unterscheiden sich darin, wie schnell sie eine Bindung eingehen. Wer hier zu forsch vorangeht, überschreitet bereits Grenzen. Denn nur wenn ein anderer auf Bindungssignale antwortet, beinhaltet dies die Erlaubnis, die Bindung weiter aufzubauen. Manchmal braucht es einfach Zeit. In anrührender Weise zeigt das eine Begegnung aus dem Buch „Der kleine Prinz“ von Antoine de Saint-Exupéry[2]. Ein Fuchs erklärt darin dem kleinen Prinzen, was es bedeutet, sich einander vertraut zu machen: „Du bist für mich noch nichts als ein kleiner Knabe, der hunderttausend kleinen Knaben völlig gleicht. Ich brauche dich nicht, und du brauchst mich ebenso wenig. Ich bin für dich nur ein Fuchs, der hunderttausend Füchsen gleicht. Aber wenn du mich zähmst, werden wir einander brauchen. Du wirst für mich einzig sein in der Welt. Ich werde für dich einzig sein in der Welt ...“

Später erläutert der Fuchs, wie das vor sich geht: „Du musst sehr geduldig sein [...] Du setzt dich zuerst ein wenig abseits von mir ins Gras. Ich werde dich so verstohlen, so aus dem Augenwinkel anschauen, und du wirst nichts sagen. Die Sprache ist die Quelle der Missverständnisse. Aber jeden Tag wirst du dich ein bisschen näher setzen können ...“

Gegenseitigkeit. „Wie du mir, so ich dir“ fasst ein Sprichwort ein sozialpsychologisches Forschungsgebiet zusammen, das des sozialen Austausches. Noch früher hat es Jesus der christlichen Überlieferung eingeprägt: „Alles nun, was ihr wollt, dass euch die Leute tun sollen, das tut ihnen auch“ (Mt 7,12).

Was wir geben, kommt in aller Regel wieder zurück. Es gibt nicht viele Menschen, die sich über das Prinzip der Gegenseitigkeit hinwegsetzen. Großzügigkeit ist daher ein guter Weg, um andere zu beeinflussen und sich ihre Großzügigkeit zu sichern.

> **Großzügigkeit ist ein guter Weg, um andere zu beeinflussen und sich ihre Großzügigkeit zu sichern.**

Einen Kreislauf des Gebens und Empfangens können Sie in allen Bereichen des zwischenmenschlichen Austausches anstoßen: Lob und

2 Saint-Exupéry, Antoine de (2015): Der kleine Prinz. Reclam Verlag, Stuttgart.

Anerkennung, Aufmerksamkeit und Zeit, Hilfe und Unterstützung, Berührung und Nähe, Verständnis und In-Schutz-Nehmen, Trost und Ermutigung. Weil in Beziehungen leider nichts ohne Komplikationen abläuft, gilt es allerdings einige Ausnahmen zu beachten. Einige wenige Menschen entziehen sich der Regel der Gegenseitigkeit. Sie nehmen viel und geben wenig. Das merkt man aber nach wenigen Begegnungen. Vielleicht gibt es Gründe, ihnen gegenüber selbstlos großzügig zu sein. Aber eine verlässliche Bindung lässt sich mit ihnen nicht aufbauen.

Das Prinzip der Gegenseitigkeit ist außerdem so stark in unserem Miteinander verankert, dass es beinahe wie ein Zwang ist. Manche macht das misstrauisch. Sie wittern hinter Großzügigkeit eine Manipulation. Ihr Vertrauen gewinnt man, wenn man für das eigene Geben niemals eine Gegenleistung einfordert, sondern geduldig wartet, bis sie sich von selbst einstellt.

Eine weitere Komplikation besteht darin, dass sich Großzügigkeit bei jedem Menschen etwas anders ausdrückt. Der amerikanische Psychologe Gary Chapman hat die unterschiedlichen Formen von sozialem Austausch in fünf Liebessprachen geordnet[3]: Lob und Anerkennung, Zweisamkeit, Geschenke, Hilfsbereitschaft und Zärtlichkeit. Sein Konzept erklärt viele Missverständnisse. Nicht jeder versteht und beherrscht jede Liebessprache. Wem Lob nicht wichtig ist, den berührt es auch nicht, wenn ein anderer ihn lobt. Außerdem antworten Menschen bevorzugt in der eigenen Liebessprache. Vielleicht investieren Sie Zeit und Aufmerksamkeit für einen andern und bekommen „nur" Hilfsbereitschaft zurück, auch wenn Ihnen Aufmerksamkeit vielleicht lieber wäre. Das Fazit: Großzügigkeit bewirkt am meisten, wenn sie sich in der Liebessprache des anderen ausdrückt. Manchmal muss man akzeptieren, dass ein anderer nicht die Liebessprache spricht, die einem selbst am meisten geben würde.

Eine vierte Komplikation tritt auf, wenn man beim Geben nicht das richtige Maß findet. Wenn Sie einem anderen zum Beispiel ein zu großes Geschenk machen, bekommt er vielleicht das Gefühl, Sie wollten sich damit eine gute Beziehung erkaufen. Wenn Sie einem andern zu viel helfen, entsteht vielleicht der Eindruck, Sie wollten sich auf diese

---

3 Chapman, Gary (2003): Die fünf Sprachen der Liebe. Verlag der Francke GmbH, Marburg.

Weise ein Recht auf Nähe erarbeiten. Andere fühlen sich dann vereinnahmt, obwohl sie etwas Gutes erhalten. Aber die Regel der Gegenseitigkeit verpflichtet andere zu einer Gegenleistung und setzt sie auf diese Weise unter Druck. Besser investiert man daher zunächst in kleiner Münze und gibt dem anderen die Möglichkeit eines Ausgleichs. Mit wachsender Vertrautheit dürfen die Investitionen größer werden.

Authentisch sein. Ein überzeugendes Vorbild ist vielleicht die angenehmste Art, sich beeinflussen zu lassen. Wer seine Werte verkörpert, steckt andere an und schafft sich so ein Umfeld, in dem er sich selbst wohlfühlt. Solche Werte können Ehrlichkeit, Zuverlässigkeit, Freundlichkeit und Zielstrebigkeit sein oder auch Aufmerksamkeit für andere und Hilfsbereitschaft. Aber selbst für das Ausleben von Werten gibt es Grenzen, die ihr gutes Maß festlegen. Übertriebene Tugenden werden zum Laster. Ehrlichkeit kann sich bis zur Schamlosigkeit steigern, Zuverlässigkeit zu Unterwürfigkeit, Zielstrebigkeit zu übertriebenem Ehrgeiz, Aufmerksamkeit zu Überwachung, Hilfsbereitschaft zu Aufdringlichkeit. Doch wer seine Werte in attraktiver Weise verkörpert, wird andere für sich gewinnen, ohne im Geringsten ihre Freiheit einzuschränken.

Gemeinsame Ziele. Sie sind ein letztes Mittel fairer Beeinflussung. Grenzüberschreitungen geschehen oft dann, wenn zwei Menschen unterschiedliche Ziele verfolgen. Oft merken wir das nicht. Wir nehmen nur ein Gegeneinander wahr: Ein Ehepaar entzweit sich in einer Erziehungsfrage, Kollegen geraten in eine Spannung, was die Prioritäten eines Projektes angeht, Freunde verstricken sich in eine gereizte Diskussion über ein Thema, über das sie unterschiedlich denken. Oft hilft es dann, sich auf gemeinsame Ziele zu besinnen.

Wenn Eltern zum Beispiel um die richtige Erziehung ringen, könnte einer die Gemeinsamkeit betonen: „Sag mal, wir wollen doch beide, dass Max einerseits höflich ist, andererseits aber auch offen zu dem steht, was er denkt." Einen Kollegen könnte man auf folgende Weise gewinnen: „Eigentlich wollen wir doch beide, dass der Kunde am Ende zufrieden ist." Die Besinnung auf gemeinsame Ziele entspannt die Lage oft schnell. Dann akzeptieren meist beide Seiten, dass es unterschiedliche Wege gibt, auf ein Ziel zuzugehen. Wenn man zum gleichen Ziel unterwegs ist, kann einer den anderen auch dann unterstützen, wenn sein Weg ein wenig anders verläuft.

In den meisten Situationen und mit den meisten Menschen lassen sich gemeinsame Ziele finden. Die gemeinsame Ausrichtung erleichtert ein gutes Miteinander und die gegenseitige Unterstützung. Doch manchmal liegen die Interessen so weit auseinander, dass ein gemeinsamer Weg nicht zu finden ist. Dann könnte man den anderen vielleicht zum Mitgehen nötigen, würde dabei aber Zwang ausüben. Daher lässt man besser los, wenn sich einmal keine gemeinsamen Ziele finden. Ein Vater hat vielleicht strengere Ideale, was die Höflichkeitserziehung angeht. Er könnte auf folgende Weise loslassen: „Mir gegenüber sollen die Kinder so respektvoll sein, dass ich mich wohl fühle. Das werde ich auch durchsetzen. Wie sie sich sonst verhalten, dass überlasse meiner Frau, solange sie mit dem Ergebnis zufrieden ist."

Die Erfahrung, andere für sich zu gewinnen, baut Vertrauen auf. Menschen, die anderen grundsätzlich vertrauen, verschmerzen auch, wenn sie einmal im Stich gelassen, ignoriert oder missachtet werden.

In diesem Abschnitt habe ich Ihnen Möglichkeiten vorgestellt, wie Sie andere in positiver Weise beeinflussen können. Die Erfahrung, andere für sich zu gewinnen, baut Vertrauen auf. Menschen, die anderen grundsätzlich vertrauen, verschmerzen es auch, wenn sie einmal im Stich gelassen, ignoriert oder missachtet werden. Sie müssen dagegen nicht mit Grenzüberschreitungen ankämpfen.

Bewältigen Sie Mangelsituationen

Manchmal werden Grenzen überschritten, wenn Menschen einen Mangel erleben. In dem folgenden Beispiel wird das deutlich.

Silke arbeitet als Sachbearbeiterin auf dem Landratsamt. Unter den Kolleginnen ist es üblich, einander bei schwierigen Fällen über die Schulter zu schauen und sich gegenseitig zu helfen. Nur Regine schirmt sich oft ab und konzentriert sich auf ihre eigenen Aufgaben. Sie ist ein unabhängiger Typ und fragt andere selten um Rat. Vielleicht reagiert sie deshalb kaum, wenn Silke mit ihr über einen schwierigen Vorgang spricht.
„Mensch, Regine", sagt Silke fast flehend und setzt sich auf eine Ecke von Regines Schreibtisch. „Wir müssen doch zusammenarbeiten. Sage doch auch mal etwas zu meinen Fällen."
Regine weicht zurück und schaut Silke mit erschrockenen Augen an. Die beugt sich vor und hält Regine eine Akte hin: „Hier zum Beispiel, wie würdest du da entscheiden?"
Regine rollt mit ihrem Schreibtischstuhl zurück, zieht ein Taschentuch hervor und putzt sich grundlos die Nase. Dann sagt sie: „Leg es mir hin, ich schau später rein." Sie faltet ihr Taschentuch akurat zusammen.
Silke bleibt nichts anderes übrig, als wieder an ihren Schreibtisch zu gehen. „Ich halte das nicht mehr länger aus", denkt sie. „Da kann ich auch den Kaffeeautomaten um Rat fragen. Von dem geht mehr Wärme aus. Wenn mich Regine noch einmal so abspeist, verlasse ich die Abteilung."

Vielleicht ist Ihnen aufgefallen, wie sehr Silke ihr Wohlbefinden in Regines Hände gelegt hat. Silke hat ja recht: Durch Regines Zurückhaltung fehlt ihr etwas Wichtiges. Aber indem sie dagegen ankämpft, liefert sie sich Regines Schwäche aus. Silke erreicht wenig und macht stattdessen frustrierende Erfahrungen. Außerdem setzt sie einen Kreislauf in Gang, in dem Regine immer verschlossener wird.

Weil die Welt unvollkommen ist, begegnen wir immer wieder Situationen, in denen uns etwas fehlt. Wer sich davon unabhängig machen kann, ist besser geschützt und holt aus Mangelsituationen das Beste heraus. Doch wie gelingt das? Folgende Maßnahmen haben sich bewährt.

Den Mangel nicht persönlich nehmen. Viele Menschen hinterfragen sich, wenn sie zu kurz kommen. Mag mich der andere nicht? Habe ich etwas falsch gemacht? Denkt sie, dass ich die Unterstützung nicht verdiene? Doch in der Regel hat der Mangel nichts mit Ihnen zu tun. Andere sind mit sich selbst beschäftigt. Oder sie haben eine Sicht von Beziehungen oder Zusammenarbeit, die anders ist als Ihre. Regine zum Beispiel geht mit den Anliegen anderer Kolleginnen genauso um.

Sehen Sie das Ganze. Mangelsituationen schmerzen manchmal so, dass sie einen Tunnelblick verursachen. Man sieht dann nur noch das, was fehlt, und verliert Situationen aus dem Blick, in denen man anderes erlebt hat. Als Silke neu in die Abteilung kam, hat Regine sie sehr aufmerksam eingeführt. Wenn sich Silke daran erinnert, schmerzt der augenblickliche Mangel nicht mehr so sehr. Außerdem wird der Blick auf die künftige Zusammenarbeit realistischer: Manchmal wird sich Regine verantwortlich fühlen und sich austauschen, manchmal wird sie sich abschirmen.

Holen Sie sich woanders, was Ihnen fehlt. Silke hat einen guten Draht zu einer anderen Kollegin, die die Abteilung gewechselt hat. Um sie zu sehen, muss sie in einen anderen Stock gehen, aber bei ihr findet sie die herzliche Zuwendung und den offenen Austausch, den sie bei Regine vermisst. Warum nicht öfter mal zu ihr gehen? Wenn Sie woanders finden, was Sie brauchen, können Sie sich unabhängiger machen.

Durch das Loslassen entspannt sich eine Beziehung. Manchmal ernten Sie dadurch eine Zuwendung, die Sie gar nicht mehr erwartet hätten.

Tragen Sie Ihren Stachel gelassen

Schwächen sind oft die Kehrseite von Stärken, die andere Seite der gleichen Münze. Wenn Sie gelegentlich Grenzen überschreiten, dann sind Sie vermutlich ein beziehungsorientierter Mensch. Sie gehen beherzt auf Ziele zu. Sie können kämpfen, wenn es nötig ist. Vermutlich kämpfen Sie auch

> Schwächen sind oft die Kehrseite von Stärken.

für andere um Gerechtigkeit oder versuchen, auch für andere das Beste herauszuholen. Sie haben keine Berührungsängste. Sie lieben es, gute Beziehungen aufzubauen oder sich mit anderen zu einem starken Team zusammenzuschließen. Menschen wie Sie sind oft der Kit, der Teams und Freundeskreise zusammenhält, ein Motor für Projekte und eine verlässliche Säule, auf die sich andere stützen. Wer mit viel Herz und Tatkraft durchs Leben geht, überschreitet auch leichter einmal eine Grenze.

Dieses Kapitel hat Ihr Gespür für Ihre Schwächen geschult und hilft Ihnen, sich gegebenenfalls einmal zu korrigieren. Doch darf man anderen auch einen Teil der Verantwortung überlassen: nur sie können wissen, ob etwas für sie noch im Rahmen ist oder bereits zu weit geht.

> **Grenzüberschreiter sind oft der Kit, der Teams zusammenhält, und eine verlässliche Säule, auf die sich andere stützen.**

Natürlich kostet es immer etwas Überwindung, einen anderen auf ein Verhalten anzusprechen, mit dem man sich nicht wohlfühlt. Durch Offenheit können Sie das anderen erleichtern. Wenn Ihr Gegenüber aber eine Opferrolle einnimmt, statt sich gegen eine Grenzüberschreitung zu wehren, geht das auf sein eigenes Verantwortungskonto. Hier zeigt sich seine Schwäche , zum Beispiel das Vermeiden, wenn Ihr Gegenüber flieht statt ein Problem anzusprechen, oder das Rächen, wenn ein anderer lange schweigt und hinterher eine Abrechnung präsentiert.

Eine abwertende Person wird Ihnen vielleicht das Gefühl geben, ein Tyrann oder eine Nervensäge zu sein. Wenn man dem Gegenüber dann ein wenig Zeit lässt und noch einmal sachlich über die Situation spricht, nimmt es vorschnelle Urteile meist zurück. Schwieriger kann es werden, wenn eine ganze Gruppe auf eine Grenzüberschreitung reagiert, etwa in einem Freundeskreis, in der Nachbarschaft oder in einem Team. Weil sich andere austauschen und sich so in einem falschen Eindruck bestärken können, verfestigt sich manchmal ein negatives Bild. Dann kommt es oft zu Ausgrenzung, was bei keiner anderen Schwäche so schnell geschieht wie bei Grenzüberschreitungen. In einem solchen Fall sollten Sie unbedingt die Nerven bewahren. Denn wenn Sie nun gegen die Ausgrenzung ankämpfen, werden Ihnen sicher weitere Grenzüberschreitungen unterlaufen und es kommt ein Teufelskreis von Grenzüberschreitungen und Ausgrenzung in Gang.

Wenn Sie dagegen einen kühlen Kopf bewahren, werden Sie das negative Bild in kurzer Zeit auflösen. Es braucht eine Zeit der Vertrauensbildung. In dieser Zeit sollten Sie besonders sensibel mit der Freiheit anderer umgehen. Vielleicht können Sie Situationen, in denen ein negatives Bild entstanden ist, noch einmal unter vier Augen besprechen. Teilen Sie ein oder zwei Personen, denen Sie vertrauen, Ihre Eindrücke mit. Fragen Sie, was an Gerüchten im Umlauf ist und wie diese entstanden sind. Wenn Sie für ein Zerrbild eine Weile keine Bestätigung liefern, verschwindet es so plötzlich, wie es entstanden ist.

So können Sie einiges tun, um den Stachel der Grenzüberschreitung zu entschärfen. Sie gehen offen mit Ihren Schwächen um. Sie erkennen typische Auslöser für Grenzüberschreitungen. Sie üben in guter Weise Einfluss aus und lassen los, wo ein anderer nicht freiwillig mitgeht. Wenn Sie sich eine noch tiefere Veränderung wünschen, dann führt ein spiritueller Weg weiter. Es ist ein Weg der Freiheit.

Gehen Sie einen spirituellen Weg

In einem Moment der Weltgeschichte wäre ich gerne dabei gewesen. Der Zimmermannssohn Jesus von Nazareth entdeckt seine einzigartige Beziehung zu Gott, den er als seinen Vater erkennt. Ihm enthüllt sich das Ungeheuerliche seiner Berufung: Er wird Menschen in eine ganz neue Qualität ihrer Gottesbeziehung rufen. Er wird sie auffordern, alles loszulassen, was ihnen bisher Sicherheit und Wert verliehen hat, um sie für ein Leben schöpferischer Liebe freizusetzen. Er wird ihnen zeigen, wie sie mit dem Bösen brechen und wie sie für ihre Schuld Vergebung finden. Eine gewaltige Aufgabe, die einen enormen Einfluss auf Menschen voraussetzt.

Hier berührt der Lebensweg Jesu das Thema unseres Kapitels. Wie wird Jesus einen Einfluss gewinnen, der zunächst das Leben von Dutzenden umgekrempelt, später von Hunderten, Tausenden und schließlich von Millionen? Jesus darf darauf vertrauen, dass Gott seine Worte mit übernatürlichen Zeichen bekräftigt, andernfalls würde er nicht einmal wahrgenommen werden in einem Umfeld, in dem es von religiösen Lehrern wimmelt. Aber wie soll er auftreten und auf welche Weise die Kraft Gottes sichtbar machen?

Mit welchen Fragen Jesus konfrontiert ist, zeigt uns die Versuchungsgeschichte, die uns im vierten Kapitel des Matthäusevangeliums überliefert ist. Jesus hat sich in die Wüste zurückgezogen und 40 Tage lang gefastet. Nun tritt der Versucher an Jesus heran. Zunächst fordert er ihn auf, aus den umliegenden Steinen Brot zu machen. Dann reizt er Jesus, vor aller Augen vom Tempel Jerusalems zu springen und sich von Engeln auffangen zu lassen. Und schließlich bietet er Jesus die Weltmacht an, wenn er zu ihm, dem Versucher, betet.

Viele Ausleger sehen in diesen Angeboten nicht in erster Linie etwas, was Jesus persönlich in Versuchung führt, etwa aus Hunger, Ehrgeiz oder Machtstreben. Vielmehr geht es um die zentralen Möglichkeiten, wie man Einfluss auf andere Menschen gewinnt. Wer Brot schafft und die Menschen ernährt, bringt sie in seine Abhängigkeit. Mit Brot und Spielen haben Cäsaren das Volk gefügig gemacht und es die römische Machtausübung ertragen lassen. „Solange du deine Füße unter meinen Tisch streckst ...“ ist das Machtwort von Eltern, die sagen: „Wir bestreiten deinen Lebensunterhalt, also fügst du dich.“ Es sind die Brötchengeber, die andere für sich vereinnahmen und dabei Grenzen überschreiten – Vorgesetzte und zuweilen auch alleinverdienende Ehemänner. Jesus lehnt es aber ab, Menschen auf diese Weise unfrei zu machen. Er will nicht, dass ihm Menschen zu Willen sind, weil sie von ihm abhängig sind.

Die zweite Versuchung bietet Jesus an, ein religiöser Star zu werden. Ein unüberbietbares Wunder würde eine Massenbegeisterung hervorrufen, wie sie charismatische Führer wecken. Einige Stars der Finanzwelt beispielsweise sind von Erfolg zu Erfolg getaumelt, haben ihre Umwelt hypnotisiert und die Regeln bestimmt, bis die Finanzkrise für ein bitteres Erwachen gesorgt hat. Auch in privaten Kreisen bringen Menschen mit Charisma andere unter ihren Einfluss. Sie nehmen ihnen die Möglichkeit, sich frei ihr Urteil zu bilden und frei zu entscheiden. Auch diese Anmaßung weist Jesus zurück.

Schließlich bietet der Versucher Jesus die Weltherrschaft an, die einfachste und roheste Art über Menschen zu bestimmen. Auch diesen Pakt mit dem Bösen schlägt Jesus aus. Er weigert sich, jene Einflussmittel in die Hand zu nehmen, die Menschen ihrer Freiheit berauben.

In dieser Stunde ist eine Grundsatzentscheidung gefallen, von der Jesus sein ganzes Leben nicht mehr abweichen wird. Niemals wird er Menschen ihre Freiheit rauben, nie wird er sich über ihre Selbstbestimmung hinwegsetzen. Wo die Kirche das in späteren Epochen anders handhabt, darf sie sich kaum auf Jesus berufen.

In dem, was die Evangelien nun weiter überliefern, lässt sich ablesen, wie Jesus Menschen ihre Freiheit lässt. Zwei Beispiele will ich hier hervorheben.

Es dauert eine Weile, bis für die Menschen sichtbar wird, wofür Jesus steht und worauf seine Lehre hinausläuft. Vielen ist das zu radikal, selbst seinen Anhängern. So überliefert der Evangelist Johannes: „Viele nun seiner Jünger, die das hörten, sprachen: Das ist eine harte Rede; wer kann sie hören? [...] Von da an wandten sich viele seiner Jünger ab und gingen hinfort nicht mehr mit ihm“ (Joh 6,60.66). Wie reagiert Jesus, wenn sein Einfluss schwindet, statt sich zu vergrößern? Er bleibt seinem Entschluss treu, jedem Menschen seine Freiheit zu lassen. Mit einer anrührenden Frage wendet er sich an den engsten Kreis seiner Vertrauten: „Wollt ihr auch weggehen?“ (Joh 6,67).

Jesus beschreibt auch Gott als jemanden, der intensiv liebt, zugleich aber loslassen kann. Besonders drückt sich das im berühmten Gleichnis vom verlorenen Sohn aus. Darin bittet ein Sohn seinen Vater vorzeitig um sein Erbe, weil er woanders sein Glück suchen will. Dem Sohn fehlt allerdings jede Reife für diesen Neubeginn und bald steht er ohne Geld da. Er arbeitet als Schweinehirte, bis ihn eine Hungersnot zurück auf den Hof des Vaters treibt. Der Vater sieht ihn aus der Ferne kommen. Es wirkt, als habe der Vater täglich nach ihm Ausschau gehalten. Er läuft dem Sohn entgegen und empfängt ihn mit offenen Armen. Der Vater kleidet ihn neu ein und lässt ihm einen Siegelring bringen. Damit stellt er dessen Ansehen als Sohn wieder her. Dann ruft der Vater ein Fest aus.

> Jesus verschenkt sich so an andere Menschen, dass auch sie ihr Leben für ihn einsetzen.

So ist Gott, drückt Jesus mit dem Gleichnis aus: Er bindet Menschen nicht, weder durch Machtausübung noch materiell noch durch Druck auf sein Gewissen. Frei verschenkt er seine Liebe, auf die freie Gegenliebe kommt es ihm an.

Aber wie kann Jesus Menschen dann überhaupt beeinflussen, wenn er ihnen ihre Freiheit lässt? Wer genau hinsieht, kann in Jesu Wirken die Einflussfaktoren wiederentdecken, die in diesem Kapitel schon beschrieben wurden:

- eine starke Bindung,
- das Prinzip der Gegenseitigkeit,
- Authentizität und gemeinsame Ziele.

Jesus geht auf den einzelnen Menschen in einer Weise zu, die eine starke Bindung erzeugt. Er verschenkt sich so an andere Menschen, dass auch sie ihr Leben für ihn einsetzen. Durch seine unbestechlichen Worte, sein oft überraschendes Handeln, seinen Lebensweg, der sich von jeder Erwartung frei macht, wird er zu einem Vorbild, das Menschen prägt. Schließlich stellt Jesus seinen Anhängern Lebensziele vor Augen, für die sie sich begeistern können. Auf diese Weise übt Jesus einen Einfluss aus, der die Welt verändert, ohne die Freiheit eines einzigen Menschen anzutasten.

Beziehungen gedeihen in einem Klima der Freiheit.

Auf diesem Hintergrund zeichnet sich ein spiritueller Weg der Freiheit ab. Man kann es sich zur täglichen Übung machen, dort loszulassen, wo ein angemessener Einfluss endet. Dadurch überlässt man andere ihrer Freiheit. Das macht souverän und unabhängig. Einzelne werden diese Freiheit missbrauchen und selbstbezogen handeln. Dann wird man vielleicht auf Abstand gehen.

Beziehungen gedeihen in einem Klima der Freiheit. Gegenseitige Aufmerksamkeit, Sympathie und Unterstützung wachsen. Vielleicht werden Sie sich bei einem solchen Lebensstil ganz neu im Einklang mit Ihrem Schöpfer fühlen. Sie werden entdecken, dass das, was Sie loslassen, meist in verwandelter, besserer Form zu Ihnen zurückkommt.

T.

Blenden

Kennen Sie den Drang, anderen gegenüber Ihre Vorzüge zu zeigen? Können Sie sich gut verkaufen? Blenden Sie unangenehme Tatsachen manchmal aus? Gibt es nur wenige Menschen, die wissen, wie es wirklich in Ihnen aussieht? Dann könnte das Blenden Ihr Stachel sein.

Ein wenig Selbstdarstellung muss sein. Wer seine Schwächen und Fehler vor sich herträgt, wirkt komisch. Andererseits erwartet man von Menschen, dass sie auch einmal zu einer Schwäche stehen. Noch wichtiger ist aber ein zweiter Aspekt der Selbstdarstellung: Wer bei anderen positive Erwartungen weckt, von dem hofft man, dass er sie auch einlösen kann. Wo dies nicht geschieht, taucht das andere in Wechselbäder aus Hoffnung und Enttäuschung.

Darüber hinaus gibt es auch ein Maß, wie das Ansehen sein darf: Gerne umgeben wir uns mit Menschen, die ihre Qualitäten haben und die wir für manches bewundern. Aber unterlegen fühlen will sich auf Dauer keiner. Je begabter und erfolgreicher andere sind, umso mehr schätzen wir Bescheidenheit und das Eingeständnis, dass auch sie nicht vollkommen sind.

Wenn Sie manchmal ein zu positives Bild von sich zeichnen, könnte das ablaufen wie in den folgenden Beispielen.

So tun als ob. Michael ist Berufsanfänger und unterrichtet seit einem Jahr an einem Gymnasium. Seine männlichen Kollegen kleiden sich leger, doch Michael trägt ein Jackett und blanke Schuhe. Mit seiner Erscheinung bringt er sich in die Nähe der Schulleitung. Auch Michaels Tonfall in der Konferenz klingt schon jetzt, als habe er lange Erfahrung und den vollen Durchblick. Wenn er älteren Kolleginnen und Kollegen Tipps gibt, wirkt das altklug.

Makellosigkeit. „Die mit ihrem perfekten Leben", ärgert sich Tina über ihre Nachbarin. Selbst wenn Sara nur einkaufen geht, stimmt alles bis ins Detail: ihre Kleidung, ihre Frisur, das Make-up. Ihr Gang federt vor Energie. Saras Vorgarten ist geschmackvoll gepflegt

und bepflanzt. In ihrem Haus sieht es aus wie in einer Zeitschrift für schönes Wohnen. Ihr Lauritz spielt Klavier, ihre Bernadette Geige.
„Wenn ich mit Sara einen Kaffee getrunken habe und zurück nach Hause komme, dann fühle ich mich hässlich und unorganisiert", klagt Tina bei ihrem Mann.

Ausblenden. Daniel war Feuer und Flamme für sein Projekt: etwas, das die Konkurrenz in den Schatten stellt. Um daran zu feilen, zieht sich Daniel eine Weile von anderen Aufgaben zurück. Dabei stellt sich heraus, dass Daniels Idee in der Umsetzung viel zu teuer ist. So fädelt er sich allmählich wieder in die normalen Arbeitsabläufe ein. Wenn die Kollegen nach dem Projekt fragen, gibt Daniel ausweichende Antworten. Irgendwann ist die Episode fast vergessen. Die Kollegen fragen nicht genauer nach. Denn einerseits ist es offensichtlich, dass sich Daniel verrannt hat. Andererseits will keiner ein Verhör anstellen, was bei der Sache schiefgegangen ist. Die Kollegen merken aber, wie ihr Vertrauen in Daniel verloren geht und wie sie mit Zurückhaltung auf seine Ideen reagieren. Hätte er nicht einfach zugeben können, dass es nicht so geklappt hat, wie er es sich vorgestellt hat?

Hoffnung wecken. „Wenn du mal etwas brauchst, frag mich ruhig." Klaus kennt den Leiter des Baumarktes persönlich.
„Leute wie Klaus braucht man in seinem Bekanntenkreis", sagt Manuel später zu seiner Frau. „Mit Beziehungen kommt man einfach weiter."
Im nächsten Frühjahr will Manuel den Garten neu anlegen. Weil der Baumarkt auch eine große Pflanzenabteilung hat, spricht Manuel Klaus an. Der zieht einen Prospekt hervor und sagt: „Die Gladiolen und Dahlien sind im Angebot."
„Denkst du, da ist noch ein Rabatt drin?", fragt Manuel nach.
„Nee", sagt Klaus. „Die legen da selbst drauf bei solchen Angeboten. Ihr Geld machen die mit anderen Sachen."
Manuel zweifelt etwas. Denn so billig sind die Pflanzen im Angebot auch wieder nicht. Irgendwie ist er enttäuscht.

Flirten. „Diese Katja ist schon süß, oder?“, sagt der Neue und macht den Kopierer frei.
„Nicht du auch noch“, seufzt der Kollege. „In Katja haben sich schon bestimmt drei Leute verguckt. Die ist doch schon ewig mit dem Vorsitzenden vom Reitverein zusammen.“
„Aber warum ...?“, setzt der Neue an.
„Die braucht das halt“, kürzt der Kollege ab. Eigentlich ist damit alles gesagt.

Eine Fassade aufbauen. „Irgendwie kenne ich dich gar nicht richtig“, sagt Elma und zuckt mit den Schultern. „Wir sind jetzt schon fast zwei Jahre im gleichen Team und ich habe keine Ahnung, was in dir vorgeht.“
„Was willst du von mir wissen?“, strahlt Dieter und streckt Elma die offenen Arme entgegen.
„So meine ich das nicht“, klagt Elma. „Ich weiß, du bist total offen. Aber trotzdem frage ich mich immer, ob das wirklich du bist, was du von dir zeigst. Kannst du das verstehen?“

Angeben. Es ist beinahe wie ein Zwang. Manfred muss das, was er erreicht, immer etwas aufpolieren. Wenn Manfred einen Schrank aufgebaut hat, erzählt er seinem Freund: „Das war eine Sache von einer Stunde.“ Der Freund staunt, denn er selbst würde mindestens doppelt so lange brauchen. Manfreds Frau schämt sich am Ende des Abends: „Warum musst du immer so übertreiben? Du hast für den Schrank doch bestimmt fast zwei Stunden gebraucht.“

Selbstklärungen. „Nicht, dass du mich falsch verstehst, Gaby. Ich will jetzt nicht sagen, dass ich meinen Kindern grundsätzlich ihre Freiheit nehmen will ...“
Gaby unterbricht: „Schon gut, ich weiß ja, wie du es meinst.“
Doch bei Marianne scheint die Beruhigung nicht anzukommen: „Autoritäre Erziehung ist nicht mein Ding. Wenn ich ‚konsequent‘ sage, dann meine ich ...“
Gaby hört bereits nicht mehr zu. Für sie wird das Gespräch ermüdend. Sie überlegt, was ihr Marianne eigentlich sagen will und kommt zu keiner Antwort.

Defizite verschleiern. Warum kann Rainer nicht einfach offen zu seinen Schwächen stehen? Zum Beispiel so: „Es tut mir leid. Ich habe ein Problem mit meiner Zeiteinteilung. Ich schaffe es oft nicht, pünktlich zu kommen.“ Stattdessen bemüht er Ausreden, die umso unglaubwürdiger werden, je öfter er von ihnen Gebrauch macht: den Verkehr, ein Notfall in der Familie, ein dringender Anruf. Rainer ist sonst kompetent und zuverlässig, die Kollegen würden ihm seinen Schwachpunkt schon verzeihen. Aber weil er sie durch seine Ausflüchte für dumm verkauft, ziehen sie ihn dafür auf.
„Navi defekt?“, fragt der Teamleiter und lächelt süffisant, als Rainer als Letzter in die Sitzung kommt. „Nein, ihr werdet es nicht glauben ...“, setzt Rainer an. Doch die Kollegen gehen schon zur Tagesordnung über.

Makel veredeln. Jonathan ist übergewichtig, was keinen stören würde. Mit seinem klugen Gesicht, dem gepflegten 3-Tage-Bart und seiner stilsicheren Kleidung hat er ein gewinnendes Äußeres. Doch als müsste er sich selbst erklären, spielt er immer wieder auf sein Gewichtsproblem an.
„Wie ihr sehen könnt, weiß ich eine gute Küche zu schätzen“, beginnt Jonathan eine Rede auf der Familienfeier. Er erntet ein wohlwollendes Lachen. Als er sich später durch eine enge Stelle zwischen den Tischen zwängt, kommentiert er das: „Solange ich hier noch durchpasse, brauche ich auf den Nachtisch nicht zu verzichten.“ Anfangs weckt Jonathans Verhalten Sympathie, weil er so charmant und offen ist. Die wiederholten Anspielungen werden allerdings irgendwann peinlich. Spätestens als Jonathan nach dem dritten Glas Wein behauptet, ein Mann ohne Bauch sei kein Mann, sind viele unangenehm berührt.

Die verschiedenen Beispiele zeigen, auf welche Weise der Stachel Blenden anderen wehtut. Er weckt zu hohe Erwartungen, die irgendwann enttäuscht werden. Er gibt anderen ein Gefühl von Unterlegenheit. Wenn die Selbstdarstellung für andere durchschaubar wird, berührt sie diese mit einer Peinlichkeit, die neuerdings als Fremdschämen bezeichnet wird.

Erkennen Sie sich selbst

Wenn wir andere mit unserem Stachel stechen, fahren diese meist auch ihren Stachel aus. Manchmal stechen sie dann genau in die Wunde, um derentwillen wir unseren Stachel überhaupt ausgebildet haben. Reinszenierung nennen Psychologen dieses unheimliche Phänomen: Wir gestalten unsere Beziehungen manchmal so, dass sie uns in genau der Weise verletzen, in der wir in unserer Kindheit schon verletzt worden sind.

Wenn wir andere mit unserem Stachel stechen, fahren diese meist auch ihren Stachel aus.

Selbstdarstellung hat zunächst die Folge, dass sich andere distanzieren. Denn sie erleben kleine Ent-Täuschungen. Auch wenn Sie auftrumpfen, werden andere von Ihnen abrücken. Vielleicht fallen Ihnen die Folgen gar nicht auf. Aber in den nächsten Begegnungen werden Sie weniger Aufmerksamkeit und Zuwendung erfahren. Ihr emotionaler Tank wird auf einen immer niedrigeren Pegelstand abfallen. Was liegt da näher, als Selbstdarstellung einzusetzen? Denn die weckt wieder Aufmerksamkeit und das Gefühl, die Sympathie anderer zu gewinnen. Auf diese Weise kommt ein Teufelskreis in Gang.

Selbstdarstellung weckt außerdem bei anderen ein Bedürfnis, Sie von dem Sockel zu stoßen, auf den Sie sich manchmal stellen. Das zeigt folgendes Beispiel.

Lisa nimmt an einem Abnehmkurs teil. Das Wissen, das sie dort gewonnen hat, bringt sie ins Gespräch mit ihren Freundinnen ein. Sie klingt dabei wie eine Kursleiterin, die eine lange Ausbildung und jahrelange Erfahrung hat. Friederike, die eine scharfe Zunge hat, ärgert das. Mit einem mehrdeutigen Lächeln bemerkt sie: „Dann haben wir im Sommer alle die perfekte Bikini-Figur!“
Der Kommentar bringt Lisa unter Druck. Wenn Sie nun nicht sichtbar abnimmt, wird ihr Wissen wertlos erscheinen. Was Lisa weiterzugeben hat, ist fundiert und wirklich interessant für ihre Freundinnen. Doch ihr belehrender Tonfall und das selbstbewusste Auftreten reizen die anderen, ein Haar in der Suppe zu finden. Lisa geht die Bemerkung nach. Zornig beschließt sie, es Friederike zu zeigen. Sie wird abnehmen und beweisen, dass die Tipps in ihrem Kurs etwas

wert sind. Als Außenstehende können wir aber leicht erkennen: Wenn Lisa abnimmt und damit auftrumpft, wird sie bei ihren Freundinnen wieder zwiespältige Reaktionen hervorrufen.

So können wir an dieser Stelle zusammenfassen: Der Stachel des Blendens tut anderen weh, indem er Enttäuschung, Unterlegenheitsgefühle und Peinlichkeit auslöst. Zugleich führt er, wenn Sie von ihm Gebrauch machen, bei anderen zu Reaktionen, die Sie von dem abschneiden, was Sie am meisten brauchen: Liebe, Aufmerksamkeit, Anerkennung und eine Unterstützung, die Sie in wichtigen Zielen voranbringt.

Der Stachel des Blendens tut anderen weh, indem er Enttäuschung, Unterlegenheitsgefühle und Peinlichkeit auslöst.

Unsere Wirkung auf andere können wir ebenso wenig erkennen wie unsere Gesichtszüge. Wir sind auf einen Spiegel angewiesen. Hat Sie in letzter Zeit jemand einmal als zu perfekt, schwer zu durchschauen oder sogar als arrogant bezeichnet? Dann nutzen Sie die Gelegenheit! Fragen Sie nach, was genau an Ihrem Verhalten diesen Eindruck geweckt hat.

Vielleicht gibt es in Ihrem Umfeld Personen, die sich besonders gut als Spiegel eignen: Freunde mit Menschenkenntnis oder Personen, die durch einen sozialen Beruf ihre Wahrnehmung geschult haben. Wenn Sie einer solchen Person vertrauen, könnten Sie einmal fragen: „Wie komme ich bei anderen rüber? Welchen Eindruck hinterlasse ich mit meiner Art?“ Neben einigen Komplimenten werden Sie vermutlich Hinweise erhalten, wo Selbstdarstellung für andere wahrnehmbar wird. Mit der Zeit schulen Sie Ihr Gespür dafür. Sie werden feststellen: Es sind nur bestimmte Situationen, in denen Sie sich selbst darstellen. Wenn Sie sich nun fragen, warum ausgerechnet hier Ihr Schutzmechanismus aktiv wird, sind Sie bereits auf der Spur seiner Entstehung.

Selbstdarstellung entspringt aus der Erfahrung konditionierter Liebe, also von Liebe, die an Bedingungen geknüpft ist. Dies übt auf ein Kind den Druck aus, besser zu sein, als es in Wahrheit ist. Wenn Liebe an Bedingungen geknüpft ist, führt das vor allem zu den folgenden vier Prägungen.

Ein Mangel an Aufmerksamkeit. Manche Eltern waren sehr mit sich selbst beschäftigt, weil es Ihnen nicht gut ging oder weil sie ehrgeizige Ziele verfolgten. Ihre Kinder geraten so in eine Situation wie Werbefachleute, die um die Aufmerksamkeit viel beschäftigter Menschen kämpfen. Diese Aufgabe löst die Werbung, indem sie starke Reize einsetzt. Sie zeigt, was herausragend und erfolgreich ist, was Bewunderung hervorruft und in Staunen versetzt, was süß und sexy ist. Zu ähnlichen Mitteln greifen manchmal Kinder, wenn ihnen Aufmerksamkeit und Zuwendung fehlen.

> Unsere Wirkung auf andere können wir ebenso wenig erkennen wie unsere Gesichtszüge. Wir sind auf einen Spiegel angewiesen.

Mädchen präsentieren sich kokett, Jungs setzen ihren Charme ein und werden zu kleinen Kavalieren. Andere beeindrucken durch Sportlichkeit oder Musikalität. Andere Kinder beeindrucken durch Leistung etwa durch frühes Rechnen oder Lesen und später durch die Leistungen in der Schule. In sozialen Familien kommt es gut an, wenn ein Kind schon früh teilt, sich über andere Gedanken macht und hilft. Kinder orientieren sich daran, was bei ihren Eltern am besten ankommt. Sie verinnerlichen auf diese Weise: Beeindrucken ist der natürliche Weg, um die Aufmerksamkeit anderer Menschen zu erlangen. Diese Strategie setzen sie als Erwachsene fort.

Suche nach Zustimmung und Anerkennung. Neben dem Bedürfnis nach Aufmerksamkeit steht ein zweites Grundbedürfnis, nämlich das nach Zustimmung und Anerkennung. Kinder haben zutiefst den Wunsch, in den Augen ihrer Eltern gut zu sein. Sie brauchen das Wohlwollen und die Akzeptanz ihrer frühen Bezugspersonen. Nur wenn sie dies erfahren, werden sie später unabhängig. Dann können sie auch einmal aus Überzeugung etwas tun, was bei anderen nicht gut ankommt. Kinder dagegen, denen Zustimmung und Anerkennung fehlen, bilden feine Antennen für die Erwartungen ihrer Eltern aus und versuchen, diese zu erfüllen. Menschen, die dieses Verhaltensmuster als Erwachsene fortsetzen,

> Selbstdarstellung entspringt aus der Erfahrung konditionierter Liebe, also von Liebe, die an Bedingungen geknüpft ist.

nehmen eine Rolle ein, die im Englischen treffend *everybody's darling* heißt, der Liebling von allen. Betroffene sind dann zu gut, um wahr zu sein. Wenn ihnen einmal die Kraft ausgeht, bekommt das gefällige Bild Risse.

Unzulänglichkeit und Scham. Manche Eltern drücken es sehr deutlich aus, wenn ihre Kinder hinter ihren Erwartungen zurückbleiben. Kritik, Worte der Enttäuschung oder sogar Vergleiche mit anderen Kindern, die es besser machen, werden zu einer prägenden Erfahrung. Wenn Kinder hinter Erwartungen zurückbleiben, schämen sie sich und fühlen sich unzulänglich. Es gibt verschiedene Möglichkeiten, diese Gefühle zu lindern. Manche Kinder treten dic Flucht nach vorn an. Sie versuchen die Erwartungen nicht nur zu erfüllen, sondern zu übertreffen. Wo das nicht möglich ist, mogeln Kinder ein wenig und erzeugen wenigstens den Anschein, dass die Erwartungen erfüllt sind. Auch diese Strategie setzt sich im Erwachsenenalter fort.

Ehrlichkeit ist das beste Mittel, um den Stachel des Blendens zu entschärfen.

Angst vor Versagen. Es ist der Albtraum ehrgeiziger Eltern, dass ihre Tochter oder ihr Sohn an den Herausforderungen des Lebens scheitert. Besonders wenn ein Kind ein kleines Handikap mitbringt, etwa eine Lese-Rechtschreib-Schwäche oder Schüchternheit, kann das die Angst vor Versagen schüren. Die Kindheit eines jungen Menschen wird dann von den Sorgen der Eltern überschattet:

- „So wirst du nie auf ein Gymnasium kommen."
- „Willst du später von Sozialhilfe leben?"
- „Wie willst du einen Mann finden?"

Solche Sätze dämpfen den natürlichen Optimismus eines Kindes. Manche Kinder treibt das in die Leistungsverweigerung. Andere entwickeln eine übertriebene Erfolgsorientierung. Sie stehen unter dem Druck, Erfolge zu erzielen und diese vor andern zu zeigen. Menschen mit dieser Prägung können mit Misserfolgen nicht entspannt umgehen. Zu stark ist die Angst, dass sie dann als Versager dastehen. Oft bemühen sie sich dann, Misserfolge zumindest noch als Teilerfolg zu verkaufen. Verhängnisvoll ist der Versuch, ein bereits gescheitertes Projekt doch noch zum Erfolg zu führen. Dazu müssen Betroffene verstärkt auf die Hilfe von anderen setzen. Die Enttäuschung ist vorprogrammiert.

So sind die Gründe unterschiedlich, die Menschen zur Selbstdarstellung bewegen. Gemeinsam ist der Wunsch, in den Augen anderer besser dazustehen.

Ehrlichkeit ist daher das beste Mittel, um den Stachel des Blendens zu entschärfen. Sie senkt die Erwartungen anderer auf ein realistisches Maß. Sie korrigiert das geschönte Bild, das Sie in manchen Situationen vielleicht vermittelt haben.

Ehrliche Selbstoffenbarungen können zum Beispiel so aussehen.

- „Ich könnte mich irren, aber ...“ – Mit einer solchen Einleitung kann man auch als Anfänger einen selbstbewussten Beitrag einbringen, ohne dass es überheblich wirkt.
- Eine Frau mit einem scheinbar perfekten Haushalt könnte einräumen: „Ja, wir fühlen uns wirklich wohl in unserem Haus. Aber es hat auch seinen Preis. Manchmal kommt die Zeit füreinander zu kurz. Es gibt Momente, in denen ich mich frage, ob wir unsere Prioritäten richtig setzen.“
- Daniel sollte den Misserfolg seines Projektes nicht verschweigen, wo er doch anfangs seinen Kollegen viel davon erzählt hat: „Ich habe übrigens wieder mehr Kapazität. Das Projekt, das mich so begeistert hat, wäre in der Umsetzung zu teuer geworden. Aber ich habe eine Menge gelernt und ich hoffe, dass ich das woanders einsetzen kann.“
- „Wenn du einmal das Gefühl hast, ich schmücke mich zu sehr mit meinen Kontakten, dann sage es mir bitte!“
- „Mir fällt es nicht immer leicht, zu meinen Schwächen zu stehen.“
- „Es gibt nicht viele Menschen, denen ich zeige, wie es mir wirklich geht.“
- „Ich glaube, ich habe eben etwas übertrieben. Aber du weißt, was ich damit rüberbringen wollte, oder?“

Wenn Sie zu Selbstdarstellung neigen, dann sind Selbstoffenbarungen wie eine Mutprobe. Aber Sie werden die Erfahrung machen: Die meisten Menschen reagieren verständnisvoll auf Ehrlichkeit. Sie werden Ihnen ihre Aufmerksamkeit und Wertschätzung nicht entziehen – im Gegenteil: Ehrlichkeit verbindet. Wer einen nicht durch Überlegenheit bedroht, dem zeigt man umso lieber Anerkennung. Wer selbst um seine Fehler weiß, den muss man nicht entlarven.

Wenn Sie zu Selbstdarstellung neigen, dann sind Selbstoffenbarungen wie eine Mutprobe.

So ändern Sie Ihr Verhalten

In allen Menschen lebt eine Sehnsucht nach Echtheit. So sein zu dürfen, wie man ist, gehört zu den Grundbedürfnissen jedes Menschen. Außerdem sollen die Liebe und Wertschätzung anderer nicht einem Idealbild gelten, sondern der Person, die man wirklich ist. In diesem Abschnitt geht es daher nicht nur um die Frage, wie Sie den Einsatz Ihres Stachels unterdrücken können. Die folgenden Empfehlungen helfen Ihnen auch, sich Ihrem Bedürfnis nach Echtheit anzuvertrauen und neue Erfahrungen zu machen. Sie machen Selbstdarstellung entbehrlich.

Ihre Fähigkeit zur Selbstdarstellung wird Ihnen dabei nicht verloren gehen. In manchen Situationen ist sie gefragt, zum Beispiel in Prüfungen, Bewerbungsgesprächen und in der Phase des Kennenlernens. Auch in vielen beruflichen Rollen gehört ein gesundes Maß an Selbstdarstellung dazu. In meinen ersten Berufsjahren als Psychotherapeut musste ich eine Sicherheit ausstrahlen, die nicht ganz authentisch war. Ehrlicherweise hätte ich manchmal sagen müssen: „Interessant, es ist das erste Mal, dass ich mit einem Problem konfrontiert bin, wie Sie es haben. Ich werde mir aber Mühe geben und bei Kollegen nachfragen, wenn ich an meine Grenzen komme." So etwas kann man natürlich niemandem zumuten. Zu meiner eigenen Unerfahrenheit wäre dann noch die Verunsicherung von Patienten dazugekommen, eine Kombination, die einen Misserfolg wahrscheinlich macht. In vielen anderen Beru-

In allen Menschen lebt eine Sehnsucht nach Echtheit. So sein zu dürfen wie man ist, gehört zu den Grundbedürfnissen jedes Menschen.

fen treten ähnliche Situationen auf. Manchmal wird die Fähigkeit zur Selbstdarstellung sogar erwartet. Wo die Selbstdarstellung aber unnötig oder schädlich ist, helfen Ihnen folgende Strategien.

Entdecken Sie das Gewöhnliche

Wenn ein Paar zu mir kommt und eine Ehetherapie beginnt, dann interessiere ich mich für die Anziehungskräfte, die eine Beziehung geformt haben: „Was hat Ihnen denn am andern gefallen?" Überraschenderweise sind es oft ganz gewöhnliche Eigenschaften, die Liebe geweckt haben, zum Beispiel: „Er hat eine so schöne Stimme." An der Stimme des Ehemannes ist mir nichts Ungewöhnliches aufgefallen. Andere sagen: „Wir konnten über alles reden." Oder: „Wir haben viel miteinander gelacht." Offenbar entzündet sich Liebe nicht nur an Erfolg, Leistung oder Makellosigkeit.

Die Paarpsychologie hat sich besonders für die Frage interessiert, was Liebe und Aufmerksamkeit weckt. Wer ihre Forschungsergebnisse durchforstet, findet folgende Eigenschaften, die Anziehungskräfte auslösen[4]:

- Hilfsbereitschaft
- Großzügigkeit
- Lebensfreude
- Verantwortungsgefühl
- Zärtlichkeit
- Wertschätzung
- Stärke und Konfliktbereitschaft
- Einfühlungsvermögen und Mitgefühl
- Ausgeglichenheit und Unkompliziertheit
- Sensibilität
- Zielstrebigkeit
- Offenheit und Nahbarkeit

---

4 Grau, Ina; Bierhoff, Hans-Werner (Hrsg., 2013): Sozialpsychologie der Partnerschaft, Springer Verlag, Berlin Heidelberg; Willi, Jürg (2004): Was hält Paare zusammen? Rowohlt Taschenbuch-Verlag, Reinbeck bei Hamburg; Felmlee, Diane (1998). Fatal Attractions. Loss and Contradictions in Intimate Relationships. In: Harvey JH Perspectives on Loss, 113-124, Routledge Chapman & Hall.

Obwohl es sich hier nicht um außergewöhnliche Qualitäten handelt, so können Sie mit einer oder zwei dieser Eigenschaften sogar die Liebe eines Menschen gewinnen, und wenn nicht Liebe, dann doch Wohlwollen und Achtung. Das gilt nicht nur für Beziehungen zwischen Mann und Frau. Mit wenigen gewöhnlichen Qualitäten gewinnen Sie die Sympathie anderer Menschen. Nur wer andere beeindrucken und sich zum Liebling aller stilisieren will, wird ohne Blenden kaum auskommen.

Wenn Sie also zur Selbstdarstellung neigen, müssen Sie das Ziel loslassen, bei allen einen besonderen Eindruck zu hinterlassen. Realistischer dagegen ist es, einige Freunde, Kollegen, liebe Nachbarn und gute Bekannte zu finden, bei denen Sie gut ankommen. Und die Mittel dazu sind, wie Ihnen die Aufzählung von Eigenschaften gezeigt hat, ganz gewöhnliche. Kreuzen Sie doch einmal eine bis drei der obigen Eigenschaften an, die auf Sie zutreffen. Das sind vermutlich diejenigen, durch die Sie am leichtesten Menschen für sich gewinnen. Wenn Sie diese Eigenschaften ausleben, fällt Ihnen mit Leichtigkeit zu, was Sie mit Selbstdarstellung nur angestrengt bekommen.

Wenn Sie zur Selbstdarstellung neigen, müssen Sie das Ziel loslassen, bei allen einen besonderen Eindruck zu hinterlassen.

Wie entspannend das ist, zeigt das folgende Beispiel.

Johannes kann eigentlich alles, sei es im Umgang mit dem PC, mit organisatorischen Aufgaben oder mit Menschen. Allerdings arbeitet er in einem Team, in dem viele herausragende Fähigkeiten haben. Eine Kollegin hält fesselnde Vorträge, ein anderer löst die kniffligen Probleme. Weil Johannes auf keinem Feld der Beste ist, kommt er unter Druck. Er übertreibt die Erfolge seiner Projekte. Die Kollegen durchschauen das und lassen Johannes dann auflaufen.
Erst als Johannes in seiner Flexibilität seine Stärke entdeckt, kann er auf die Selbstdarstellung verzichten. Er glänzt nirgends, ist dafür aber überall einsetzbar. Seit er sich nicht mehr so sehr um einen guten Eindruck bemüht, spürt er die Verbundenheit mit seinen Kollegen deutlicher. Die Kollegen loben ihn häufiger und drücken ihre Sympathie aus. Bald entspannt sich Johannes so sehr, dass er seine Fähigkeiten kaum noch mit denen der andern vergleicht.

Versöhnen Sie sich mit Misserfolgen

Misserfolge gehören zum Leben. Wer etwas erreichen will, muss etwas wagen. Eine herausfordernde Aufgabe schließt die Möglichkeit eines Misserfolges ein. Nur sehr wenige Menschen werden schlecht von Ihnen denken, wenn Ihnen einmal etwas nicht gelingt. Die meisten Menschen blicken mit Wohlwollen auf andere, die sich einer Aufgabe stellen. Es sind verinnerlichte Stimmen, die einen Misserfolg zu einer persönlichen Katastrophe machen:

- „Du bist ein Versager!"
- „Wenn du das nicht schaffst: Was soll aus dir werden?"
- „Andere hätten das geschafft."

Manchmal haben Eltern solche Sätze zwar nicht ausgesprochen, doch ihre Reaktion hat die Botschaft auch ohne Worte transportiert. Menschen gewinnen dann, wenn sie an neuen Leitsätzen festhalten:

- „Wenn ich eine Herausforderung annehme, darf auch mal etwas schiefgehen."
- „Auch andere müssen einmal einen Misserfolg verkraften. Das gehört zum Leben."
- „Erfolg bedeutet, es so lange zu versuchen, bis es klappt."

Mit dieser Haltung brauchen Sie Misserfolge nicht zu überspielen. Sie können diese eingestehen. Auf andere wirkt das souverän und zugleich bescheiden.

Womöglich haben Sie eine andere Erfahrung gemacht, die verunsichert: Auch bei nüchterner Betrachtung haben Sie mehr Misserfolge erlitten als die meisten anderen Menschen in Ihrer Umgebung. Möglicherweise war Ihr Wunsch zu glänzen so groß, dass Sie Herausforderungen gewählt haben, die Ihre Erfahrung und Fähigkeit überstiegen haben. Mit der Überforderung steigt natürlich das Risiko eines Misserfolgs. Viele Menschen erahnen es schon in der ersten Beschäftigung mit einem Vorha-

> **Wenn Sie Misserfolge nicht überspielen, sondern sie sich eingestehen, wirkt das auf andere souverän und zugleich bescheiden.**

ben, wenn die Erfolgschancen gering sind. Sie lassen dann das Projekt lieber wieder fallen. Doch wer unter einem Erfolgsdruck steht, wird das Aufgeben vielleicht als Versagen erleben. Er wird dann weitermachen, auch wenn ein Misserfolg wahrscheinlich ist.

Erfolgsdruck führt außerdem zu dem Gefühl, die Dinge alleine schaffen zu müssen. Menschen suchen sich dann nicht die notwendige Unterstützung. Auch das kann eine Ursache für Misserfolge sein. Falls Sie aus solchen Gründen gehäuft Misserfolge erleben, können folgende Maßnahmen Ihr Leben ändern: Wählen Sie Herausforderungen, die zu Ihren augenblicklichen Fähigkeiten passen. Besser ein bescheidener Erfolg als ein grandioses Scheitern. Prüfen Sie bei Ihren Vorhaben, ob überhaupt die Voraussetzungen für einen Erfolg gegeben sind. Falls nicht, geben Sie lieber rechtzeitig auf, bevor Sie bei anderen Erwartungen geweckt haben, die Sie nicht erfüllen können. Und schließlich: Suchen Sie sich den Rückhalt bei anderen, den es für den Erfolg eines Vorhabens braucht.

Ein gewisses Maß an Erfolgen braucht es, um mit dem Thema Selbstdarstellung gelassen umzugehen. Wer aus einem normalen Maß an Erfolgen sein Selbstvertrauen aufbaut, muss seine Misserfolge nicht verstecken.

Es gibt noch einen weiteren unangestrengten Weg, wie Sie bei anderen gut ankommen können. Dieser beginnt mit einer Beobachtung, die Sie vielleicht überraschen wird. Ausgerechnet mit Ihren Fehlern und Schwächen gewinnen Sie die Sympathie anderer. Menschlichkeit verbindet wie sonst weniges. Beobachten Sie es in Ihrem Umfeld: Sind nicht die beliebtesten Menschen diejenigen, die offen und humorvoll mit ihren Schwächen umgehen? Sie schaffen eine entspannte Atmosphäre, in der auch andere unvollkommen sein dürfen. Menschlichkeit beendet das Vergleichen, das Konkurrieren, das Kräftemessen, was unser Miteinander manchmal so kompliziert macht. Wenn sich Ihre Menschlichkeit mit Freundlichkeit, ein wenig Einsatzbereitschaft und einem Interesse für andere verbindet, sind Sie auf dem besten Weg, ein Sympathieträger zu werden.

> Wer aus einem normalen Maß an Erfolgen sein Sebstvertrauen aufbaut, muss seine Misserfolge nicht verstecken.

Schließlich machen Sie sich wertvoll, indem Sie das Leben anderer

Menschen bereichern. Natürlich kann man anderen Gutes tun, indem man ihnen hilft, gute Tipps gibt und ihnen Möglichkeiten eröffnet, ihre Ziele zu erreichen. Doch in all dem bleiben Sie austauschbar. Sie erfüllen eine Funktion, die auch ein anderer übernehmen könnte. Durch Ihre einzigartige Lebensgeschichte und Ihre individuelle Begabung haben Sie aber etwas zu geben, was nicht jeder andere geben kann.

Machen Sie sich doch einmal eine Liste mit den Komplimenten und positiven Rückmeldungen, die Sie im Lauf Ihres Lebens erhalten haben. Sie fügen sich zu einem Bild dessen zusammen, was Sie anderen bedeuten.

Als sich Lukas dieser Aufgabe stellt, findet er folgende Sätze in seinem Notizbuch:
„Du kannst einen echt motivieren."
„Du bist immer so optimistisch."
„Dir geht wohl nie die Energie aus?"
„Ich glaube, du warst der Einzige, der noch an unseren Erfolg geglaubt hat."
„Du hast mich echt aufgebaut. Danke!"
Lukas studiert seine Sammlung nachdenklich. „Das soll alles sein? Ein bisschen motivieren?" Lukas hat ein ganz anderes Ideal. Er würde gerne für seinen Intellekt gewürdigt werden. Tatsächlich ist Lukas intelligent und vielseitig interessiert. Das bemerken die andern auch. Aber offensichtlich sind es nicht seine klugen Gedanken, mit denen er andere am meisten bereichert. Wenn Lukas damit Eindruck machen will, was er gelesen hat, dann wirkt es immer etwas aufgesetzt. Bei anderen kommen sein Optimismus und seine motivierende Art am besten an. Warum sollte Lukas dann nicht einfach damit punkten, wodurch sich andere am meisten beschenkt fühlen? Seine positive Art ist für Lukas so selbstverständlich, dass sie ihn nicht einmal Kraft kostet. Wenn er sich darauf konzentriert, wird er viel Bestätigung finden und sich wertvoll fühlen. So wird aus der Selbstdarstellung ein Selbstverschenken, das wertvolle Beziehungen wachsen lässt.

Meiden Sie Schubladendenker und Bedingungensteller

Es gibt sie: Menschen, die einen unwiderstehlichen Drang nach Selbstdarstellung auslösen. Manche stecken andere gerne in negative Schubladen, besonders wenn man ihre Erwartungen enttäuscht. Solche Menschen sind nur dann an Ihnen interessiert, wenn Sie ihren Maßstäben und Vorstellungen entsprechen. Sie stellen eine Situation her, in der man sich ständig beweisen muss und in der Schwächen unverzeihlich wirken. Wenn Sie Ihren Stachel der Selbstdarstellung entschärfen wollen, dann sind solche Menschen kein guter Umgang für Sie. Denn sie werden Sie immer wieder zur Selbstdarstellung reizen. Außerdem geraten Sie in eine emotionale Verfassung, die Ihre Wahrnehmung verändert. Die Welt erscheint dann doch als eine, in der Sie sich beweisen müssen. In dieser Stimmung werden Sie sich auch gegenüber Menschen darstellen, die Ihnen gar keinen Grund dafür geben.

Es gibt noch einen anderen Typ Mensch, der Ihnen bei einer Veränderung im Weg stehen kann. Dies sind Menschen, die auf andere kaum reagieren. Sie sind entweder emotional gehemmt, überkritisch oder so mit sich selbst beschäftigt, dass sie andere kaum wahrnehmen. Ihre Reaktionslosigkeit verunsichert: „Stimmt etwas mit mir nicht? Habe ich etwas falsch gemacht?“

Wenn man um die Aufmerksamkeit reaktionsarmer Menschen kämpfen will, wird man kaum auf Selbstdarstellung verzichten können. Statt dies zu versuchen, sollten Sie sich besser anderen zuwenden. Bei den meisten Menschen werden Sie auch dann eine positive Resonanz finden, wenn Sie gerade nichts Beeindruckendes tun.

Wenn Sie die Schritte gehen, die in diesem Kapitel beschrieben werden, werden sich Ihre Beziehungen vertiefen und Sie werden auf entspannte Weise Sympathie gewinnen. Das macht den Stachel der Selbstdarstellung in vielen Situationen überflüssig.

Tragen Sie Ihren Stachel gelassen

Auch wenn Sie im Umgang mit Ihrem Stachel gereift sind, werden Sie gelegentlich einmal auftrumpfen. Das ist aber auch nicht weiter schlimm. Denn wenn Sie ab und zu einen ehrlichen Einblick in Ihr Leben geben, entschärft das die Probleme, zu denen Selbstdarstellung führen kann.

Allerdings muss es nicht immer an Ihnen liegen, wenn andere zu hohe Erwartungen aufbauen. Manche Menschen neigen zur Idealisierung, d. h. sie haben einen Hang, andere übertrieben positiv zu sehen. Denn diese Illusion beruhigt und entspannt: Man kann den anderen ein wenig bewundern, sich angesichts seiner guten Eigenschaften sicher fühlen und sich vielleicht sogar im Glanz des anderen sonnen. Die Wahrheit ist viel schwerer zu ertragen: Stärken und Schwächen liegen oft nahe beieinander. Menschen bereichern uns oft und enttäuschen uns manchmal.

Wenn andere Sie idealisieren, dann hat es ähnliche Folgen wie die, die in diesem Kapitel beschrieben werden. Andere bauen zu hohe Erwartungen auf und werden enttäuscht. Doch jeder Mensch hat auch die Verantwortung, sich ein realistisches Bild vom andern zu machen. Diese Verantwortung können Sie niemandem abnehmen. Ein vor sich her getragenes „Ich-habe-auch-meine-Fehler-und-Schwächen" wäre peinlich und klänge in den Ohren anderer sogar überheblich: „Warum muss sie (er) so etwas Selbstverständliches überhaupt betonen?"

Mit etwas Erfahrung werden Sie immer schneller bemerken, wenn andere überzogene Erwartungen an Sie aufbauen. Diese können Sie dann gezielt dämpfen, etwa so: „Danke für dein Lob. Aber nicht, dass du mich jetzt für den Computerfreak hältst. Es gibt viele Anwendungen, bei denen ich schnell an meine Grenzen komme."

Wir können es in unserem Alltag und in den Medien beobachten: Ein wenig Selbstdarstellung praktizieren viele Menschen, die wir als humorvoll, charmant oder kokett erleben.

Es gibt allerdings Menschen, die hier sehr empfindlich sind. Schon auf kleine Dosen Selbstdarstellung reagieren sie gereizt. Sie sind gewissermaßen *allergisiert* durch Kindheitserfahrungen, die sie mit einem schlimmen Blender hatten. Von ihnen müssen Sie sich nicht verunsichern lassen, als wäre ein Hauch von Selbstdarstellung schon böse und als müsste man sofort seine Schwächen offen legen. Allerdings können Sie auf diese besondere Empfindsamkeit Rücksicht nehmen, indem Sie Betroffenen betont ehrlich begegnen. Alle anderen werden den spielerischen Umgang mit Selbstdarstellung anregend finden – solange Sie es damit nicht übertreiben.

Gehen Sie einen spirituellen Weg

An verschiedenen Stellen dieses Kapitels hat sich bereits eine existenzielle Frage gestellt: Darf ich sein, wie ich bin, oder muss ich etwas verkörpern, was den anderen gefällt? Der Glaube führt auf einen geistlichen Weg zur Echtheit. Das können sich Glaubende erlauben, weil sie um einen starken Rückhalt wissen: „Selbst wenn mich alle ablehnen sollten, verachten oder verurteilen würden, bliebe mir die uneingeschränkte Bejahung durch Gott."

Das Ziel eines spirituellen Weges ist allerdings nicht jene selbstbezogene Echtheit, die als Übergangsphase in der Jugend und bei jungen Erwachsenen vorkommt: „Ich bin wie ich bin. Mir ist egal, wie ich ankomme und was andere von mir denken." Eine beziehungsfähige Echtheit zeigt sich vielmehr in Sätzen wie: „So wie ich bin, kann ich für andere da sein. Ich muss mich weder verstellen noch verbiegen. Auf meine Weise öffne ich mich für Begegnungen und gehe auf das ein, was ein anderer braucht."

> Der Glaube führt auf einen geistlichen Weg zur Echtheit.

Zum Thema Selbstdarstellung hat Jesus einiges gelehrt. Er verwendet zum Beispiel das Bild der antiken Sitzordnung bei Tisch. Jesus rät: „Wenn du bei jemand zu einem Festessen eingeladen bist, dann nimm nicht oben am Tisch Platz. Es könnte ja sein, dass einer von den anderen Gästen angesehener ist als du.Der Gastgeber, der euch beide, dich und ihn, eingeladen hat, müsste dann kommen und zu dir sagen: ‚Mach ihm bitte Platz!' Und dir bliebe nichts anderes übrig, als dich beschämt ganz unten hinzusetzen. Nein, nimm ganz unten Platz, wenn du eingeladen bist. Wenn dann der Gastgeber kommt, wird er zu dir sagen: ‚Mein Freund, nimm doch weiter oben Platz!' Und so wirst du vor allen geehrt, die mit dir eingeladen sind. Denn jeder, der sich selbst erhöht, wird erniedrigt werden, und wer sich selbst erniedrigt, wird erhöht werden." (Lk 14,8-11)

Mit diesem Rat hat Jesus nicht nur die Situation am Tisch im Blick. Er vermittelt Bescheidenheit als gute Lebensregel. Sie begnügt sich im Zweifelsfall mit einem geringeren Status. Die motivierende Aussicht lautet: „Die anderen werden deine Bedeutung schon erkennen und dir die Wertschätzung schenken, die dir zusteht."

Zur Zeit Jesu war auch der Glaube ein Statussymbol. Jesus ermahnt seine Anhänger, diesen Trumpf nicht auszuspielen. Wer betet, soll dies hinter verschlossenen Türen tun und nicht in der Öffentlichkeit. Wer spendet, soll „seine linke Hand nicht wissen lassen, was die rechte tut". Wer eine Fastenübung praktiziert, soll dies nicht durch eine Leidensmiene vor sich hertragen (Mt 6,1-18). Wertschätzung für ihre Frömmigkeit sollen Menschen alleine bei Gott suchen. Also auch hier rät Jesus zu Bescheidenheit.

Mit Jesu Einladung zu Bescheidenheit scheint die Aufgabe klar: „Verzichte auf Selbstdarstellung und andere werden schon entdecken, was dich ausmacht. Wo Menschen deine Qualitäten einmal nicht wahrnehmen, wirst du bei Gott Anerkennung finden."

Dem scheinen allerdings andere Aussagen von Jesus zu widersprechen. Zum Beispiel rät er: „So lasst eucr Licht leuchten vor den Leuten, damit sie eure guten Werke sehen" (Mt 5, 16).

Aber was heißt das jetzt? Sollen wir unsere guten Eigenschaften nun bescheiden verbergen oder sie so herausstellen, dass jedermann sie sehen kann? Wenn wir die Empfehlungen Jesu im Zusammenhang betrachten, erkennen wir: Wo es um das persönliche Ansehen geht, ruft Jesus zu Bescheidenheit. Wo es aber um die Lebensaufgabe eines Menschen geht, gelten andere Regeln. Wo das Gute Einfluss gewinnen soll, braucht es eine positive Aufmerksamkeit. Wem eine Aufgabe anvertraut ist, der braucht zu ihrer Durchführung das Vertrauen anderer Menschen. Dazu muss er seine Befähigung und die Qualität seines Vorhabens sichtbar werden lassen.

> „So wie ich bin, kann ich für andere da sein. Ich muss mich weder verstellen noch verbiegen." Darin zeigt sich eine beziehungsfähige Echtheit.

Dieser Zusammenhang wird auch in unserem modernen Leben plausibel: Eine Vorgesetzte, die den Ruf hat, sowohl die Unternehmensziele zu erreichen als auch ein gutes Betriebsklima zu fördern, wird ihre Mitarbeiter leichter motivieren können.

So führen die Empfehlungen Jesu in ein herausforderndes Spannungsfeld: Persönliche Bescheidenheit, aber Selbstbewusstsein in der guten Sache. Manchmal sollte man es tolerieren, wenn man missachtet, verkannt oder unterschätzt wird, in anderen Situationen sollte man sich dagegen wehren – um der guten Sache willen.

Zu Beginn dieses Abschnitts habe ich erwähnt: Der Mut zur Echtheit kann sich auf eine Gottesbeziehung stützen, wenn sich der Glaubende so, wie er ist, geliebt weiß. Eine selbstbezogene Echtheit, die sich vom Urteil anderer unabhängig macht, muss nicht aus spirituellen Quellen schöpfen. Eine beziehungsorientierte Echtheit, die für andere auch dann da ist, wenn sie verkannt wird, kann ein Mensch kaum aus sich heraus aufbringen.

Aber wie wird die Bejahung Gottes existenziell erfahrbar? Hier hat die christliche Tradition einige Wege geebnet, die Menschen seit Jahrhunderten beschreiten.

Sündenbekenntnis. Diese Praxis wird oft verkannt. Ihr wird unterstellt, sie belade Glaubende mit Schuldgefühlen. Aber wer ein wenig Lebenserfahrung hat, weiß: Die dunklen Seiten unserer Person sind eine Realität, der wir in Schlüsselmomenten unseres Lebens begegnen: unserer Lieblosigkeit, Selbstbezogenheit, Unehrlichkeit, Feigheit oder Kleinlichkeit. So gründlich ist keine Verdrängung, dass Menschen angesichts dunkler Momente nicht an sich zweifeln, ihren Wert infrage stellen, sich Vorwürfe machen oder sich ablehnen. Das Sündenbekenntnis spricht die dunklen Momente in einen Raum der Vergebung hinein. Es ist sich schon vorher sicher, dass Gott verzeiht, die Schuld für erledigt erklärt und den Glaubenden bejaht. Kann man sich dann das Bekenntnis nicht sparen? Natürlich nicht. Denn auch bei einem großzügigen Freund ist eine Entschuldigung erst wirksam, sobald man sie ausspricht.

> Mit Jesu Einladung zu Bescheidenheit scheint die Aufgabe klar: „Verzichte auf Selbstdarstellung und andere werden schon entdecken, was dich ausmacht."

Von anderen Menschen darf man nicht erwarten, dass sie in die eigenen Abgründe blicken und einen dann noch bejahen. Unsere dunkelsten Seiten verbergen wir vor anderen Menschen, weil sie nicht zumutbar sind. Hier drückt sich eine gesunde Scham aus. Ein Sündenbekenntnis bringt auch das Intimste, Schamhafteste an das Licht einer Liebe. Nur hier ist eine existenzielle Erfahrung von Bejahung möglich.

Meditation des Weges Jesu. Als Meister kurzer Formeln hat Martin Luther auf den Punkt gebracht, wie wir uns die Bedeutung aneignen, die der Weg Jesu für uns heute hat. Jesus hat uns – so sagt die christliche Tradition – „erlöst", modern würde man vielleicht sagen: spirituell befreit. Diese Befreiung fand, sagt Luther, *extra nos* und *pro nobis* statt, also außerhalb von uns, aber für uns. In dieser Formel verdichtet sich, was heute viele Regalmeter theologischer Literatur ergründen: Ohne mein Zutun, ganz unabhängig von mir, ist die Grundlage einer spirituellen Befreiung gelegt. Auch wenn es sich in einem anderen Jahrhundert abgespielt hat, in einer anderen Region, in einer fremden Kultur, ist es doch auch für mich geschehen. Jesus ist Mensch geworden – für mich. Er hat einen Leidensweg beschritten – für mich. Er ist auferstanden – für mich. Jeder dieser drei Akte hat viele Bedeutungsschichten. Man kann sie sein Leben lang intensiv betrachten und wird immer neu davon ergriffen. Zu dieser Betrachtung eignen sich zuallererst die vier Evangelien. Die umfangreiche Briefliteratur, die den Evangelien folgt, will das Verständnis von Jesu Weg vertiefen und seine Anwendung praktisch werden lassen. Die meisten Reflexionen dazu sind von dem Gelehrten Paulus überliefert, über den der Jesusschüler Petrus klagt: „Davon redet er in allen Briefen, in denen einige Dinge schwer zu verstehen sind" (2. Petr. 3, 16). Die Betrachtung wird uns sehr erleichtert, wenn sich begnadete Übersetzer finden, die theologische Gedanken begreiflich machen. Das leisten Bücher wie „Jesus von Nazareth" von Joseph (Benedikt XVI.) Ratzinger. Wer sich die Menschwerdung, den Leidensweg und die Auferstehung Jesu persönlich aneignet, erlebt das *extra nos et pro nobis* an der eigenen Person. Der Wert und das Geliebtsein sind zwar persönlich erfahrbar, aber außerhalb der eigenen Person verankert. Sie sind unabhängig von der eigenen Leistung, von den eigenen Fähigkeiten und von Erfolg und Versagen. Wer dies auch nur ein Stück weit nachvollzieht, kann ehrlich und authentisch sein.

Jesu Empfehlungen führen in ein herausforderndes Spannungsfeld: Persönliche Bescheidenheit, aber Selbstbewusstsein in der guten Sache.

Bestätigung von oben. Eine Bejahung erfahren Menschen auch, wenn sie übernatürliche Erfahrungen machen. Ein Fachkollege berichtete mir vor etwa 20 Jahren von folgendem Erlebnis. Vor den Prüfungen seines Psychologiestudiums engagierte er sich stark für ein kirchliches Projekt. Schließlich blieb ihm wenig Zeit zum Lernen. In einer Gebetszeit standen ihm sehr konkret Fachgebiete vor Augen, auf die er dann seine wenige Zeit verwandte. Tatsächlich wurden nur diese geprüft und mein Kollege schloss sein Studium mit Bestnote ab. Sein Erlebnis lässt sich natürlich hinterfragen, etwa als gute Intuition. Ich persönlich glaube es, weil ich selbst vergleichbare Erfahrungen gemacht habe und mir zahlreiche Menschen Ähnliches berichtet haben – Menschen, die ich für ehrlich und seriös halte. (Gegenüber der Universität hatte mein Kollege trotzdem ein schlechtes Gewissen. Doch aus beruflichen Gründen musste er sich das versäumte Wissen später noch einmal gründlich aneignen.)

Wer mit Gott rechnet, wird früher oder später Erfahrungen machen, die sich rational schwer erklären lassen.

Christlicher Glaube ist kein Haschen nach übernatürlichen Erfahrungen. Nächstenliebe, Dankbarkeit und Gottvertrauen finden im alltäglichen Leben ihren Platz. Aber wer mit Gott rechnet, wird früher oder später Erfahrungen machen, die sich rational schwer erklären lassen: die Erhörung von Gebeten, die Gott um Unwahrscheinliches oder sogar Unmögliches ersucht haben; die Heilung einer unheilbaren Krankheit; eine persönliche Veränderung weit über die Grenzen hinaus, die der eigene Charakter steckt; eine Versöhnung in einer unrettbar zerrütteten Beziehung. Glaubende, die so etwas erleben, erfahren eine intensive Zuwendung und Bestätigung Gottes. Nach einem spirituellen Erlebnis wird zweitrangig, was andere über einen denken. Der Weg zur Echtheit ist frei.

Unter einem spirituellen Gesichtspunkt ist Selbstdarstellung ein Ballast, von dem Bescheidenheit befreit.

Unter einem spirituellen Gesichtspunkt ist Selbstdarstellung ein Ballast, von dem Bescheidenheit befreit. Dann geht sich ein Weg der Echtheit leichter. Auf dem Weg erlebt ein Glaubender eine existenzielle Bejahung. Sie berührt auch Bereiche der Seele, in denen sich ein Mangel an Aufmerksamkeit, Anerkennung, Zutrauen und Zustimmung niedergeschlagen hat. Die tieferen Gründe für Selbstdarstellung erübrigen sich mehr und mehr.

Energie rauben

Sind Sie häufig überanstrengt und erschöpft? Suchen Sie häufig den Rat von anderen? Geraten Sie schnell aus dem inneren Gleichgewicht? Schleppen Sie ungelöste Probleme mit sich herum? Dann könnte Energie rauben Ihr Stachel sein.

Manche Menschen tun sich schwerer als andere, für ihr Wohlbefinden zu sorgen. Sie können sich nicht gut schützen. Sie verfolgen Ziele, die sie an den Rand der Erschöpfung bringen. Sie haben in ihrem Lebensrucksack Probleme angesammelt, deren Last sie drückt. Eine persönliche Überforderung wirkt sich auch auf Beziehungen aus. Denn die meisten Menschen werden aktiv, wenn es jemandem schlecht geht. Sie fühlen mit, machen sich Sorgen und bieten Hilfe an. Doch hilfsbereite Menschen überfordern sich dabei manchmal selbst. Das Helfen raubt ihnen Energie, die sie eigentlich für die Herausforderungen im eigenen Leben brauchen.

Wenn Sie sich in diesem Kapitel wiederfinden, wird Ihnen manches, das Sie entdecken, vielleicht peinlich sein. Denn wer will die Hilfsbereitschaft anderer schon zu sehr strapazieren? Vermutlich haben Sie bisher geglaubt, das Leben sei für Sie einfach anstrengend. Dass Sie auch selbst zu Ihrer Überforderung beitragen, kann eine verunsichernde Erkenntnis sein.

Menschen mit dem Stachel Energie rauben sind etwas verwundbarer als andere. Daher setzt ihnen das Leben stärker zu. Sie treffen den trotzigen Entschluss, ein „normales" Leben zu führen, auch wenn die eigene Verwundbarkeit das zu einem überfordernden Kraftakt macht. Vor diesem Entschluss habe ich großen Respekt. Denn er hat schon viele dazu gebracht, Einschränkungen zu trotzen und sich ein schönes Leben aufzubauen. Wenn Sie auf dem Weg dorthin den einen oder anderen Mitmenschen überfordern, muss das nicht peinlicher sein, als es die Stacheln anderer Menschen sind.

Lassen Sie uns nun genauer betrachten, wie Situationen entstehen, die anderen Energie rauben können.

Wehrlosigkeit. Helenes Freund ist ein Idiot. Er macht Scherze auf ihre Kosten. Er flirtet mit anderen Frauen. Seine Pläne zieht er rücksichtslos durch. Helene erzählt ihrer Freundin Irina dann, wie sich Bruno wieder verhalten hat. Die hört ihr zu und tröstet so gut sie kann. Irina geht mit einem Zorn aus dem Gespräch. Wie kann sich Bruno nur so verhalten? Sie malt sich Szenen aus, was sie Bruno an Helenes Stelle sagen würde.
Solche Gespräche hat Irina mit Helene schon geführt, seit sie sich kennen. Helene gerät einfach immer wieder an Menschen, die sie nicht gut behandeln. Mal war es der Chef, der sich unmöglich verhalten hat, mal eine Freundin. Helenes Probleme füllen so viel Zeit in den gemeinsamen Gesprächen, dass sich Irina in stressigen Phasen lieber nicht mit Helene verabredet. Sie hat einfach nicht die Kraft, sich die ärgerlichen Geschichten anzuhören und Helene zu trösten. Außerdem hat Irene das Gefühl, in der Freundschaft mit ihren eigenen Themen zu kurz zu kommen.

Selbstüberforderung. Nina hat Ränder unter den Augen, ihre Wangen sind etwas eingefallen. Woher nimmt ihr magerer Körper nur die Energie für ein solches Leben: ein schönes Haus, zwei Kinder, eine halbe Stelle als Sekretärin, Kirchenchor und meist hat sie noch irgendein soziales Projekt am Laufen. Weder ihr Job, noch das Erziehen fallen Nina leicht, auch nicht die Organisation ihres Haushalts. In vielem beißt sie sich einfach durch. Ihr Mann würde sie gerne entlasten. Er macht ihr Vorschläge, wo sie weniger machen könnte. Doch die weist Nina zurück: „Andere schaffen das auch. Zum Beispiel Tatjana, die …“ Aber Ninas Mann winkt ab: „Tatjana fühlt sich wohl in ihrem Leben, aber du stehst ständig kurz vor dem Zusammenbruch.“ Wenn Nina ihre treu sorgenden Freundinnen nicht hätte, wäre sie wohl tatsächlich schon zusammengebrochen. Die reagieren auf Ninas Überforderung und drängen ihr ihre Unterstützung geradezu auf.

Sich ausnutzen lassen. „Sag mal, arbeiten wirklich alle in der Klinik so viel wie du, Martha?“ Ute sieht Martha eindringlich an. Die zuckt mit den Achseln und sagt: „Ich bin eben Stationsleiterin.“
„Und die anderen Stationsleiterinnen?“, beharrt Ute.

„Ich weiß nicht", weicht Martha aus. „Ich glaube, die anderen arbeiten nicht ganz so viel wie ich."
Ute hat nichts unversucht gelassen, damit Martha einmal einen netten Mann kennenlernt. Sie hat schon viele Männer aus ihrem Umfeld eingeladen, um sie mit Martha zusammenzubringen. Einige Male hat Martha kurz vorher abgesagt, weil sie solche Kopfschmerzen hatte. An anderen Abenden kam Martha entkräftet und wirkte, als stehe sie neben sich.
„Willst du wirklich dein Privatleben opfern, um im Krankenhaus noch die letzte Lücke zu schließen?", fragt Ute und klingt bereits unfreundlich. „Irgendwann bist du 40 und sitzt sonntags alleine zu Hause, wenn die anderen ihren Familienausflug machen."

Ungelöste Probleme. „Ich hab fast kein Geld mehr", gesteht Klaus.
„Komm Klaus", ermuntert ihn ein Kumpel. „Unser Ausflug soll doch nicht am Geld scheitern. Wir legen zusammen und du kommst mit." Klaus nickt verlegen und dankbar.
Als Gottfried Klaus einmal besucht, hakt er nach: „Sag' mal. Du verdienst doch nicht schlecht. Wie kommt es, dass du oft so klamm bist?"
Klaus lächelt und weist mit einer Kopfbewegung zu seiner Schrankwand, die eine monumentale CD- und DVD-Sammlung beherbergt.
„Kannst du das nicht einfach mal eine Weile lassen? Bist du wieder flüssig bist?"
Klaus verstummt.
„Schulden?"
Klaus nickt.
„Darf ich fragen, wie viel?", hakt Gottfried nach.
„Weiß nicht genau", druckst Klaus herum. „Tausend bei den Eltern. Immer ein-, zweitausend auf dem Girokonto. Noch etwa fünftausend Kredit für das Auto ..." Bevor Klaus die Aufzählung beenden kann, entfährt es Gottfried: „Aber du zahlst dich ja dumm und dämlich an den Zinsen!"
„Ich weiß", sagt Klaus. „Aber was soll ich machen?"

Hochsensibilität. Irgendwie ist Konstanze ziemlich mit sich selbst beschäftigt. Sie spricht darüber, mit welchen Schülern sie gar nicht kann, dass es im Lehrerzimmer zu laut ist, dass sie mit ihrer schweren Tasche Verspannungen bekommt, dass sie das Wohnen an der Durchgangsstraße nicht mehr erträgt. Nach Begegnungen mit Konstanze fühlt sich Astrid nicht nur erschöpft, sondern auch zu kurz gekommen. Einerseits hat Astrid Mitgefühl mit Konstanze. Aber warum muss sie sich als sensibler Mensch einen derart stressigen Job suchen? Astrid ist auch Beamtin, aber in ihrer Verwaltungslaufbahn hat sie nicht einmal halb so viel Stress, wie Konstanze ihn erlebt.

An unerfüllbaren Wünschen festhalten. Alkes Chef hat ein paar Lieblinge. Alke gehört nicht dazu. Warum nur? Obwohl der Chef ein Muffel ist, begegnet ihm Alke freundlich, beinahe schon unterwürfig. Sie erklärt sich als Erste bereit, wenn er eine Aufgabe vergibt. Doch wenn er von Alke nicht gerade etwas will, behandelt er sie wie Luft.
„Vergiss es", sagt Alkes Mann, für den der Chef längst ein Reizthema ist. „Das kann dir doch egal sein. Du verdienst dort dein Geld, hast nette Kolleginnen und bist mit deiner Arbeit zufrieden. Warum kämpfst du denn jeden Tag um die Anerkennung von diesem Typen? Der wird sich nicht ändern. Habe ich dir das nicht schon letztes Jahr gesagt?"
Alke nickt schuldbewusst. „Aber ich will mich bei der Arbeit doch wohlfühlen ."
Alkes Mann seufzt. Er weiß, dass Alke seine Worte vergisst, spätestens, wenn ihr morgen der Chef gegenübersteht.

Die Beispiele zeigen eine Überforderung, die zunächst den Betroffenen Energie raubt, dann aber auch den Menschen in ihrem Umfeld. An jedem dieser Beispiele können Sie auch erkennen: Es gibt immer einen Anteil, für den Betroffene nicht verantwortlich sind, wie eine hohe Sensibilität. Es gibt aber auch einen selbst gemachten Anteil. Ohne sich dessen bewusst zu sein, fällen Betroffene Entscheidungen, die sie immer neu in überfordernde Situationen bringen. Oder sie bleiben in unangenehmen Situationen, die sie verlassen könnten.

Welche Last können Sie abwerfen? Welche müssen Sie tragen? Die Antwort auf diese Fragen entscheidet über Ihren Energiehaushalt. Denn es führt natürlich nicht weiter, wenn Sie sich für etwas die Schuld geben, was Sie sich nicht ausgesucht haben. Andererseits wäre es eine vertane Chance, wenn Sie Überforderung als Schicksal sehen würden, an dem sich nichts ändern lässt. Wenn Sie die Ansatzpunkte für eine Veränderung entdecken, wird nicht nur Ihr eigenes Leben leichter. Auch die Menschen in Ihrem Umfeld werden aufatmen. Die müssen sich dann nicht so oft um Ihr Wohl sorgen machen.

Erkennen Sie sich selbst

Wenn Sie sich überfordern, reagieren andere nicht immer so, wie Sie es sich wünschen würden: Manche versuchen immer vehementer, Ihr Leben zu verändern. Sie geben Ihnen Ratschläge, analysieren Ihre Schwächen oder drängen Sie zu Verhaltensweisen, die Ihnen helfen könnten. Das wirkt, als ob ein anderer Sie wie ein Kind behandelt oder erzieht. Solche Situationen sind für beide Seiten nicht angenehm. Sie tun einer Beziehung auf Dauer nicht gut. Daher ist es ein Warnsignal, wenn ein anderer Sie belehrt, analysiert oder zu bestimmten Entscheidungen drängt. An dieser Stelle könnten Sie sich eine Rückmeldung einholen: „Sag mal, mein Problem macht dich nervös, oder?"

Dann hören Sie vielleicht eine Antwort wie diese: „Ja, ich kann es kaum mehr mit ansehen, wie dich dein Job aufreibt. Es macht mich ganz hilflos, dass ich dir nicht wirklich helfen kann." Solche Rückmeldungen schulen Ihr Gespür dafür, wo sich andere zu sehr für Ihr Leben verantwortlich fühlen.

Manche Menschen reagieren aber ganz anders, wenn Sie sich von einem Problem überfordert fühlen. Sie distanzieren sich. Dann wechseln sie zum Beispiel rasch das Thema und wirken wie schlechte Zuhörer. Andere distanzieren sich mit Ironie: „Der könnte dich ohrfeigen und du würdest noch antworten: ‚Entschuldigung, dass mein Gesicht im Weg war'. Wieder andere werden Ihnen vielleicht einfach aus dem Weg gehen. Diese Verhaltensweisen sind schwer einzuordnen. Haben Sie etwas falsch gemacht? Mag Sie jemand vielleicht nicht mehr? Doch wenn Sie den Stachel Energie rauben bei sich entdeckt haben, dann hat es wahrscheinlich einen anderen Grund, wenn andere auf Abstand gehen: Sie fangen von Ihnen hilfesuchende Signale auf, wissen aber nicht, wie sie damit umgehen sollen.

Von distanzierten Menschen erhält man nicht leicht eine Rückmeldung. Aber was hinter deren Verschlossenheit steckt, können Sie auf indirekte Weise herausfinden: Reden Sie eine Weile nicht über Probleme, sondern zeigen stattdessen eine positive Stimmung. Wenn sich dann das Verhältnis wieder normalisiert, kennen Sie den Grund für die Distanzierung.

Es gibt noch eine dritte Überreaktion. Die zeigt sich, wenn sich andere mit ihrer eigenen Hilfsbereitschaft überfordern. Manche unterstützen Sie unter Umständen so lange, bis sie sich ausgenutzt fühlen. Dann konfrontieren sie Sie mit einer Abrechnung: Sie rechnen dann all das Gute, das sie getan haben, auf. Sie nennen Situationen, in denen sie selbst ein offenes Ohr oder hilfreiche Hände gebraucht hätten. In einem solchen Moment denken Sie sicher: „Das ist doch ungerecht. Sie hätte mir doch gar nicht so lange zuhören müssen! Ich wäre auch ohne ihre Unterstützung ausgekommen. Und warum hat sie nicht deutlicher gesagt, dass sie auch etwas braucht? Natürlich hätte ich ihr auch geholfen." Mit diesen Gedanken hätten Sie völlig recht. Aber manchmal treffen Hilfesuchende Signale auf eine Person, die nicht gut zu ihren Grenzen und Bedürfnissen stehen kann.

> Selbstüberforderung kann dreierlei Reaktion auslösen: Andere bevormunden Sie, gehen auf Abstand oder opfern sich auf, bis sie irgendwann wütend werden.

Selbstüberforderung kann also dreierlei Reaktionen auslösen, auch wenn Sie dies nicht beabsichtigen: andere bevormunden Sie, gehen auf Abstand oder opfern sich auf, bis sie irgendwann wütend werden.

Nun nehmen wir in den Blick, wie Sie Ihren Stachel Energie rauben entschärfen können. Dazu stelle ich Ihnen die Lebenserfahrungen vor, die Ihren Stachel hervorgebracht haben. Es sind vor allem folgende Lebensthemen, die zu Energie raubendem Verhalten führen: Sensibilität, Sich-beweisen-müssen und Abhängigkeit.

Sensibilität. Die kleine Ida ist das dritte Kind in der Familie. Ihre Schwester und ihr Bruder sind ganz normal. Ida dagegen verliert schnell ihr inneres Gleichgewicht. Kleine Anlässe genügen, dann weint sie oder verfällt in einen Trotzanfall. Ida ist scheu und ängstlich. Sie mag nur eine kleine Auswahl an Nahrungsmitteln. Auch an ihrer Kleidung hat sie oft etwas auszusetzen. Die Unterhose spannt, die Socken sind zu eng, ein Wollpulli kratzt unerträglich am Hals. Idas Mutter erlebt Wechselbäder von Hilflosigkeit und Wut. Warum kann Ida nicht einmal normal reagieren? Warum muss sie wegen allem ein solches Theater machen?

Leider weiß Idas Mutter nicht, dass die Sensibilität ihrer Tochter eine angeborene Besonderheit ist. Dann könnte sie erkennen: Unterhosen spannen tatsächlich ein wenig. Alle Wollpullover kratzen ein wenig auf der Haut. Doch diese Reize liegen bei den meisten Menschen unterhalb der Schwelle, an der sie bewusst wahrgenommen werden. Bei sensiblen Menschen liegt die Reizschwelle viel tiefer. Was andere kaum wahrnehmen, kann für sie sehr unangenehm werden. Nicht anders geht es sensiblen Kindern mit zwischenmenschlichen Reizen. Sie brauchen daher mehr Schutz und Abschirmung als andere Kinder. Sie müssen langsamer an Anforderungen herangeführt werden. Sie brauchen oft eine Extraportion Trost und Ermutigung, weil das Leben für sie tatsächlich härter ist als für andere Kinder.

Stattdessen trimmen viele Eltern ihr sensibles Kind auf Normalität. Kinder verinnerlichen diese Überforderung dann und setzen sie als Erwachsene fort. Sie zwingen sich selbst dazu, „normal“ zu sein und „normal“ zu leben. Dadurch wählen sie einen Lebensstil chronischer Selbstüberforderung, der die Menschen in ihrer Umgebung alarmiert.

Sich-beweisen-müssen. Es gibt viele kleine Handicaps, die einem Kind den Start ins Leben erschweren. Einige Einschränkungen werden durch eine belastende Familiensituation hervorgerufen: Die Unberechenbarkeit eines Elternteils macht ängstlich, verletzende Worte machen selbstunsicher, Überforderung kann zu aufsässigem Verhalten führen. Solche Prägungen machen das Leben schwerer. Kinder bleiben in manchen Bereichen hinter den Erwartungen ihrer Umwelt zurück.

Sie tun sich dann vielleicht schwerer, Ordnung zu halten, soziale Spielregeln zu erlernen, Freundschaften zu schließen oder Schulleistungen zu erbringen. Obwohl Eltern die Einschränkung selbst verursacht haben, fordern sie von ihrem Kind, dass es die Anforderungen erfüllt wie andere Kinder auch.

Daneben gibt es angeborene Einschränkungen wie eine motorische Entwicklungsverzögerung, eine Lese-Rechtschreib- oder Rechenschwäche, ein Aufmerksamkeitsdefizit oder Hyperaktivität. Auch diese Einschränkungen können Kinder unter den Druck bringen, sich „normal" zu verhalten, obwohl sie das gar nicht können. Auf einen solchen Druck kann man unterschiedlich reagieren. Sensible Kinder reagieren oft damit, dass sie sich mehr anstrengen. In Momenten, in denen der Druck unerträglich wird, erleben sie dann Blockaden, durch die gar nichts mehr geht. Was geschieht, wenn Kinder diese Erfahrung verinnerlichen? Sie stehen dann auch als Erwachsene unter Druck. Sie brauchen die Unterstützung anderer Menschen, mit deren Hilfe sie den Maßstäben gerecht werden, die sie eigentlich überfordern.

Abhängigkeit. Sensible Kinder und Kinder mit kleinen Einschränkungen brauchen mehr Schutz von ihren Eltern. Ein Mangel an Schutz liefert sie einer Überforderung aus, aber auch das Gegenteil kann Probleme verursachen: Überbehütung. Manche Eltern verbauen ihren Kindern die Erfahrungen von Selbstständigkeit. Sie nehmen ihnen Entscheidungen ab, wo Kinder auch selbst entscheiden könnten. Sie halten ihre Kinder von allem fern, was hart, unangenehm oder gefährlich werden könnte. Kindern, die so aufwachsen, fehlt die Fähigkeit, mit unangenehmen Situationen und den Härten des Lebens umzugehen. Auch als Erwachsene suchen sie Menschen, die sie schützen und ihnen bei Schwierigkeiten helfen.

> **Durch Überbehütung verbauen manche Eltern ihren Kindern die Erfahrungen von Selbständigkeit.**

In diesem Abschnitt konnten Sie sehen, auf welche Weise Sie in Überforderungssituationen geraten und wie Ihr Leiden am Leben auch andere überfordern kann. Damit haben wir bereits die Punkte gefunden, an denen eine Veränderung ansetzt.

So ändern Sie Ihr Verhalten

Es ist ein einfacher Befund aus der Stresspsychologie: Die Anforderungen des Lebens sollten zu den Bewältigungsmöglichkeiten passen, die eine Person zur Verfügung hat. Sind die Anforderungen dauerhaft zu hoch, dann werden Menschen unausgeglichen oder reizbar. Sie erleben sich als dünnhäutig und kleine Unannehmlichkeiten berühren sie stark. Oft zeigen sich auch körperliche Stressreaktionen wie Verspannungen, Infektanfälligkeit oder Schmerzen. Irgendwann reagieren Bezugspersonen dann besorgt. Wenn Erschöpfte Hilfe suchen, geht es vor allem darum, die Anforderungen zu senken. Wo sich diese so schnell nicht senken lassen, können sich Betroffene einen Ausgleich für überlastende Situationen schaffen. Sie schaffen sich Pausen und Erholungszeiten. Sie suchen kleine Glücksmomente zwischendurch. Wenn das gelingt, atmet meist auch das Umfeld auf.

> Die Anforderungen des Lebens sollten zu den Bewältigungsmöglichkeiten passen, die eine Person zur Verfügung hat.

Betroffenen erscheint natürlich alles notwendig, was sie in ihrem Leben leisten und ertragen. Es kommt ihnen wie ein Versagen vor, etwas nicht mehr zu schaffen. Sie haben außerdem Angst, dass ihr Leben ärmer wird, wenn sie weniger leisten. Auf ihrem Veränderungsweg entdecken Betroffene aber: Weniger ist oft mehr. Wer an der Menge Abstriche macht, steigert die Qualität dessen, was übrig bleibt.

Verkleinern Sie Ihr Leben

Sollten wir heute, wo Wasch- und Spülmaschine uns den aufwendigsten Teil der Hausarbeit abnehmen, nicht viel Zeit zum Entspannen haben? Auch im Beruf erledigen Maschinen die anstrengendsten Aufgaben. Wie kann es also sein, dass viele Menschen heute über Zeitmangel und Überforderung klagen? Bei den meisten Menschen hat das die folgenden zwei Gründe.

Erstens steigen mit den Möglichkeiten auch die Ansprüche. Alles kann man steigern: die eigene Bildung, die Fitness, die Förderung der Kinder, das soziale Engagement, die Zahl seiner Bekannten und Freunde. Jeder dieser Bereiche kann zusätzliche Punkte auf die To-do-Liste bringen.

Außerdem steigt mit den Möglichkeiten oft auch der Lebensstandard: schöner Wohnen, Reisen, ein gutes Auto, hochwertige Kleidung, Technik und Küchenausstattung. Ein hoher Lebensstandard kostet viel Geld. Wenn Menschen mehr verdienen, heben sie meist auch ihren Lebensstandard an, mitunter auf ein Niveau, das sie sich gerade so leisten können. Das kann zur Falle werden. Denn der Lebensstandard schafft Sachzwänge. Menschen müssen dann viel arbeiten, an eine Stellenreduktion ist nicht zu denken. Manchmal würde ein Wechsel guttun, der zwar etwas weniger Gehalt einbringt, dafür aber mehr Freude macht. Doch ein Wechsel verbietet sich dann aus finanziellen Gründen. Geringe finanzielle Pufferzonen zwingen außerdem dazu, Aufgaben zu erledigen, die man auch delegieren könnte: Putzen, Reparaturen oder Gartenarbeiten. Schließlich kann das günstige Einkaufen zu einem zeit- und kraftraubenden Projekt werden. Wer bei jeder Anschaffung lange recherchiert und Preise vergleicht, spart zwar Geld, verbraucht aber auch viel Energie.

Mit diesen Gedanken stehen Ihnen zwei Wege offen, wie Sie Ihr Leben kleiner, aber schöner machen können: die Ansprüche und den Lebensstandard senken. Wie dadurch die Lebensqualität sogar steigt, zeigen die folgenden Beispiele.

Felix hat unter den Reibereien in einem Steuerbüro gelitten. Deshalb hat er sich als Steuerberater selbständig gemacht. Sein Einkommen ist noch nicht hoch, die Entwicklung aber vielversprechend. Felix will seiner Familie das Beste gönnen. Oft hat er Anschaffungen auf Hoffnung hin gemacht. Wenn das Geschäft dann doch nicht so gut lief, geriet das Konto ins Minus und der Druck stieg. In dieser Situation hat Felix noch härter gearbeitet sich von seiner Frau aber auch mehr Unterstützung gewünscht. Das hat seine Frau völlig überfordert, denn schließlich musste auch sie selbst mit der unsicheren Situation fertigwerden. Ein einfacher Beschluss hat die Situation entspannt: Anschaffungen werden nur noch aus Überschüssen bezahlt. Wenn am Ende des Monats kein Geld übrig ist, müssen Anschaffungen eben warten. In Felix' Wohnung stehen einige alte Möbel, die förmlich danach rufen, ersetzt zu werden. Aber damit kann man sich besser arrangieren als mit einer angespannten Ehe. Die entspannt sich tatsächlich durch den geringeren finanziellen Druck.

Ein weiteres Beispiel zeigt eine andere Geschichte der Vereinfachung.

Ann-Sophie hat hohe Ansprüche an die Erziehung ihrer Kinder. Fernsehen und Computerspiele gibt es nicht. Stattdessen ist Ann-Sophie mit den Kindern unterwegs im Schwimmunterricht, im Kindertheater und in kindgerechten Ausstellungen. Zu Hause finden aufwendige Kreativaktionen statt. Im Therapiegespräch offenbart Ann-Sophie aber noch eine andere Seite der Erziehung. Ihre Kinder sind nicht besonders folgsam. Außerdem lassen sie Kleider und Spielsachen überall herumliegen. Ann-Sophie hat häufig anstrengende Diskussionen mit ihnen. Manchmal schreit sie sogar ihre Kinder an und muss sich dann hinterher entschuldigen. Gespräche mit ihren Freundinnen drehen sich daher oft um Erziehungsfragen.
Ann-Sophie muss also lernen, Abstriche an ihren Idealen zu machen. Sie reduziert ihr aufwendiges Förderprogramm und mutet den Kindern zu, sich auch einmal selbst zu beschäftigen. Manchmal parkt sie ihre Kinder sogar vor dem Fernseher. Ann-Sophie merkt, wie der Familienalltag allmählich entspannter und auch liebevoller wird. Endlich hat sie auch die Kraft, Verhaltensregeln einzuführen und deren Befolgung mit der nötigen Ausdauer durchzusetzen. Natürlich schmerzt es Ann-Sophie, wenn sie Mütter erlebt, die ihren Kindern scheinbar mehr bieten. Aber sie hat akzeptiert: Ich schaffe das so nicht und ich muss es auch nicht schaffen.

Doch manchmal haben Lebensentscheidungen bereits Tatsachen geschaffen. Häufig erlebe ich das, wenn sensible Menschen einen Lehrerberuf ergreifen. Erst in der Berufspraxis bemerken sie, dass sie in einem der härtesten Berufe arbeiten. Die enormen Krankenstände und Frühverrentungsraten belegen dies. Doch mit der Berufswahl sind die Weichen gestellt. Berufliche Alternativen sind kaum zu finden oder wären mit hohen finanziellen Einbußen verbunden. Eine lebenslange Überlastung scheint zu einem persönlichen Schicksal zu werden.

Aber auch in solchen Situationen finden sich Stellschrauben, die für kleine, aber spürbare Entlastungen sorgen: eine Deputatsreduktion; der Einsatz fertiger Unterrichtsreihen, wie sie Schulbuchverlage anbieten; eine Standardisierung disziplinarischer Maßnahmen und ein fester Ablauf von Elterngesprächen; etwas weniger Förderung einzelner Schüler, weniger Ausflüge, Kursfahrten und Zusatzaufgaben. In einem Bildungssystem, das seine Mitarbeiter überlastet, sind einfach nicht mehr alle Ideale zu verwirklichen. Vergleichbare Stellschrauben finden sich auch in anderen Berufen, die Menschen in ungesunder Weise belasten. Manchmal erfordern Veränderungen allerdings die Fähigkeit, sich gegen Zumutungen zu wehren.

Lernen Sie sich selbst zu schützen

Wenn sich Menschen überfordern, hat das vor allem zwei Gründe. Erstens bemerken Betroffene oft nicht schnell genug, ob ihnen etwas guttut oder nicht. Zweitens wehren sie sich oft nicht, wenn andere ihnen Zumutungen als „normal" verkaufen. Wenn Sie hier ansetzen, können Sie vielen Überforderungssituationen vorbeugen. Sie schonen Ihre Kraftreserven, werden entspannter.

An dieser Stelle schlage ich Ihnen eine Übung zur Selbsterfahrung vor. Führen Sie sich doch einmal die Menschen vor Augen, die im Augenblick zu Ihrem Leben gehören: Nachbarn, Kollegen, Freunde usw. Lassen Sie einen nach dem andern für einen Moment vor Ihrem inneren Auge auftauchen. Wie fühlen Sie sich in ihrer Nähe? Achten sie dabei besonders auf Ihren Körper. Welche Körperempfindungen stellen sich ein, wenn Sie sich auf die Person konzentrieren? Spüren Sie, wie unterschiedlich und fein abgestuft Ihre Gefühle auf andere reagieren?

Sie werden dabei bemerken, dass manche Menschen überwiegend angenehme, andere überwiegend unangenehme Empfindungen auslösen. Hier kommen Sie einer lebensverändernden Unterscheidung auf die Spur. Manche Menschen tun Ihnen gut, andere nicht.

Wenn Sie Ihr Leben bisher trotz negativer Gefühle gemeistert haben, dann denken Sie vermutlich: „Das gehört dazu. Das Leben ist kein Ponyhof. Es kann einem ja nicht jeder Mensch angenehm sein." In diesem Fall können Sie eine neue Haltung einnehmen, die Ihr Leben verändern wird: „Ich habe das Recht, mich zu schützen. Ich muss keine Menschen an mich heranlassen, die mir nicht guttun. Ich muss mit niemandem mehr Zeit als notwendig verbringen, wenn ich die Begegnung nicht als schön erlebe."

Das mag egoistisch klingen. Natürlich gibt es Ausnahmen von diesem Grundsatz. Eltern dürfen sich natürlich nicht von ihrem Kind distanzieren, nur weil sie sich mit seinem Temperament schwer tun. Auch eine Krankenschwester darf einen Patienten nicht ignorieren, weil ihr seine Art unangenehm ist. Doch die meisten Beziehungen beruhen auf Freiwilligkeit. Mit wem man zum Beispiel seine Freizeit verbringt, liegt ganz in der eigenen Entscheidung. Beziehungen zu Nachbarn und Kollegen erfordern ein gewisses Maß an Kontakt, aber vertiefen müssen wir sie nur, wenn wir uns mit ihnen auch wohlfühlen. Vielleicht gibt es ja einen Menschen, dessen Not Sie anrührt und Sie wollen für ihn da sein, obwohl Sie sich in seiner Gegenwart nicht wohlfühlen. Dann würde ich Ihnen zweierlei raten. Prüfen Sie doch einmal mit einem lebenserfahrenen Dritten, ob dies wirklich die richtige Aufgabe für Sie ist. Wenn ja, dann sehen Sie es als eine Aufgabe, die Kraft kostet und für die Sie einen Ausgleich brauchen.

Die meisten Beziehungen beruhen auf Freiwilligkeit. Mit wem man seine Freizeit verbringt, liegt ganz in der eigenen Entscheidung.

Ein Gedanke könnte Sie motivieren: Für jede unangenehme Beziehung, in der Sie leben, werden Sie Ihre guten Beziehungen strapazieren. Denn Sie müssen negative Erfahrungen verarbeiten und Lösungen für Probleme finden. Schon allein das ist ein guter Grund, nicht in allzu vielen unangenehmen Beziehungen zu leben. Wenn Sie nach diesem Grundsatz Ihre Beziehung prüfen, werden Sie mehr Zeit mit angenehmen Menschen verbringen und weniger Zeit mit unangenehmen.

Vielleicht kennen Sie aber auch folgende Erfahrung. Anfangs fühlt sich eine Beziehung noch positiv an, die unangenehmen Dinge tauchen erst nach einer ganzen Weile auf. Aber dann ist es schwer, sich wieder zurückzuziehen. In diesem Fall hilft es, wenn Sie Ihr Frühwarnsystem schulen. Rufen Sie sich doch noch einmal Beziehungen in Erinnerung, die für Sie unangenehm und kraftraubend waren. Welche Frühwarnzeichen gab es? Erkennen Sie Gemeinsamkeiten von Menschen, die Ihnen nicht guttun? Mit etwas Achtsamkeit werden Sie früher erkennen, welche Menschen Ihnen voraussichtlich Probleme bereiten. Diesen können Sie sich vorsichtig nähern und wieder auf Abstand gehen, wenn sich Ihr Unbehagen bestätigt.

Bis hierher haben sich unsere Überlegungen um den Selbstschutz in Beziehungen gedreht. Natürlich gibt es aber nicht nur Menschen, sondern auch Situationen, die Kraft rauben. Wenn Sie wollen, können Sie die Übung zur Selbsterfahrung nun noch einmal mit Situationen durchführen: Wie verläuft bei Ihnen eine typische Woche? Gehen Sie die einzelnen Zeiten doch einmal Situation für Situation durch und spüren Sie: Tut mir das gut, was ich erlebe und wie ich mich selbst dabei erlebe? Baut es mich auf? Setzt eine Situation Energie bei mir frei? Oder laugt sie mich aus?

Vermutlich stoßen Sie dabei auf überfordernde und kraftraubende Situationen. Meiner Erfahrung nach leiden Menschen besonders unter den folgenden Situationen:

- langweilige Tätigkeiten ohne Abwechslung (Hausarbeit, berufliche Routineaufgaben)
- Dinge gegen den Widerstand anderer voranbringen müssen (Führungsaufgaben, Erziehung, soziale Berufe)
- unter Beobachtung stehen (Seminare oder Unterricht halten, präsentieren)
- mit knappen Mitteln haushalten (in privaten finanziellen Engpässen, in Teams oder Abteilungen, die schlecht ausgestattet sind)
- unerreichbare Zielvorgaben (häufig im Vertrieb, aber auch in anderen Berufen)
- Menschen überreden müssen (Verkauf, Ehrenamt)
- komplizierte Bürokratie (Steuererklärung, Schnittstelle Firma – Behörden)
- kein Recht auf Pausen und Freizeit haben (Kleinkindphase, Kranken- und Altenpflege, Familienunternehmen, Landwirtschaft)

Vielleicht haben Sie sich in Ihrem Leben so an Überforderung gewöhnt, dass Sie an dieser Stelle denken: „Na klar. Die Liste zeigt: Jedes Leben und jeder Beruf hat eben seine Härten." Hier darf ich widersprechen. Ich kenne auch viele Menschen, die sich in ihrem Beruf weitgehend wohlfühlen und nur selten überfordert sind. Auch ihr Privatleben gestalten viele so, dass die Anforderungen zu ihren Möglichkeiten passen.

Wenn Sie die Situationstypen entdeckt haben, die Sie häufig überfordern, sind Sie einem gesunden Selbstschutz schon einen Schritt näher.

Manche Situationen können Sie sofort verlassen. Vielleicht haben Sie in Ihrer Kirchengemeinde bisher die Großveranstaltungen organisiert. Wochenlang haben Sie unter Stress gestanden, bis im letzten Moment doch genug Helfer zugesagt haben. Lassen Sie es einfach. Es gibt andere, die unter der Aufgabe weniger leiden als Sie. Und umgekehrt gibt es Aufgaben für Sie, die besser zu Ihnen passen. (In manchen Firmen, Vereinen und Kirchen sind die Aufgaben so gestellt, dass sie jeden überfordern. Dann sollten sich die Verantwortlichen Gedanken machen. Besser es scheitert einmal ein Projekt, als dass sich Verantwortliche in der trügerischen Sicherheit wiegen, dass schon alles oaky sei, weil es ja läuft.)

Wenn Sie die Situationstypen entdeckt haben, die Sie häufig überfordern, sind Sie einem gesunden Selbstschutz schon einen Schritt näher.

Auch berufliche Aufgaben kann man häufig verändern, wo sie einen überlasten. Nur selten ist dazu eine berufliche Veränderung notwendig. Meist genügen kleine Schritte der Abgrenzung, damit einen die Menge an Aufgaben nicht überlastet und auch nicht die Art und Weise, wie man sie zu erledigen hat. Das Verhältnis zu einem Chef ist ja nicht das eines Sklaven zu seinem Herrn. Mitarbeiter können auch einmal Nein sagen, wenn etwas nicht zu schaffen ist. Manchmal verursacht das ein schlechtes Gewissen oder weckt Angst vor Reaktionen eines Vorgesetzten. Doch ich habe schon viele Menschen begleitet, die sich beruflich entlastet haben. In aller Regel wird ein Nein akzeptiert, wenn es freundlich und mit innerer Überzeugung vorgetragen wird. Genauso können Sie sich dafür stark machen, dass Sie Ihre Aufgaben in einer Weise erledigen dürfen, wie es Ihrem Arbeitsrhythmus, Ihren Begabungen und Neigungen entspricht. Auch hier sind Menschen oft überrascht, wie groß ihr Einfluss auf den Arbeitsprozess ist, wenn sie sich ansonsten zu den Zielvorgaben stellen und sich einsetzen.

Vereinzelt gibt es tyrannische Vorgesetzte, die auf einschüchternde und grenzüberschreitende Weise führen. Hier wird der Selbstschutz extrem schwierig. Wie Sie hier vorgehen können, was erreichbar ist und was nicht, finden Sie in meinem Buch „Stachlige Persönlichkeiten. Wie Sie schwierige Menschen entwaffnen."

Ein guter Selbstschutz entsteht nicht von heute auf morgen. Aber jeder Schritt dahin verbessert Ihr Leben und Ihre Beziehungen. Sie kommen seltener in eine Überforderungssituation, die Menschen in Ihrer Umgebung alarmieren.

Suchen Sie professionelle Hilfe!

Mein Beruf als Psychotherapeut hat einen Vorzug, den ich sehr schätze: Ich darf mir Hilfe holen, wenn es mir zu schwierig wird. Ich darf nicht nur, ich muss sogar. Meine Berufsordnung schreibt mir das vor. Daher treffe ich mich regelmäßig mit sehr erfahrenen Kollegen, um mir in schwierigen Therapiesituationen helfen zu lassen. Dafür bin ich besonders dankbar, seit ich bemerkt habe, dass es in vielen Berufen keine solche Hilfestellung gibt. Manchmal gibt es sie zwar, aber es gilt als peinlich, sie in Anspruch zu nehmen.

Eine kurze berufliche Überlastung kann man auch so überstehen. Doch wenn sie länger andauert, sollte man seine Hemmungen überwinden und sich Hilfe suchen. Selbst ein Gespräch pro Monat kann mit der Zeit viel Entlastung bewirken. Zudem lassen sich die Kosten dafür von der Steuer absetzen. Der Nutzen ist ein doppelter: Zum einen finden Sie Lösungen für die Probleme, die gerade besonders drücken. Zum anderen schulen Sie grundlegende Fähigkeiten, die für Ihren Beruf wichtig sind: etwa gute Entscheidungen zu treffen, mit Kritik umzugehen oder Aufgaben abzuschließen, auch wenn das Ergebnis nicht perfekt ist.

Oft erfordert es etwas Recherche, bis man auf eine geeignete Hilfe stößt. Ideal sind natürlich Personen, die schon lange in Ihrem Beruf arbeiten und darin erfolgreich sind. Haben Sie einen guten Draht zu einer pensionierten Kollegin oder einem pensionierten Kollegen? Warum nicht sie oder ihn ansprechen, um sich eine Weile professionell begleiten zu lassen?

Im Gesundheitswesen und in sozialen Berufen gibt es für alle Sparten Supervisionsangebote. In der Geschäftswelt hat sich stattdessen das berufliche Coaching etabliert. Hier sollte der Coach entweder selbst aus Ihrem Berufsfeld stammen oder Erfahrung mit Menschen aus Ihrem Berufsfeld vorweisen können. Coaches geben in aller Regel auf ihrer Homepage an, welche Ausbildung und welche Erfahrungen sie haben. Wer hier recherchiert, bekommt ein Bild von ihrem Handwerkszeug. Im Zweifel: ausprobieren. Wenn Sie nach zwei oder drei Gesprächen noch unsicher sind, ob Sie an der richtigen Stelle sind, versuchen Sie es lieber noch mal woanders.

Aber wo findet man Hilfe für private Überforderungssituationen? Für fast alle Lebensbereiche gibt es spezielle Beratungsangebote, zum Beispiel Erziehungsberatung, Paarberatung, Finanzberatung, Ernährungs- oder Gesundheitsberatung. Daneben gibt es allgemeinere Angebote wie Lebensberatung. Weil Lebensberatung aber keine geschützte Berufsbezeichnung ist, sollten Sie sich hier ein genaues Bild davon machen, wie eine betreffende Person ausgebildet ist. Eine fachgerechte Lebensberatung begleitet Sie in persönlichen Entscheidungsprozessen und im Kampf gegen Alltagsprobleme. Häufig wird Lebensberatung auch unter dem Begriff Coaching angeboten. Manche Veränderungen, wie sie in diesem Kapitel angeregt werden, werden mit einer guten Begleitung leichter und umfassender möglich.

Häufig ist allerdings eine Psychotherapie die günstigste Form der Begleitung. Denn einerseits wird sie von den Krankenkassen getragen, andererseits ist bei Psychotherapeuten die Qualifikation gesichert. Nach einem Psychologie- oder Medizinstudium müssen sie noch eine mehrjährige Weiterbildung absolvieren. Wer durch eine andauernde Überlastung in seinem privaten Wohlbefinden oder in seiner beruflichen Leistungsfähigkeit eingeschränkt ist, erfüllt bereits die Kriterien dafür, dass die Krankenkasse eine Psychotherapie finanziert. Eine Psychotherapie baut Überlastung auf dreierlei Weise ab. Erstens hilft sie, das Leben so zu gestalten, dass es zu Ihren Möglichkeiten und Grenzen passt. Zweitens: Wo Sie in Ihrem Elternhaus vielleicht einige emotionale und zwischenmenschliche Kompetenzen nicht erlernen konnten, schafft eine Therapie dafür Entwicklungsmöglichkeiten. Drittens schult eine Psychotherapie Ihre Fähigkeit, schädliche Situationen vorauszusehen und zu entschärfen.

Doch wie findet man eine gute Psychotherapeutin oder einen guten Psychotherapeuten? Die Person, der Sie sich anvertrauen, sollte von Anfang an professionell und kompetent wirken. Die persönliche Chemie sollte stimmen. Außerdem sollten Sie sich in der therapeutischen Beziehung von Anfang an sicher und wertgeschätzt fühlen. Auch wenn die Arbeit an manchen Problemen Zeit braucht, sollten sich bereits in den ersten Sitzungen Erfolge einstellen, zum Beispiel eine neue Sicht auf ein Problem. Wo das alles nicht entsteht, wird die Therapie voraussichtlich nicht sehr erfolgreich sein. Das zeigen Studien zum Therapieerfolg.[5] Wenn eine Therapie nicht vielversprechend beginnt, sollten Sie lieber noch einmal wechseln.

Kirchlich geprägte Menschen können schließlich noch auf Seelsorge zurückgreifen. Diese hilft, überfordernde Situationen vom Glauben her anzugehen. Manche Seelsorgeausbildungen integrieren auch Lebenshilfe in ein Seelsorgekonzept. Die Begleitung ist dann auf längere Zeit angelegt und wird dann auch vergütet, während die Gemeindeseelsorge kostenlos ist. Für die Auswahl einer längerfristigen Seelsorge würde ich Ihnen die gleichen Kriterien an die Hand geben wie für die Auswahl eines Psychotherapeuten.

Vor dem Hintergrund dieses Abschnittes lässt sich noch genauer fassen, was Energie raubt: Andere geraten in die Rolle von Beratern, Coaches, Therapeuten oder Seelsorgern. Manche Situationen sind so herausfordernd, dass es nicht ausreicht, wenn andere einen Rat geben. Es wäre eine längere Beratung erforderlich. Diese Aufgabe überfordert aber die Menschen in Ihrem Umfeld. Dafür gibt es Profis, die dafür ausgebildet sind. Wo sie zum Einsatz kommen, sind auch Ihre privaten Beziehungen entlastet.

Schon auf dem Weg zu einem ausgeglichenen Leben wird sich Ihre Ausstrahlung ändern.

Entlassen Sie andere aus der Verantwortung.

Die letzten Abschnitte haben Ihnen aufgezeigt, wie Sie einen Lebensstil der Selbstüberforderung verändern: Sie machen Ihr Leben etwas kleiner, Sie lernen sich schützen und suchen sich, wo nötig, professionelle Hilfe. Schon auf dem Weg zu einem ausgeglicheneren Leben wird sich Ihre Ausstrahlung ändern. Andere werden Ihnen gegenüber nicht mehr so schnell eine Helferrolle einnehmen. Ihr Gegenüber wird auch immer seltener das Gefühl haben, Ihnen mehr geben zu müssen, als es dessen Zeit und Kraft gerade zulässt.

Sie können andere aber auch ganz bewusst aus der Verantwortung

5 Z. B. Grawe, Klaus (2000): Psychologische Therapie. Hogrefe-Verlag, Göttingen.

entlassen. Besonders Menschen, die Ihnen nahestehen, werden Sie auch weiterhin in Situationen erleben, die für Sie anstrengend sind. Andere entspannen sich jedoch, wenn sie einen Satz wie den folgenden hören: „Ich habe eben einen Beruf gewählt, der für mich sehr anstrengend ist. Manchmal muss ich das büßen und ich komme an meine Grenzen. Aber mein Beruf ist mir das wert. Ich liebe ihn und dann ist es auch okay, wenn ich hin und wieder am Ende meiner Kräfte bin." Damit ist die Situation auch für die anderen klar: Sie müssen keine rettenden Tipps geben, nicht übertrieben rücksichtsvoll sein und Sie nicht in besonderer Weise entlasten – jedenfalls nicht mehr, als es in einer guten Beziehung ohnehin geschieht.

Weitere „Das-ist-es-mir-wert-Statements" sind bei folgenden Themen möglich: dem dritten oder vierten Kind; einem Hausbau; einem attraktiven, aber charakterlich schwierigen Lebenspartner; Anschaffungen, die die finanzielle Situation verknappen; den Kontakt zu einer schwierigen Herkunftsfamilie. Immer ist dabei die Botschaft: „Ich habe eine Entscheidung getroffen und kann dafür auch die Verantwortung tragen." Natürlich wird es auch dann immer wieder einmal vorkommen, dass Sie um Rat oder Hilfe bitten. Aber wenn sich andere nicht für Sie verantwortlich fühlen, dann sind sie auch frei, einmal Nein zu sagen. Sie geben dann das Maß an Unterstützung, das sie geben können, ohne sich selbst zu überfordern.

Wenn Sie einmal darauf achten, können Sie beobachten: Wenn Menschen von ihren Erlebnissen berichten, dann können sie darüber in der Sprache der Eigenverantwortung sprechen oder aber in der Sprache eines Opfers. Das zeigen die folgenden Beispiele. „Mein Chef hat mir heute wieder den Tag versaut. Er hat ..." So klingt die Sprache eines Opfers. Übersetzt in die Sprache der Eigenverantwortung klingt die gleiche Tatsache: „Heute war ich nicht geistesgegenwärtig genug, um meinem Chef etwas entgegenzusetzen. Er hat ..." Wo immer Sie die Sprache der Eigenverantwortung wählen, überträgt sich weniger Verantwortung auf Ihre Zuhörer. Das zeigt ein weiteres Beispiel: „Ich komme mit den Wutausbrüchen von Jasmin einfach nicht zurecht!", lässt sich auch in

> **Wenn Sie ab und zu deutlich machen, dass Sie die Herausforderung und Härten des Lebens ertragen können, haben Sie Ihren Stachel Energie rauben entschärft.**

der Sprache der Eigenverantwortung formulieren: „Jasmin überrascht mich gerade mit ihren Wutanfällen. Dafür muss ich mir noch etwas einfallen lassen.“ Auch hier haben die beiden Formulierungen ganz unterschiedliche Wirkungen auf einen Zuhörer.

Nicht nur Ihre Sprache, sondern auch Ihr Lebensgefühl entscheidet, wie verantwortlich sich andere fühlen. Denn von klein auf lernen wir die soziale Regel: „Wenn es einem anderen schlecht geht, dann kümmert man sich um ihn.“ Natürlich brauchen Sie niemandem etwas vorspielen, wenn es Ihnen nicht gut geht. Aber es gibt immer auch positive Seiten Ihres Lebens, die Sie genießen, Erfolge, die Sie erzielen, und Sinnvolles, das Sie tun. Wenn Sie auch davon regelmäßig erzählen, dann alarmiert es andere nicht, wenn Sie auch einmal erwähnen, was Sie bedrückt oder überfordert.

Wenn Sie ab und zu deutlich machen, dass Sie die Herausforderungen und Härten des Lebens ertragen können, haben Sie Ihren Stachel Energie rauben entschärft. Dann können Sie Ihre Schwäche gelassen sehen.

Tragen Sie Ihren Stachel gelassen

Ein gutes Maß gegenseitiger Hilfe lässt sich in zwei Regeln fassen: Jeder gibt so viel, wie es die eigene Zeit und Kraft erlauben. Und: Geben und Nehmen gleichen sich aus. Für dieses Gleichgewicht hat Sie dieses Kapitel sensibilisiert. Zwar können Sie sensibel für die Signale sein, die andere vielleicht in eine zu große Verantwortung ziehen. Doch wie weit die Zeit und Kraft anderer reichen, können und müssen Sie nicht erkennen. Hier muss jeder sein eigenes Maß finden. Sie werden es nicht immer verhindern können, dass sich andere einmal mit ihrem Einsatz für Sie überfordern. Erkennen, wann es zu viel wird, sich für andere nicht persönlich verantwortlich fühlen, Nein sagen – all das sind Dinge, die Sie Ihren Mitmenschen nicht abnehmen können. Es würde Beziehungen sehr kompliziert machen, wenn man Hilfe nicht fröhlich und dankbar annehmen könnte.

Außerdem gibt es Lebenssituationen, in denen es völlig angemessen ist, die Hilfe in seinem Umfeld auszuschöpfen: eine Trennung, ein kräftezehrender Berufseinstieg oder eine längere Krankheit. Die Hilfe anderer erleichtert dann sehr und verkürzt Leidenszeiten. Sie gewinnen dadurch auch wieder Kraft, mit der Sie andere wieder beschenken können.

Die Neigung, sich selbst zu überfordern, haben wir in diesem Kapitel kritisch betrachtet. Aber sie hat auch eine positive Seite. Menschen, die sich bis an ihre Grenzen fordern und manchmal auch darüber hinaus, holen das Beste aus ihrem Leben heraus. Jeder lebt nur einmal. Warum nicht aus seinen Möglichkeiten alles machen, auch wenn das seinen Preis hat? Manchmal gehört eine Portion Trotz dazu, auch unter schwierigen Umständen etwas aus seinem Leben zu machen.

Es gibt Lebenssituationen, in denen es völlig angemessen ist, die Hilfe in seinem Umfeld auszuschöpfen: eine Trennung, ein kräftezehrender Berufseinstieg oder eine längere Krankheit.

Sicher kennen Sie Menschen, die Sie dafür bewundern, dass sie trotz schwieriger Startbedingungen ihr Leben gemeistert haben. Auch Thekla hat das gemacht.

Wenn sie über ihre Kindheit spricht, denkt man: „Wie hat sie das nur ausgehalten? Und wie ist sie trotzdem so weit gekommen?“ Thekla ist Rechtsanwältin und in ihrem Freundeskreis finden sich viele nette, begabte Menschen. Ihr schönes Leben hat sie ihrer eigenen Herkunft und Geschichte abgetrotzt. Ihr Lebensweg gleicht allerdings einer kraftraubenden Wanderung durch unwegsames Gelände. Lange war sie in Begegnungen mit Menschen sehr unsicher und hat viele Ängste ausgestanden. Prüfungen haben sie in Panik versetzt. In vielen Momenten hat sich Thekla für eine schlechte Anwältin gehalten. Vor mancher Überanstrengung hätte sich Thekla schützen können, wenn sie ihre Ziele niedriger gesteckt hätte. Aber Thekla könnte sich kein schöneres Leben vorstellen als das, das sie gewählt hat. Die Begegnung mit Thekla macht auch anderen Mut, etwas zu wagen und dafür die eigene Komfortzone zu verlassen.

Oft tut es gut, die Grenzen der eigenen Lebensmöglichkeit anzunehmen. Manchmal gewinnt man aber auch, wenn man sie überschreitet. Von Zeit zu Zeit stellt einen das Leben vor ein Dilemma: Soll man eine Überforderung auf sich nehmen oder Lebensmöglichkeiten brachlie-

> Von Zeit zu Zeit stellt einen das Leben vor ein Dilemma: eine Überforderung auf sich nehmen oder Lebensmöglichkeiten brachliegen lassen.

gen lassen? Wer seine Lebensmöglichkeiten dennoch nutzen, die Menschen in seinem Umfeld aber nicht in Mitleidenschaft ziehen will, begibt sich auf eine herausfordernde Gratwanderung. Dazu hat Ihnen dieses Kapitel Orientierung und Hilfestellung gegeben. Manche Menschen kommen dabei leichter voran, weil sie einen spirituellen Weg der Einfachheit eingeschlagen haben.

Gehen Sie einen spirituellen Weg

Überforderung ist ein Leiden am Zuviel. Man muss haben, was man nicht unbedingt braucht. Man muss erreichen, was zum Glück nicht viel beiträgt. Und um es zu erreichen, ertragen wir, was uns im Grunde nicht guttut. Spirituell gedeutet führt Überforderung zu einem Leben, in dem ein Mensch sich von sich selbst entfremdet. Das Leben, das sich ein Mensch aufbaut, passt nicht zu seinem Wesen, zu seinen Möglichkeiten und Grenzen, zu seinen Bedürfnissen und seinem Potenzial. Entfremdung bedeutet, seine Energie in Aufgaben und Ziele zu stecken, die für das eigene Glück zweitrangig sind. Als Entfremdung erleben wir es auch, wenn wir in einem Lebensbereich etwas leisten müssen, was gar nicht in uns angelegt ist, und wenn wir andererseits unsere Stärken nicht ausspielen können.

> Überforderung und Entfremdung rufen auf einen spirituellen Weg der Einfachheit: dankbar das wenige genießen, was es zum Leben braucht.

Überforderung und Entfremdung rufen auf einen spirituellen Weg der Einfachheit: dankbar das wenige genießen, was es zum Leben braucht; die Umgebung in einer schlichten Schönheit halten; die eigene Arbeitskraft dort einbringen, wo es notwendig ist; in dem kindlichen Vertrauen leben, dass Gott für das Lebensnotwendige sorgt. Wer sich auf das Wesentliche konzentriert, findet Kraft, um Beziehungen zu leben und seinem tiefsten Wesen zu folgen. In kompromissloser Weise hat uns das Jesus vorgelebt. Um der Einfachheit Jesu nachzuspüren, versetzen wir uns in einige Schlüsselsituationen, in denen Jesus die Weichen für sein Leben stellt.

Was Jesus in Bewegung setzen will, ist wahrlich ein Großprojekt. Er will ein Feuer des Glaubens entzünden, das sich über die ganze Welt verbreitet. Nach den Maßstäben moderner Projektplanung scheint das Vorgehen von Jesus nicht besonders zielführend. Er zieht mit einigen wenigen Schülern von Dorf zu Dorf. Hätte er nicht besser Multiplikatoren ausgebildet, die seine Botschaft verbreiten? Hätten seine Anhänger das Auftreten Jesu nicht im großen Stil vorbereiten sollen und auch die Menschen, die er dabei gewann, in Jesus-Zentren weiterschulen sollen?

Auf Aktionismus hat Jesus verzichtet. Er hat sein Leben einfach gehalten. Nie haben ihn Sachzwänge bestimmt.

Doch auf einen solchen Aktionismus hat Jesus verzichtet. Er hat sein Leben einfach gehalten. Nie haben ihn Sachzwänge bestimmt. Nie hat es sich Jesus nehmen lassen, sich in die Stille zurückzuziehen und die Verbindung mit seinem Vater im Himmel zu suchen. Nie war er zu beschäftigt, um sich einem Einzelnen am Wegrand zuzuwenden. Mit seinen wenigen Schülern hat Jesus verschwenderisch viel Zeit verbracht. Etwa drei Jahre lang gab es ungestörte Zeit beim Wandern, beim Rasten, bei den Mahlzeiten. Jesus war Liebe wesentlich. Darauf hat er sein Leben konzentriert. Liebe braucht Zeit.

Ein Großprojekt hätte außerdem erfordert, dass Jesus andere Menschen für seine Ziele einspannt. Er hätte von ihrer Zeit und ihren Kräften zehren müssen. Doch sein einfaches, auf das Wesentliche konzentriertes Leben hat gerade zum Gegenteil geführt: Er hat Menschen immer mehr beschenkt, als sie ihm zurückgeben konnten. Die Einfachheit seines Lebens hat ihn reich an Zeit und Kraft gemacht. So konnte er sich verschenken.

Das einfache Leben Jesu hat jedoch nicht allen gefallen. Immer wieder haben ihn Menschen aufgefordert, mehr zu leisten. Aber darauf hat sich Jesus nicht eingelassen. Ein Beispiel zeigt das besonders eindrücklich. Zu Jesu Zeiten hatte sich der jüdische Glaube zu einem komplizierten Regelwerk entwickelt. Wer die Reinheits-, Speise-, Gottesdienst- und anderen Vorschriften einhalten wollte, stand vor einer erschöpfenden Aufgabe. Jesus reduzierte das Regelwerk auf seine ursprüngliche Bedeutung, nämlich auf die Liebe zu Gott und dem Nächsten. So erfüllte Jesus dem Sinn nach das Regelwerk, formal gesehen brach er jedoch einige Regeln. Das führte ihn in Konflikt zu den jüdischen Führungspersönlichkeiten.

So wurde zum Beispiel über den jüdischen Ruhetag streng gewacht. Die Schüler von Jesus brachen bereits eine Regel, als sie auf einer Wanderung hungrig wurden: Sie pflückten ein paar Ähren und aßen die Körner. Dies wurde als Erntearbeit interpretiert und damit als Bruch des Sabbatgebotes gewertet. Weil Jesus das nicht verhindert hatte, griffen ihn die religiösen Ordnungshüter an. Jesus hielt ihnen eine Aussage des Propheten Hosea entgegen, nach der Gott die Barmherzigkeit mehr schätzt als religiöse Kulthandlungen (Mt 12,1-8). Auf dem Weg der Einfachheit wird man immer auf Gutmenschen stoßen, die einem moralische Vorschriften auferlegen.

Weniger ist mehr. Auf diese Formel kann man den spirituellen Weg der Einfachheit bringen.

Weniger ist mehr. Auf diese Formel kann man den spirituellen Weg der Einfachheit bringen. Glaubende konzentrieren sich dabei auf die wenigen Dinge, die es zu Wohlbefinden, Glück und Sinnerfüllung braucht. Sie bringen den Mut auf, Nein zu sagen, wenn andere sie in ein Leben des Zuviel drängen wollen.

Die moderne Glücksforschung bestätigt diesen Weg in aufschlussreicher Weise. Die glücklichsten Menschen auf der Welt sind nicht die Gesättigten in den reichen Industrieländern. Es sind die Menschen, die das Nötigste zum Leben haben und sich dadurch auf die einfachen Dinge des Lebens konzentrieren. Unser moderner Lebensstil in den westlichen Ländern raubt uns dagegen oft die Zeit für das Wesentliche: liebevolle Beziehungen, Spielen und Feiern, Ruhe und Muße, Zeit für den Glauben, Zeit, um anderen zu helfen.

Der Glaube führt in ein einfaches Leben. Er stellt die Liebe in den Mittelpunkt.

Der Glaube führt in ein einfaches Leben. Er stellt die Liebe in den Mittelpunkt. Er fördert eine Dankbarkeit auch für die kleinen Dinge. Er schult ein kindliches Vertrauen in Gottes Fürsorge. Er lädt ein, alles loszulassen, was Menschen auf ihrem Lebensweg beschwert oder ablenkt. Alle Heiligen und Glaubensvorbilder haben eines erreicht: ein einfaches Leben, das den Augenblick genießen und sich verschenken kann.

Einschüchtern

Können Sie sich durchsetzen, wenn es darauf ankommt? Zeigen Sie andern manchmal, wo der Hammer hängt? Sollte man sich hüten, Ihre Gutmütigkeit auszunutzen? Und gibt es Menschen, die Angst vor Ihnen haben? Wenn ja, dann ist Einschüchtern Ihr Stachel.

Vor manchen Menschen hat man einfach Respekt. Man tanzt ihnen nicht auf der Nase herum. Ihren Wünschen kommt man besser entgegen. Was unterscheidet Respektspersonen von Menschen, die wir nachlässiger behandeln? Die Antwort ist einfach: Wir fürchten ihre Reaktion.

Es gibt unterschiedliche Strategien, um andere zu beeinflussen. Eine ist sehr direkt: Man flößt anderen Respekt ein, mit anderen Worten: Angst. Wenn Einschüchtern Ihr Stachel ist, dann haben Sie gelernt, auf der Klaviatur der Angst zu spielen. Vielleicht ist Ihnen das gar nicht bewusst. Doch wenn Sie unter Druck geraten, lehren Sie andere das Fürchten. Wie das aussehen kann, zeigen folgende Beispiele.

Basta-Politik. „Geht nicht", sagt Sigurd und lacht entschuldigend.
„Aber ich gehe auf dem Zahnfleisch", beharrt Anja. „Bei uns haben sich diese Woche schon zwei Leute krank ..."
„Geht nicht", setzt Sigurd nach. Er hält Anja die offenen Hände hin, als wollte er zeigen, dass er darin keine Mitarbeiter versteckt hat. Inzwischen sieht er Anja böse an. Die ist irritiert, weil Sigurd sonst humorvoll und locker ist.
„Irgendwie wird es schon gehen", hört sich Anja sagen, obwohl sie weiß, dass die kommende Woche ein Albtraum wird.

Zensur. Die Nachbarn sind zu Gast und bisher ist der Abend gut verlaufen. Gittas Anspannung steigt, weil sie schon ahnt, was jetzt kommt. Denn der zurückhaltende Nachbar kommt auf ein kritisches Thema zu sprechen: „Vieles liegt auch an der Steuervermeidung der

Konzerne." Gittas Mann Volker arbeitet in der Steuerabteilung eines großen Softwarehauses.
„Aus welcher Quelle hast du das?", fragt Volker und sieht seinen Nachbarn herausfordernd an.
„Quelle?", fragt der Nachbar sichtlich verunsichert.
Volker legt den Kopf in den Nacken und sagt: „Irgendwoher hat man ja seine Meinung."
Der Nachbar antwortet mit hoher, dünner Stimme: „Man liest ja dies und das ..."
Volker stellt die Füße breit nebeneinander, beugt sich zu seinem Nachbarn und sticht mit dem Zeigefinger in die Luft: „Weißt du wie viel Prozent der Steuerlast in Deutschland die Konzerne allein in diesem Jahr ..."
Gitta kann kaum ertragen, wie Volker ihren Nachbarn in die Mangel nimmt. Als sie später die Küche in Ordnung bringen, fragt sie: „Volker, warum hast du Klaus-Peter so überfahren? „Den Rest des Abends war er still und hat das Reden seiner Frau überlassen? Ist dir das nicht aufgefallen?"
„War was?", fragt Volker und lächelt. Es gibt einfach ein paar Themen, bei denen Volker keine verqueren Meinungen duldet.

Überlegenheitsdemonstrationen. Regina hält förmlichen Abstand zu ihren Kolleginnen. Schließlich leitet sie den Kindergarten. Wenn es etwas zu besprechen gibt, bittet sie die Kollegin in ihr Büro – Regina ist die Einzige im Team, die eines hat. Wenn eine Kollegin klopft, muss sie einen langen Moment warten, bevor sie hereingebeten wird. Regina legt den dicken Schlüsselbund auf den Tisch, klappt ihr Notizbuch auf und bewaffnet sich mit einem eleganten Kugelschreiber.
Die übrigen Erzieherinnen sind sich einig, dass dieses Gehabe übertrieben ist. Trotzdem verfehlt es seine Wirkung nicht. Wer vorspricht, fühlt sich wie ein Schulmädchen und manche hat nicht einmal den ersten Satz herausbekommen, ohne sich zu verhaspeln. Regina spricht dann den Satz zu Ende oder fragt, ob die Betreffende dieses oder jenes meint. Aber diese überlegene Freundlichkeit verunsichert nur noch mehr.

Donnerwetter. Christian weiß, dass sein Vater total großzügig ist. Der fährt ihn zu Wettkämpfen, stattet ihn finanziell großzügig aus und kümmert sich um vieles, was Christian wichtig ist. Trotzdem steht Christian immer unter Anspannung. Er darf den Bogen der Hilfsbereitschaft nicht überspannen. Nur weil es ihm sehr wichtig ist, nimmt Christian eine Verhandlung mit ihm auf: „Könntest du mich nicht trotzdem am Wochenende zu Torben fahren?" Christian hätte Ideen, wie er dem Vater im Gegenzug helfen könnte, doch die gehen im Donnerwetter unter: „Christian, weißt du nicht, wie voll mein Wochenende ist?" Christians Vater wird lauter und sieht seinen Sohn mit einem stechenden Blick an: „Mache ich nicht genug für dich? Kannst du dich über irgendetwas beschweren?" Christian schweigt. Zu Torben sagt er später am Telefon: „Verhandeln geht nicht mit ihm. Entweder du nimmst es wie es kommt oder es gibt Terror."

Drohen. „Klar, können wir den Schrank anschaffen", sagt Björn zu seiner Frau. „Aber dann können wir im Sommer keinen Urlaub machen. Jedenfalls nicht so, wie wir es uns vorstellen." Sandra will den Schrank schon aufgeben, aber plötzlich stutzt sie: „Moment mal. Wieso denn das? Das ist doch ein Todschlagargument: ‚Kein Urlaub'. Wer sagt denn das? Und ich lasse mich fast einschüchtern und denke: ‚Dann halt nicht.'"

Persönliche Angriffe. Justus ist ein lockerer, unabhängiger Typ. Er kommt schon mal zu spät in die Sitzung, wenn er an einem wichtigen Projekt dran ist. Sein Chef Richard nimmt das persönlich. Deshalb kommt es gelegentlich zu Zusammenstößen wie dem folgenden: Justus ist noch nicht beim Teamtreffen. Richard ruft an: „Justus, wir warten hier auf dich." Den anderen Mitarbeitern ist die Szene bereits peinlich. Justus scheint eine Erklärung abzugeben. Mit eisiger Stimme setzt Richard nach: „Hier sitzen fünf Menschen, die sich ihre Zeit so einteilen, dass sie pünktlich beim Treffen sind. Du kannst das nicht?"

Eine Minute später taucht Justus kurzatmig auf und entschuldigt sich kleinlaut. Richard nickt kurz, ohne Justus anzusehen. Für die anderen Mitarbeiter hat sich eine Lektion wiederholt: Keine Extratouren, sonst wird es sehr ungemütlich.

Wie Sie gesehen haben, kann man auf ganz unterschiedliche Weise Angst auslösen. Immer hat es die gleiche Wirkung: Wer sich Respekt verschafft, kann sich leichter durchsetzen und die Dinge in seinem Sinne gestalten. Ein Nebeneffekt ist ein Gefühl der Stärke. Manchmal kann es erhebend sein, wenn man einen anderen zum Schweigen bringt oder unsicher macht. Deshalb sind die negativen Folgen des Einschüchterns nicht immer leicht zu erkennen.

Erkennen Sie sich selbst

Autoritäres Verhalten hält andere auf Abstand. „Er wird respektiert, aber nicht geliebt", so bringt ein Mitarbeiter die Gefühle auf den Punkt, die sein autoritärer Chef in der Abteilung weckt. Eine respektvolle Distanz fühlt sich nicht unangenehm an. Aber irgendwann beobachten Respektspersonen, dass die Menschen um sie herum herzlichere Beziehungen zueinander haben. In Interessenskonflikten gehen andere Bündnisse ein, Respektspersonen stehen dann oft alleine da. Das reizt wiederum, sich autoritär durchzusetzen.

Autoritäres Verhalten hält andere auf Abstand.

Wenn sich andere übervorsichtig verhalten, entsteht noch ein weiteres Problem. Denn jeder braucht Korrektur und ist auch auf Vertraute angewiesen, die ihn auf Fehler hinweisen. Dazu brauchen andere aber Mut. Wenn Sie anderen zu viel Respekt einflößen, schneiden Sie sich von einer wichtigen Informationsquelle ab.

Eine weitere Härte betrifft die Art und Weise, wie andere mit Ihnen umgehen. Wenn diese Sie als stark ansehen, nehmen sie Sie weniger in Schutz und drücken auch weniger Verständnis aus. Im Gegenteil: Wenn andere ihre Angst überwinden und doch einmal in eine Auseinandersetzung gehen, legen sie sich harte Bandagen an.

Schließlich gibt es noch eine letzte Nebenwirkung von Respekt einflößendem Verhalten. Andere geben zwar oft nach, bauen aber Widerstände auf. Genau wie bei grenzüberschreitendem Verhalten kann es zu Heimlichkeit oder passiver Aggression kommen. Wenn keine Gefahr droht, lässt man Respektspersonen gerne einmal auflaufen. Diesen Effekt kennen Sie aus Ihrer Schulzeit. Lehrerinnen und Lehrer sind durch ihre Rolle Respektspersonen. Ihre Durchsetzung beruht auch auf einschüchterndem Verhalten: schlechte Noten geben, durch Bemerkungen beschämen, unangenehme Strafen auferlegen. Schüler reagieren darauf in einer charakteristischen Weise: Sie bauen eine emotionale Distanz auf und entziehen Lehrern ihr Verständnis, ihre Anerkennung und ihre Unterstützung. Sobald es die Situation erlaubt, stellen sie sich quer. Auch bei Erwachsenen löst autoritäres Verhalten oft antiautoritäre Reaktionen aus: Heimlichkeit, Verweigerung, auflaufen lassen.

Autoritäres Verhalten löst oft antiautoritäre Reaktionen aus: Heimlichkeit, Verweigerung, auflaufen lassen.

An den folgenden Zeichen bemerken Sie, wo Sie einen andern vielleicht eingeschüchtert haben: Eine Person reagiert Ihnen gegenüber reservierter, als sie es andern gegenüber tut. Sie versucht, ihre Interessen an Ihnen vorbei zu verwirklichen. Wenn es doch einmal zu einem Konflikt kommt, schlägt Ihnen eine überraschende Härte entgegen.

Wenn Sie sich in diesem Kapitel wiederfinden, können Sie andere zu Rückmeldungen einladen, wie Ihr Verhalten erlebt wird:

- „Sag mal, hast du das Gefühl, dass du mir offen sagen kannst, was du denkst?"
- „Wenn ich in Ihren Augen einmal richtig Mist baue, würden Sie mir das sagen?"
- „Habe ich dich in der Besprechung vorhin gerade überfahren?"
- „War meine Reaktion zu heftig eben?"
- „Hast du das Gefühl, dass deine Wünsche für mich genauso zählen wie meine eigenen?"

Die Antworten auf solche Fragen lassen Sie erkennen, was sich in Ihrem toten Winkel befindet. Außerdem helfen Sie anderen, sich nicht einschüchtern zu lassen. Wenn Sie sich selbst in Ihren Reaktionen durchschaubar machen, können andere besser mit Ihrem Stachel umgehen. Das gelingt noch leichter, wenn sie spüren, was hinter Ihrem Verhalten steckt. Es sind besonders drei Lebenserfahrungen, die autoritäres Verhalten hervorbringen: *„Du darfst nicht schwach sein."* – *„Geht nicht, gibt's nicht!"* – *„Du bist in wichtiger Mission unterwegs."*

„Du darfst nicht schwach sein." Raul packt den Arm seines Vaters, bevor ihn die Ohrfeige trifft: „Schlag mich nie wieder." Rauls Blick und die Spannung in seinem Körper lassen an seiner Entschlossenheit keinen Zweifel. Tatsächlich setzt er heute den Schlusspunkt hinter eine Geschichte vieler Schläge.

Manche Kinder lernen: Wenn ich stark bin, kann ich mich besser schützen. Sie wehren sich gegen Ungerechtigkeit. Sie boxen ihre Wünsche durch, die sonst nie eine Chance auf Erfüllung hätten. Wenn ein Kind das in einem rauen Familienklima schaffen will, muss es die wunden Punkte seiner Eltern entdecken. Schon Kinder können Druck auf ihre Eltern ausüben und diese zum Nachgeben zwingen. Dafür müssen Kinder sich aber hart machen, Konsequenzen ertragen und dem Druck etwas länger standhalten als ein Elternteil. Sensible Kinder schaffen das nicht. Aber robuste Kinder wählen oft den Weg der Durchsetzung. Auf dem Spielplatz entdecken sie, dass diese Strategie auch anderswo Vorteile bringt.

Manchen Kindern schlägt die Härte außerhalb der Familie entgegen, wenn sie etwa Benachteiligung oder Ausgrenzung erfahren. In der Nachkriegszeit, in einer lateinamerikanischen Großstadt oder in einem sozialen Brennpunkt hierzulande haben Kinder manchmal Bedingungen erlebt, die sie das Kämpfen gelehrt haben. Auch als Erwachsene setzen sie sich durch. Durch die Brille ihrer Lebenserfahrung erscheint ihnen das Leben härter, als es heute inzwischen ist.

„Geht nicht, gibt's nicht." Manche Eltern üben großen Druck aus. Sie schüchtern ihre Kinder ein. Sie hämmern ihnen moralische Normen, Sozialverhalten und Leistungsforderungen ein. Kinder versuchen dann angespannt, den Maßstäben gerecht zu werden. Doch vieles erreicht man nicht alleine. Kinder sind aber auf die Hilfe und die Rücksicht anderer angewiesen. Um die zu bekommen, entwickeln sie dann selbst dominantes Verhalten. Mit dem gleichen Nachdruck, mit dem Eltern Leistung fordern, fordern sie deren Hilfe bei den Hausaufgaben ein oder die Ruhe im Haus. Getriebene Kinder setzen ihre jüngeren Geschwister unter Druck, wenn die ihren Zielen im Weg stehen.

So werden aus Getriebenen Antreiber, die schon früh Durchsetzungsmittel entdecken. Später verfolgen dominante Kinder mit Verbissenheit, was in der Schule verlangt wird, was in der Clique gut ankommt oder was es im Sportverein zu erreichen gilt. Wer sie aufhält, den lehren sie das Fürchten. Auch diese Verhaltensmuster setzten sich im Erwachsenenalter fort. Menschen mit dieser Prägung hält man für die geborenen Führungspersönlichkeiten. Wenn sie sich auf ihrem Weg etwas Barmherzigkeit aneignen, sind sie es auch.

„In wichtiger Mission unterwegs." Es gibt noch eine dritte Entwicklung, die autoritäres Verhalten hervorrufen kann. Dabei verbindet sich ein Mangel mit einer besonderen Mission. Zum Beispiel müssen manche Kinder erleben, wie eine psychische Krankheit die Mutter oder den Vater gefangen nimmt. Für das Kind bleibt entsprechend wenig übrig. Zugleich lernen Kinder früh, Verantwortung zu übernehmen. Sie kümmern sich schon früh um einen Teil der Hausarbeit. Sie muntern ein Elternteil auf und halten Probleme von ihm fern.

Auch eine solche Erfahrung kann man unterschiedlich verarbeiten. Robuste Kinder treten hier oft die Flucht nach vorne an. Sie übernehmen das Kommando. Sie setzen sich durch, oft auch gegenüber den Eltern. Die lassen ihr starkes Kind gewähren. Zum einen sorgt ihr Kind ja für sie. Zum anderen fehlt ihnen die Kraft zur Auseinandersetzung.

Menschen mit dieser Prägung suchen sich als Erwachsene oft schwache Bezugspersonen. So führen sie wieder in einer guten Sache das Kommando: Sie kümmern sich um andere, denen es nicht gut geht, oder heiraten einen Partner, der viel Unterstützung braucht. Viele Menschen, die „in wichtiger Mission unterwegs" sind, suchen sich auch einen sozialen Beruf. Sie sind mir zum Beispiel auf psychiatrischen Akutstationen begegnet, ein Berufsfeld, das hart ist und Mitarbeiter an ihre Belastungsgrenzen führt. Ich war überrascht, dort Menschen zu begegnen, die unter Stress einschüchternd mit Patienten umgehen. Wie passen das hohe Engagement für Menschen und das autoritäre Auftreten zusammen? Vor dem Hintergrund unserer Überlegungen wird das jedoch verständlich.

Wenn Sie sich in einer dieser Prägungen wiederfinden, halten Sie ein erstes Hilfsmittel in der Hand, mit dem Sie den Stachel der Einschüchterung entschärfen können: Geben Sie anderen Einblick in Ihre Reaktionsweisen. Das hilft ihnen, Ihr Verhalten richtig einzuordnen und nicht persönlich zu nehmen. Außerdem lädt es andere ein, sich, wenn nötig, auch einmal zu wehren. Einen Einblick können Sie mit Sätzen wie den folgenden geben.

- „Bestimmt wirke ich gerade stärker als ich mich fühle. Eigentlich fühle ich mich gerade angespannt/bedroht/unter Druck ..."
- „Wenn ich das Gefühl habe, dass jemand meine Rechte verletzt, dann kann ich schon mal heftig werden. Hinterher tut mir das leid."
- „Es fällt mir manchmal schwer zu akzeptieren, dass manche Dinge nicht möglich sind."
- „Manchmal verzichte ich auf zu viel zu lange. Wenn dann jemand auf meine Wünsche nicht eingeht, dann werde ich bissig."
- „Wenn ich mich für eine gute Sache einsetze, mache ich anderen manchmal zu viel Druck."

Wenn Sie solche Selbstoffenbarung erproben, dann werden Sie entdecken: Andere gehen offener und spontaner mit Ihnen um. In den Reaktionen anderer werden Sie mehr Vertrauen spüren und weniger Angst. Nun können Sie weitergehen. Dann betreten Sie schon einen Weg, auf dem Sie Ihren Stachel ablegen. Sie entdecken sanftere Mittel, mit denen Sie sich ebenso behaupten und schützen können.

So ändern Sie Ihr Verhalten

Ein Weg der Veränderung versöhnt Sie mit Ihrer Verwundbarkeit. Er macht Sie aber auch sensibel für die Belastungsgrenzen anderer. Der Weg führt Sie zu einem Gleichgewicht von Zielstrebigkeit und Barmherzigkeit, Streitbarkeit und Sensibilität, Verändern und Hinnehmen. Einen kleinen Preis

> Ein Weg der Veränderung führt Sie zu einem Gleichgewicht von Zielstrebigkeit und Barmherzigkeit, Streitbarkeit und Sensibilität, Verändern und Hinnehmen.

wird Sie das kosten: So werden vielleicht mehr Kompromisse machen. Doch wer den Weg der Veränderung einmal beschritten hat, wird nicht mehr zurückkehren wollen. Wer in der Sache Abstriche macht, dafür aber Menschen gewinnt, erreicht auf Dauer mehr.

Versöhnen Sie sich mit Ihrer Verwundbarkeit

Wenn ich starke Menschen begleite, offenbart sich eine Sehnsucht: Auch Starke wollen einmal schwach sein. Auch sie brauchen Einfühlung und Verständnis. Besonders in der Paartherapie spüre ich die Enttäuschung des scheinbar übermächtigen Partners: „Immer muss ich stark sein." Daher schütze ich den starken Partner, zum Beispiel vor Vorwürfen und Überforderung. Dem schwächeren Partner kommt das widersinnig vor. Bald wird aber beiden deutlich: Nur wenn sich der starke Partner sicher fühlt, kann er seine Schwäche zulassen und auf Machtmittel verzichten. Jeder Mensch, ob er sich stark oder schwach vorkommt, hat wunde Punkte, die Rücksicht brauchen. Auch der Stärkste hat Belastungsgrenzen.

> Wer in der Sache Abstriche macht, dafür aber Menschen gewinnt, erreicht auf Dauer mehr.

Aber wie gehen Sie nun mit Ihren wunden Punkten und Belastungsgrenzen um? Wie reagieren andere Menschen, wenn auch Sie einmal Schwäche zeigen? Aus der Bindungsforschung leitet sich etwa eine 50:50-Chance ab.[6] Die Hälfte Ihrer Mitmenschen kann mit Ihrer Verwundbarkeit gut umgehen. Viele Menschen werden feinfühlig darauf eingehen, wenn Sie Gefühle und Bedürfnisse offen kommunizieren. Die zweite Hälfte Ihrer Mitmenschen hat unsichere Bindungserfahrungen hinter sich. Die Menschen dieser zweiten Gruppe werden nicht immer

> Jeder Mensch, ob er sich stark oder schwach vorkommt, hat wunde Punkte, die Rücksicht brauchen. Auch der Stärkste hat Belasungsgrenzen.

---

6 Grossmann, Karin und Klaus (2012): Bindung- das Gefüge psychischer Sicherheit. Klett-Cotta Verlag, Stuttgart; Grau, Ina; Bierhoff, Hans-Werner (Hrsg., 2013): Sozialpsychologie der Partnerschaft, Springer Verlag, Berlin Heidelberg.

spontan so reagieren, wie es Ihnen guttut. Sie lassen aber mit sich reden und zu verständnisvollen Reaktionen leiten. Es bleibt ein Rest, etwa 10 % der Menschen, die mit Ihren Bedürfnissen rücksichtslos umgehen. Ihnen gegenüber können einschüchternde Verhaltensweisen eine Notlösung sein, sanftere Strategien stelle ich Ihnen noch vor.

Wenn Sie sich in diesem Kapitel wiederfinden, wird Ihnen vielleicht auffallen: Selbst Menschen, die Sie lieben, behandeln Sie in Stresssituationen manchmal, als ob diese rücksichtslos wären. Daraus leitet sich eine Aufgabe ab. Sie können Ihr Unterscheidungsvermögen schulen. Beobachten Sie, wie Menschen mit den Gefühlen und Grenzen anderer umgehen. Mit etwas Übung erkennen Sie die schwarzen Schafe. Sie bemerken aber auch, dass die meisten Schafe weiß sind. Ein anderer Weg wäre, durch eine kleine Selbstöffnung zu erproben, wie ein anderer mit Ihrer Verwundbarkeit umgeht. Dazu eignen sich Formulierungen wie diese:

> Wenn Sie Ihre Verwundbarkeit annehmen und offen mit Ihren Belastungsgrenzen umgehen, werden Sie viele positive Erfahrungen sammeln.

- „Sie hängen hier die Latte sehr hoch. Das überfordert mich."
- „Durch das, was du sagst, fühle ich mich angegriffen."
- „Ich würde dich gerne unterstützen, komme aber an die Grenzen meiner Möglichkeiten. Es würde mich entspannen, wenn du auch selbst aktiv wirst, dass es dir besser geht."
- „Ich mache mir Sorgen um unsere Produktivität, wenn Einzelne zu spät in die Sitzungen kommen."
- „Ich fühle mich unter Druck, weil es gerade mit dem Projekt nicht weitergeht."

Wenn andere auf Selbstoffenbarungen unterstützend reagieren, können Sie sich entspannen. Auch wenn sich vielleicht einmal die Fronten verhärten, können Sie auf Verständnis und Hilfe zählen, wenn sich die Anspannung wieder gelegt hat. Hier sollten Sie nicht zu früh aufgeben, denn viele können Sie mit der Zeit für ein Entgegenkommen gewinnen. Damit beschäftigt sich der nächste Abschnitt. Nur selten beharren andere auf einem rücksichtslosen Standpunkt.

Wenn Sie Ihre Verwundbarkeit annehmen und offen mit Ihren Belastungsgrenzen umgehen, werden Sie viele positive Erfahrungen sammeln. Wenn man von anderen verstanden, geschützt und unterstützt wird, kann man sich auch in stressigen Situationen entspannen. Ein Durchboxen der eigenen Interessen ist dann oft gar nicht nötig. Doch wer offene Türen einrennt, wird sie beim nächsten Mal vielleicht verschlossen finden. Die Entdeckung offener Türen kann eine Entdeckung Ihres Lebens werden.

Gehen Sie auf Augenhöhe

Starke Persönlichkeiten sind oft überrascht, wenn sie sich bewusst machen: „Mein autoritäres Verhalten ist auch ein Vermeidungsverhalten." Denn auch eine schnelle Durchsetzung vermeidet die Auseinandersetzung mit dem anderen. Wenn Sie dagegen auf Augenhöhe bleiben und den Konflikt austragen, dann begegnet Ihnen vielleicht eine Angst: „Wird der andere nicht meine Gefühle ignorieren oder meine Interessen mit Füßen treten?" Wer seine Überlegenheit aufgibt, kann sich daher unsicher fühlen. Doch das erleben Sie nur eine kurze Zeit, bis Sie eine neue Sicherheit gewonnen haben.

Aber wie kommen Sie nun auf Augenhöhe? Dazu müssen Sie die Mittel der Einschüchterung aus der Hand legen: Basta-Politik, Macht- und Überlegenheitsdemonstrationen, Donnerwetter, Drohungen und persönliche Angriffe. Trotzdem bleiben viele Mittel, mit denen Sie Ihre Position stark machen können. Diese stelle ich Ihnen im Folgenden vor.

Selbstöffnung. Beschreiben Sie Ihre Gefühle, Bedürfnisse und Ziele in der jeweiligen Situation. Mehr braucht es oft nicht. Andere werden Ihnen in der Regel entgegenkommen. Menschen sind auf Kooperation angelegt. Sie ist ein sozialer Reflex.

Aushandeln. Berufen Sie sich auf gemeinsame Ziele und versuchen Sie, andere auf dieser Grundlage zu gewinnen. Treffen Sie Absprachen. Erinnern Sie andere an allgemein akzeptierte Regeln der Fairness, Gegenseitigkeit und Kooperation.

Natürliche Konsequenzen. Stellen Sie andere vor die Wahl:

- „Nur mit deiner Unterstützung kann ich …"
- „Nur wenn du mir hier freie Hand gibst, ist … möglich."
- „Wenn du …, gehe ich mit einem Zorn aus der Situation."
- „Wenn du deinen Beitrag hier nicht leistest, wird … die Folge sein."

Natürliche Konsequenzen sind keine Drohungen. Sie beschreiben nur die Folgen, die das Verhalten eines anderen hat. Eine Drohung dagegen übertreibt die Folgen oder kündigt an, sie in willkürlicher Weise selbst herbeizuführen.

Abgrenzung. Sagen Sie Nein. Bieten Sie Alternativen an zu dem, was Sie nicht geben oder tun wollen. Setzen Sie ausdauernd Grenzen, aber versuchen Sie nicht, die Wünsche anderer im Keim zu ersticken. Das schafft ein Gleichgewicht der Kräfte: Bitten und Wünschen ist erlaubt, Nein sagen aber auch.

Diese vier Mittel – Selbstöffnung, Verhandeln, natürliche Konsequenzen und Abgrenzung – ermöglichen eine faire Selbstbehauptung. Wenn Sie auf Augenhöhe verhandeln, kommt ein entscheidender Moment: Ihre Worte sollten dem anderen Zeit für eine Reaktion lassen. Ansonsten fühlen sich andere überrumpelt oder gedrängt. Wenn Sie abwarten, stimmen Ihnen andere oft zu oder kommen Ihnen entgegen. Das Warten auf eine Antwort erzeugt ein Gefühl der Freiwilligkeit. Andere handeln dann nicht unter Druck, sondern aus eigener Motivation. Das mag am Ergebnis nichts ändern, für die Beziehung aber spielt Freiwilligkeit eine entscheidende Rolle.

> In einem Wechselspiel aus Führen und Folgen lassen sich meist befriedigende Ergebnisse erzielen.

Natürlich kann man nicht immer mit Begeisterung für seine Vorhaben rechnen. Andere werden vielleicht zögern, widersprechen, Nein sagen, ablehnend reagieren oder durch einen Themenwechsel ausweichen. An dieser Stelle können Sie nun wieder mit Selbstöffnung, Verhandeln, natürlichen Konsequenzen oder Abgrenzung ansetzen. Doch es empfiehlt sich ein Zwischenschritt, der auf den anderen zugeht. Drücken Sie Verständnis für die Sicht und Interessen des anderen aus. Wenn Sie Ihr Gegenüber nicht verstehen können, fragen Sie nach. Erkundigen Sie sich nach den Gefühlen und Bedürfnissen Ihres Gegenübers, wenn das gerade passend ist. Auch dadurch lässt der Druck für den anderen nach. Schon diese Entspannung macht es manchmal leichter, gemeinsame Lösungen zu finden.

Das folgende Beispiel zeigt, wie das gelingen kann.

Marco führt eine Buchhandlung. Er sitzt mit einer Mitarbeiterin zusammen, die ihrem Stress Luft macht: „Wir brauchen unbedingt noch eine zweite Kraft. Nachmittags und Samstagvormittags. Die Kunden werden nervös, wenn sie warten müssen und ich werde es auch."

Doch Marco ist klar: Eine weitere Mitarbeiterin gibt der Umsatz einfach nicht her. Er spürt eine Spannung in seinem Körper und merkt, wie er sich mit Argumenten bewaffnet: Wenn er seinen Laden zumachen muss, verlieren drei Menschen ihren Job. Wenn Karin wissen will, was Stress ist, soll sie sich doch einmal woanders im Einzelhandel einstellen lassen. Marco spricht diese Drohungen nicht aus. Er zwingt sich erst einmal zum Zuhören: „Welche Situationen waren denn besonders hart für Sie?" Nun redet sich Karin von der Seele, was sie in den letzten Wochen erlebt hat.

Marco legt offen, dass der Umsatz für eine weitere Mitarbeiterin nicht ausreicht. Ob er sonst etwas für Karin tun kann? Karin sagt: „Es wird schon gehen. Ich kann es schon verstehen, wenn kein Geld für mehr Personal da ist. Aber vielleicht kann ich ja ein paar mehr Stunden arbeiten. Dann ist schon manches erledigt, bevor die Kunden kommen. Das würde mich entspannen." Mit dieser Ausweitung der Arbeitszeit ist Marco einverstanden. Das hat er sich in der letzten Adventszeit auch schon überlegt.

In diesem Wechselspiel aus Führen und Folgen werden Sie meist befriedigende Ergebnisse erzielen. Noch dazu haben Sie Ihr Gegenüber aus eigener Überzeugung an Ihrer Seite. Das kann viel Kraft sparen und erspart Ihnen auch die negativen Folgen, die autoritäres Verhalten nach sich zieht.

Nur selten werden Sie vor einem Dilemma stehen: Ein anderer kommt Ihnen nicht entgegen und es bleibt nur die Wahl, das entweder zu akzeptieren oder den Druck zu erhöhen. In manchen Situationen ist es lohnend, sich durchzusetzen. Oft lohnt es sich aber nicht, weil es einen zu hohen Preis hätte. Dafür gibt es im beruflichen Alltag viele Beispiele.

Für einen Arzt im Krankenhaus kann es sinnvoll sein, einmal ein Machtwort zu sprechen, wenn sich ein Patient gegen eine notwendige Therapie sträubt. Wenn die Infusion hängt, dann wirkt sie, auch wenn sich ein Patient überrumpelt fühlt. Aber niedergelassene Ärzte scheitern in der Regel mit dieser Strategie. Die wenige Zeit, die für den einzelnen Patienten bleibt, verleitet zu Verordnungen, die den Widerstand von Patienten übergehen. Die Forschung zur Mitwirkung von Patienten hat allerdings eine niederschmetternde Tatsache aufgedeckt: Nur ein Viertel der Patienten nimmt die verschriebenen Medikamente so ein, wie ihre Ärztin oder ihr Arzt sie verordnet haben[7]. Ärztinnen und Ärzte, die sich beim Besprechen einer Therapie auf Augenhöhe begeben, erzielen eine größere Mitwirkungsbereitschaft bei ihren Patienten.

Durchsetzungsverhalten ist immer vom Schatten der Ohnmacht begleitet.

Autoritäre Führung wird heute als unzureichend angesehen, nicht nur in sozialen Berufen, sondern auch in der Wirtschaft. Angst trägt als Motivation nicht weit. Sie erzeugt Ausweichmanöver, die es sehr schwer machen, gemeinsam Ziele zu erreichen. Also bleibt manchmal nur zweierlei: Entweder akzeptieren, dass mit einer anderen Person manches nicht erreichbar ist, oder natürliche Konsequenzen folgen lassen. Ein Facharzt könnte zum Beispiel vertreten, dass er leider keine Hilfe anbieten kann, wenn sich ein Patient nicht zu einer bestimmten Behandlungsmethode entschließt. So eröffnen natürliche Konsequenzen einen Verhandlungsspielraum. Oder sie führen zu einem einvernehmlichen Abstand, durch den jeder unabhängiger vom anderen wird.

7 Z.B. Glombiewski JA, Nestoriuc Y, Rief W, Glaesmer H, Braehler E (2012) Medication Adherence in the General Population. PLoS ONE 7(12): e50537. doi:10.1371/journal.pone.0050537.

Durchsetzungsverhalten ist immer vom Schatten der Ohnmacht begleitet. Denn die stellt sich ein, wenn sich ein anderer trotz einschüchternder Mittel stur stellt. Man muss dann zu immer extremeren Mitteln greifen. Stärke auf Augenhöhe führt nicht in die Ohnmacht, weil sie zur Not auch loslassen kann. Eine fast vergessene Tugend hilft Ihnen beim Loslassen.

Barmherzigkeit erkennt auch hinter Fehlverhalten die Verwundbarkeit des andern.

Entdecken Sie die Tugend der Barmherzigkeit

Nicht nur das Wort Barmherzigkeit ist aus unserem modernen Sprachgebrauch verschwunden. Auch das, was sie ausdrückt, ist vom Aussterben bedroht. Barmherzigkeit ist ein Mitgefühl für die Schwäche anderer, eine Toleranz für ihre Begrenzungen. Sie erkennt auch hinter Fehlverhalten die Verwundbarkeit des andern.

Auf neurobiologischer Ebene beruht Barmherzigkeit auf Empathie. Hirnforscher haben Spiegelneurone entdeckt, die uns spüren lassen, was andere fühlen.[8] Das befähigt uns zu einem Verhalten nach dem Grundsatz der „goldenen Regel“: Behandle andere so, wie du auch gerne behandelt werden würdest. Dieses Potenzial können Sie nutzen, um eine Haltung der Barmherzigkeit einzuüben. Wie das praktisch wird, kann ich an einem Beispiel aus der Ehetherapie verdeutlichen.

Bernhard greift seine Frau Agnes weiter an, obwohl sie bereits weint und sich entschuldigt. Ihm gehen ihre Zugeständnisse nicht weit genug. Sie scheint in seinen Augen noch nicht ausreichend verstanden zu haben, worum es ihm geht.
„Stopp!“, schreite ich ein. „Darf ich Sie hier einmal unterbrechen? Was glauben Sie, wie es Ihrer Frau gerade geht?“
Bernhard macht eine wegwischende Bewegung und will seinen Angriff fortsetzen. „Moment bitte“, beharre ich: „Was macht das denn mit Ihrer Frau? Wie geht es ihr wohl gerade?“

---

8 Joachim Bauer (2005): Warum ich fühle, was du fühlst: Intuitive Kommunikation und das Geheimnis der Spiegelneurone. Hoffmann und Campe Verlag, Hamburg

Bernhard blickt auf seine Schuhe. Agnes schluchzt. Ich warte.
„Besonders gut geht es ihr offensichtlich nicht. Aber ich ..."
„Können Sie mir das noch genauer sagen?", hake ich ein. „Was geht gerade in ihr vor?"
Bernhard sieht auf Agnes' feuchte Augen, die ihn in einer Mischung aus Furcht und Versöhnlichkeit anblicken. „Ich weiß: Sie fühlt sich unter Druck gesetzt."
„Ja, und weiter?"
„Sie fühlt sich wahrscheinlich zerrissen zwischen mir und unserem Sohn."
„Okay, super. Was empfinden Sie im Augenblick für Ihre Frau?"
„Ich weiß, worauf Sie hinauswollen. Ja, ich kann sie schon irgendwie verstehen."
Bernhard wird weicher. Im weiteren Gespräch macht er Agnes weniger Druck. Es entsteht ein guter Dialog.

Barmherzigkeit kann loslassen, wenn ein Ziel nur mit Druck zu erreichen wäre. Sie stellt die Beziehung über die eigenen Ziele, den Menschen über das, was man sich von ihm wünscht. Nicht alles geht mit jedem. Nicht alles, was gut wäre, kann ich mit einem anderen auch erreichen. Nicht alles, was mir eigentlich zustehen würde, kann ich von einem anderen auch bekommen. Manche von Bernhards Wünschen wird Agnes nicht erfüllen, manches kann sie nicht, anderes will sie nicht. Barmherzigkeit befähigt zu einem Verzicht, wenn aus einer Situation nicht mehr herauszuholen ist. Das wenige, was durch mehr Druck noch herauszupressen wäre, lohnt sich nicht. Doch es fügt dem andern die unangenehme Erfahrung von Zwang und Unterlegenheit zu. Barmherzigkeit bedeutet natürlich nicht, dass Sie Ihre Interessen ganz aufgeben müssten. Wenn ein anderer wieder dazu in der Lage ist, kann man weiterverhandeln – auf Augenhöhe.

Barmherzigkeit stellt die Beziehung über die eigenen Ziele, den Menschen über das, was man sich von ihm wünscht.

Darüber hinaus geht es um eine Barmherzigkeit, die Sie sich selbst gegenüber praktizieren. Denn Ihre lebensgeschichtlichen Prägungen machen Sie auch unbarmherzig gegenüber Ihren eigenen Schwächen.

Menschen, die sich durchsetzen, sind oft auch gegenüber sich selbst hart. Wenn Sie Ihre eigenen Grenzen spüren, können Sie die Grenzen anderer leichter hinnehmen. Wenn Sie Rücksicht auf Ihre Schwächen nehmen, werden Sie auch barmherziger mit denen anderer.

Hier schließt sich der Kreis zu Beginn des Abschnitts: Wenn Sie sich mit Ihrer eigenen Verwundbarkeit versöhnen, schulen Sie zugleich Ihre Toleranz für die Verwundbarkeit anderer. Dazu müssen Sie weder sich noch andere mit Samthandschuhen anfassen. Aber wenn Sie selbst oder andere an ihre Grenzen kommen, müssen Sie sich nicht durchsetzen. Dann geht es um Verständnis, Schutz und Entlastung und vielleicht auch um die Fähigkeit, Ziele loszulassen, die in einer Situation noch nicht erreichbar sind.

Tragen Sie Ihren Stachel gelassen

Das Positive am Stachel Einschüchtern muss man nicht lange suchen. Autorität und Durchsetzungsvermögen sind gefragt. Sie beruhen auf der Fähigkeit, bei andern jenes Maß an Angst zu wecken, das wir Respekt nennen. Wann ein Werkzeug zur Waffe wird, hängt davon ab, wie und mit welcher Intensität es eingesetzt wird. Wo die Grenze zwischen einer gesunden Autorität und Einschüchterung verläuft, wird allerdings jeder etwas anders sehen.

Zu Beginn dieses Kapitels habe ich beschrieben, wie Sie sich ein wenig in die Karten schauen lassen, indem Sie zum Beispiel zugeben, dass Sie gelegentlich zu Druckmitteln greifen. Dadurch machen Sie sich korrigierbar. Andere erkennen dann leichter, wann Sie sich eingeschüchtert fühlen. Das kann auch Sie entspannen: Andere wissen, dass Sie vielleicht einmal autoritär auftreten, aber mit sich reden lassen. Wenn andere dann trotzdem Angst haben, liegt das nicht mehr in Ihrer Verantwortung. Ein anderer hat vielleicht ein Autoritätsproblem. So müssen Sie sich nicht ständig bremsen, hinterfragen oder andere übervorsichtig behandeln. Sie dürfen spontan bleiben und Ihre Ziele kraftvoll verfolgen.

Menschen, die sich durchsetzen, sind oft auch gegenüber sich selbst hart. Wenn sie Ihre eigenen Grenzen spüren, können sie die Grenzen anderer leichter hinnehmen.

Es gibt zwei Personengruppen, die sich für Sie nicht unbedingt als nahe Bezugsperson eignen. Das sind zum einen Menschen mit einem Autoritätsproblem. Sie reagieren schnell eingeschüchtert und geben nach, legen Ihnen später aber eine Abrechnung vor. Oder sie stürzen sich in einer Überreaktion in einen Machtkampf, in dem es nur ums Prinzip geht.

Zur zweiten Gruppe gehören sehr sensible Menschen. Als starke Persönlichkeit geraten Sie sicher einmal in die folgende Falle: Ein empfindsamer Mensch sucht – angezogen von Ihrer Stärke – den Kontakt zu Ihnen. Nach einer Phase besonderer Wertschätzung häufen sich plötzlich Kritik und Vorwürfe. Im Spiegel dieser Vorwürfe kommen Sie sich rücksichtslos, böse und wie ein Tyrann vor. Diese Täter-Opfer-Verstrickung kann eine Fessel werden, aus der man sich kaum lösen kann. Denn wenn Sie eine Trennung vorschlagen, wirkt das ja schon wieder gemein und wie eine Verletzung, die kaum zu verantworten ist.

> Wann ein Werkzeug zur Waffe wird, hängt davon ab, wie und mit welcher Intensität es eingesezt wird.

Die Zurückweisung einer solchen Täterrolle ist ein befreiender Schritt: „Vielleicht fühlst du dich mit meinem Verhalten nicht wohl und gut möglich, dass dies zum Teil an mir liegt. Ich habe versucht, dir gerecht zu werden, aber offensichtlich hat das nicht gereicht. Vielleicht kannst du ja auch lernen, mit meiner Stärke umzugehen. Aber wenn dir der Kontakt zu mir nicht guttut, dann sollten wir ihn beenden.“ Wenn es sich bei der Täter-Opfer-Verstrickung allerdings um Ihren Ehepartner handelt, empfiehlt sich dringend eine Ehetherapie.

Weil beide Menschentypen Ihnen nicht sehr häufig begegnen, bleiben viele Menschen, mit denen Sie Freundschaft schließen, gut zusammenarbeiten und schöne Geselligkeit pflegen können.

Gehen Sie einen spirituellen Weg

Der Stachel Einschüchtern hat uns zu dem Thema Macht geführt. Hier ruft der Glaube auf einen Weg des Machtverzichts. Natürlich gibt es die beschämende Machtlosigkeit von benachteiligten Menschen, die sich nicht wehren können. Diese Machtlosigkeit darf nicht beschönigt werden. Sie sollte in einem Akt der Solidarität bekämpft werden. Dies ist auch ein wichtiges Anliegen des christlichen Glaubens. Es gibt aber auch den aktiven Verzicht auf Macht, er kann ein Akt der Liebe und des Vertrauens sein.

Wenn es einen allmächtigen Schöpfergott gibt, steht er vor einem Problem. Wie soll er Kontakt zu seinen Geschöpfen aufnehmen? Wie soll er sich ihnen nähern, ohne ihnen Angst zu machen? Wenn Gott beim Menschen nicht sklavische Unterwerfung wecken will, sondern eine selbstbewusste Liebe, wie sollte er dann vorgehen? Es gibt hier wohl nur eine logische Antwort: Gott muss jedes Machtmittel aus der Hand legen.

In allen Religionen ist der Glaube auch von Angst bestimmt. Wenn Gott sich nach der biblischen Überlieferung einem Menschen zeigt, spricht er oft zuerst: „Fürchte dich nicht!"

> Wenn Gott sich einem Menschen zeigt, spricht er oft zuerst: „Fürchte dich nicht!"

Im Horizont dieses Kapitels kann Jesus Christus als Gottes Entschluss zur Machtlosigkeit gedeutet werden. Nichts an Jesus schüchtert ein. Er führt keine Machtmittel mit sich. Seine Autorität als „Sohn Gottes" kann man leicht als Unsinn wegwischen. Nichts an Jesu Worten und Verhalten wäre so zwingend, dass sich Menschen deshalb vor ihm beugen müssten. Wenn Menschen Jesus nachfolgen, tun sie das nicht aus Angst. Sie öffnen sich ihm aus eigener Überzeugung und freiwilliger Liebe. Leider ist die Kirche hier nicht immer dem Vorbild Jesu gefolgt. Kirchen und auch Elternhäuser vermitteln mitunter den Glauben mit den Mitteln der Einschüchterung. Dann gehen Angst und Glaube eine Legierung ein, die äußerst quälend ist. Menschen gehen dann lange Wege, bis sie ihren Glauben wieder von Angst befreien. Oder sie trennen sich mitsamt dem Glauben von ihrer Angst.

An das Prinzip des Machtverzichts muss Jesus seine Jünger immer neu heranführen. Im Lukasevangelium wird berichtet, dass Jesus seine Jünger vorausschickt, um für eine Unterkunft zu sorgen. In einem Dorf werden sie allerdings nicht aufgenommen. Die Jünger ersehnen ein göttliches Machtwort: „Herr, willst du, so wollen wir sagen, dass Feuer vom Himmel falle und sie verzehre" (Lk 9,54). Aber Jesus weist sie zurecht und zieht lieber in ein anderes Dorf.

Die gottgewollte Machtlosigkeit prägt Jesus seinen Anhängern auch in einem eindrücklichen Bild ein: „Siehe, ich sende euch wie Schafe mitten unter die Wölfe" (Mt 10,16).

Doch war Jesus wirklich so machtlos? Hat er nicht auch in seiner Botschaft gedroht und Angst geweckt? Schließlich lehrt er auch, dass sich Menschen nach ihrem Tod vor Gott verantworten müssen. Doch hier handelt es sich um eine Aufklärung, wie wir sie auch aus menschlichen Zusammenhängen kennen. Ein starker Raucher mit familiärem Krebsrisiko wird über die Warnungen seines Arztes klagen: „Der macht mir Angst." Dabei geht es dem Arzt nicht darum, Angst zu machen, sondern die Folgen realistisch abzuschätzen.

Wenn es tatsächlich einen Gott gibt, der die Welt erschaffen hat und auch ein Leben nach dem Tod eröffnet: Sollte ausgerechnet hier nicht das Prinzip einer Rechenschaft gelten? Jeder Arbeitnehmer muss seine Arbeit vor seinem Vorgesetzten verantworten. Wenn ein Arbeitnehmer seine Pflichten schwer verletzt, muss er mit Folgen rechnen. An eine vergleichbare Verantwortlichkeit erinnert Jesus in spiritueller Hinsicht. In der neutestamentlichen Überlieferung ist die Warnung vor Folgen von einer Botschaft getragen, die Vertrauen und Zuversicht weckt. Bei den Soldaten, die Jesus ans Kreuz schlugen, denkt Jesus nicht an deren unentrinnbare Strafe, sondern an Gottes Vergebung (Lk 23,34).

Die gottgewollte Machtlosigkeit prägt Jesus seinen Anhängern auch in einem eindrücklichen Bild ein: „Siehe, ich sende euch wie Schafe mitten unter die Wölfe."

Wo Sie auf Machtmittel verzichten, begeben Sie sich in eine Aushandlung mit ungewissem Ausgang. Sie gewinnen unter Umständen doppelt: indem Sie Ihre Ziele erreichen und zugleich eine andere Person für sich gewinnen. Vielleicht müssen Sie aber auch ertragen, dass Sie Ihr Ziel einmal nicht erreichen. Das Prinzip der Machtlosigkeit wiegt dann mehr als die Durchsetzung. Machtverzicht ist ein Akt der Liebe. Ein Mensch ist immer mehr wert als die Sache, selbst wenn es sich um eine gute Sache handelt.

Spirituell gesehen willigt ein Machtverzicht in den Machtverzicht Gottes ein. Gott könnte seine Geschöpfe wie Marionetten tanzen lassen. Er könnte sie wie Tiere dressieren, die sich einer Übermacht von

Belohnung und Strafe nicht entziehen können. Aber offenbar zielt Gott nicht auf den ängstlichen, alternativlosen Gehorsam ab. Er möchte die freiwillige Liebe und ein überzeugendes Engagement wecken, selbst um den Preis, dass sich Menschen dem Guten verweigern und ungute Wege gehen. Das kann auch im Alltag ein Vorbild sein.

Machtverzicht ist ein Akt der Liebe. Ein Mensch ist immer mehr wert als die Sache, selbst wenn es sich um eine gute Sache handelt.

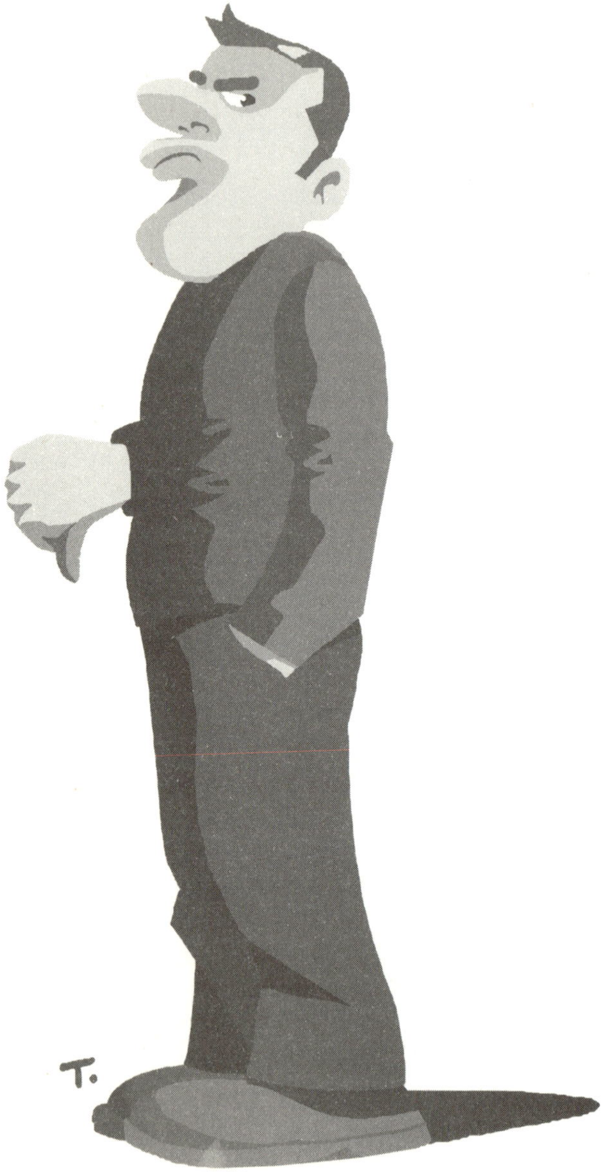
T.

Abwerten

Fallen Ihnen die Schwachpunkte anderer sofort auf? Haben Sie schnell eine kritische Analyse zur Hand? Urteilen Sie manchmal hart? Erkennen Sie hinter dem Verhalten anderer fragwürdige Motive? Dann könnte Abwerten Ihr Stachel sein.

Abwerten heißt jemanden schlechter zu machen, als sie oder er ist. Meist werden andere dabei an überhöhten Maßstäben gemessen. Wer dahinter zurückbleibt, erscheint dann unzureichend. Darin unterscheidet sich eine Abwertung von konstruktiver Kritik. Diese legt an andere nur einen Maßstab an, dem sie auch gerecht werden können. Sie würdigt auch das Positive und fügt einen kritischen Punkt in ein Gesamtbild ein.

Wo die Grenze zwischen einer Kritik und einer Abwertung verläuft, lässt sich nicht immer leicht unterscheiden. In den folgenden Beispielen ist sie aber eindeutig zu erkennen.

Negativanalysen. „Keiner in deiner Familie sagt offen, was er will. Das läuft alles hintenrum." Werner starrt auf seine Knie. Ihm ist sichtlich unbehaglich zumute. Trotzdem hört er der Analyse seiner Frau weiter zu: „Und du bist genauso. Bis ich mal herausfinde, was du willst, vergehen Wochen. Deshalb ziehen deine Kollegen auch ihr Ding durch und du bist am Ende unzufrieden."
Nach solchen Gesprächen fühlt sich Werner wie ein begossener Pudel. In manchem hat seine Frau sicher recht. Aber sie lässt ja kein gutes Haar mehr an ihm.

Drastische Urteile. Kopfschüttelnd blickt der Redaktionsleiter seine Praktikantin an. „Ich sage es Ihnen jetzt einfach mal ganz ehrlich. In meinen vielen Berufsjahren habe ich so etwas noch nicht erlebt. Sie arbeiten so unselbstständig. Ich kann Ihnen doch nicht jeden Arbeitsschritt vorkauen."
Die Praktikantin ringt mit der Fassung, um nicht in Tränen auszubrechen. Zum Glück hat eine Redakteurin zugehört. Sie fasst die

Praktikantin an der Schulter und beruhigt ihren Chef. „Axel, bei mir hat Gabi die Recherche richtig gut erledigt. Sie ist doch erst drei Wochen hier, das wird schon."

Abschätzige Körpersprache. Johann stellt in der Teambesprechung vor, wie er das neue Modul für die Software aufgebaut hat. Sein Kollege Erik macht ihn nervös. Der verfolgt seine Ausführungen mit verschränkten Armen und hochgezogenen Augenbrauen. Johann schließt mit den Worten: „Das wird dem Kunden gefallen."
Erik wiederholt: „Das wird dem Kunden gefallen." In dem Ton, den Erik wählt, klingt Johanns Satz dümmlich. Erik lässt nun einige Kritikpunkte folgen, die berechtigt sind und die helfen, das Modul zu verbessern. Trotzdem fühlt sich Johann gekränkt und wütend.

Negative Charakterzuschreibung. Inzwischen haben es ihr schon zwei Freundinnen zugetragen: Brigitte findet sie bequem. Es stimmt, sie ist nicht ganz so ehrgeizig und umtriebig wie Brigitte. Aber bequem ist sie ganz bestimmt nicht. Was fällt Brigitte ein? Warum muss sie sich so zum Maß der Dinge machen?

Leistung schmälern. Nathalie hat einen Workshop gehalten, der richtig gut gelaufen ist. Sie hat sich im Fluss gefühlt und hatte den Eindruck, dass auch die Teilnehmer gut mitgingen. Nur eine Rückmeldung hat sie irritiert. Anneke ist nachher auf sie zugekommen und hat gefragt: „Warst du nervös? Ich fand vieles so sprunghaft. Mir hat der rote Faden gefehlt."

Verletzende Ironie. Jürgen schwelgt in alten Zeiten. Er berichtet von einem Studentenjob, bei dem er mit einem Gabelstapler durch ein Lager fahren musste. Jürgen blickt zur Decke und deutet mit einer Armbewegung die Höhe an: „In vier Meter Höhe standen die Paletten und ich musste sie da rausbugsieren. Es war ein wenig wie Mikado spielen – keine falsche Bewegung."
„Vier Meter?", schaltet sich Axel ein. „Das scheint mir doch etwas hoch gestapelt!" Axels Bemerkung löst in der Runde ein brüllendes Lachen aus. Jürgen fühlt sich wie ein Angeber. Vielleicht waren es nur drei Meter, aber ist das ein Grund, ihn so bloßzustellen?

Moralische Verurteilung. Heiner sieht seinen Sohn missbilligend an. „Kannst du dir gar nicht vorstellen, wie es dem Benjamin geht, wenn du ihm einfach seine Sachen wegnimmst? Du bist doch nicht alleine auf der Welt. Die anderen um dich herum haben auch Rechte." Heiners Sohn erstarrt und sieht mit glasigem Blick vor sich hin. Heiner legt ihm die Hand auf die Schulter: „Wir verlangen doch gar nicht viel von dir. Ein bisschen Mitgefühl und darauf achten, wie es dem anderen geht. Das kann doch nicht so schwer sein."

Die Beispiele zeigen ein ganzes Spektrum von abwertendem Verhalten. Einige Dinge sind ihnen gemeinsam. Wenn wir andere abwerten, machen wir uns selbst zum Maßstab. Wir beurteilen andere anhand unserer eigenen Werte und Fähigkeiten. Andere müssen fast zwangsläufig schlecht abschneiden, denn sie sind ja anders als wir.

Abwertungen beruhen noch auf einem weiteren Fehler. Sie setzen die Schwächen eines anderen absolut. Sie messen andere an ihrem schlechten Tag oder an einer Situation, in der sie sich unvorteilhaft verhalten haben. Auch wenn eine Einschätzung richtig ist: Sobald man sie absolut setzt, wird sie falsch. Absolute Urteile werden anderen nicht gerecht und werden daher als verletzend, kränkend und niederschmetternd erlebt.

Erkennen Sie sich selbst

Das Wort „Kränkung" trifft wohl am besten, was Menschen erleben, wenn sie abgewertet werden. Abwertungen verletzen das Selbstwertgefühl. Sie machen auch traurig, weil man vor dem anderen so schlecht dasteht. Unsere Seele reagiert auf eine Kränkung etwa so, wie unsere Haut, wenn ein Holzsplitter in sie eindringt. Einem kurzen Schmerz folgt eine Entzündungsreaktion, die mit dem Fremdkörper fertig werden und ihn loswerden möchte. Die Entzündung schmerzt und lenkt die Aufmerksamkeit auf die verletzte Stelle. Auch unsere Seele erleidet nach einer Abwertung einen kurzen Schmerz. Dann versucht

Abwertungen verletzen das Selbstwertgefühl. Sie machen traurig, weil man vor dem anderen so schlecht dasteht.

sie das negative Urteil wieder loszuwerden und arbeitet sich so an der Kränkung ab. Auf diese Weise kann die Kränkung noch eine ganze Weile wehtun.

Wenn Sie einen andern abgewertet haben, sind Ihnen diese Folgen sicher nicht bewusst. Menschen reden nur selten offen über ihre Kränkung und darüber, wie lange sie eine Bemerkung noch beschäftigt hat. Ob andere gekränkt sind, können Sie an deren Reaktion ablesen. Viele verteidigen sich. Andere gehen zum Gegenangriff über. Wenn Sie überraschend angegriffen werden, könnte das daran liegen, dass Sie einen anderen abgewertet haben. Sensible Menschen dagegen entwickeln eine Angst vor Ihnen. Sie leiden lange an einer Kränkung und fürchten daher, wieder mit einer Abwertung konfrontiert zu werden. Dies erkennen Sie zum Beispiel daran, dass sich ein anderer Ihnen gegenüber verschließt.

Wieder andere versuchen, sich unangreifbar zu machen. Sie treten fassadenhaft und förmlich auf. Sie drücken sich übertrieben genau aus. Sie erledigen ihre Aufgaben angestrengt und versuchen krampfhaft, Fehler zu vermeiden. Ihnen fällt auf, dass dieselbe Person anderen gegenüber viel natürlicher und entspannter auftritt. Ihnen gegenüber schützt sich die betreffende Person dann vermutlich vor Kränkungen.

In solchen Fällen ist es höchste Zeit, Ihren Stachel zu entschärfen. Der erste Schritt ist folgender: Machen Sie sich in Ihrer Abwertungsneigung transparent. Dadurch erleichtern Sie es anderen, eine überkritische Bemerkung nicht zu persönlich zu nehmen. Außerdem laden Sie andere zur Offenheit ein. Wenn Sie zeigen, dass Sie kritikfähig sind, offenbaren es andere Ihnen eher, wenn sie mit Ihrem Urteil hadern.

Folgende Formulierungen helfen Ihnen dabei.

- „Ich weiß, dass ich manchmal schnell und hart urteile. Wenn ich dich damit einmal verletze, dann sag es mir bitte. Ich werde es bestimmt schaffen, ein ungerechtes Urteil zu korrigieren."
- „Ich sehe in deinem Projekt ein paar kritische Punkte. Mein Maßstab ist da sicher nicht der einzig mögliche. Bitte sag mir, wenn ich dir mit meiner Kritik nicht gerecht werde."
- „Vielleicht hat sich das jetzt angehört, als ob ich moralisch höher stehe?"

- „Ich bin gerade unsicher, ob dich meine Bemerkung eben nicht verletzt hat."
- „Ich merke gerade, dass Sie sich rechtfertigen. Eigentlich gibt es dafür gar keinen Grund. Habe ich etwas gesagt, das Sie in die Defensive gebracht hat?"

Durch solche Sätze entspannen sich Beziehungen oft merklich. Außerdem finden Sie vielleicht interessante Dinge über sich heraus.

Wenn Sie die Beweggründe für Ihre Abwertungen genauer kennenlernen, dann können Sie noch offener mit Ihrer Schwäche umgehen. Es sind vor allem drei Erfahrungen, in denen abwertendes Verhalten wurzelt. Manche Menschen waren als Kinder unfähigen Bezugspersonen ausgeliefert, andere wurden in ihren Bedürfnissen ignoriert oder in ihrem Selbstwert verletzt.

Unfähigen Bezugspersonen ausgeliefert. Als Therapeut habe ich schon viele Geschichten über unzureichende Eltern gehört. Kinder standen immer wieder an ihrer Schule und wurden nicht abgeholt, obwohl dies vereinbart war. Eltern haben bei den Hausaufgaben zu Lösungen verholfen, die sich als falsch herausgestellt haben. Kinder haben Rat gesucht und bei den Eltern nur Hilflosigkeit gefunden. Sie litten unter Hänseleien in der Schule und den Eltern ist nie aufgefallen, wie betrübt sie über Wochen gewesen sind. Ein Vater hat schon bei einfachen handwerklichen Arbeiten geflucht. Eine Mutter hat häufig das Essen anbrennen lassen und nie aus ihren Fehlern gelernt.

Jedes Kind braucht Eltern, die mit dem Leben zurechtkommen und ihr Kind sicher ins Leben geleiten. Wenn das Bedürfnis nach fähigen Eltern frustriert wird, entsteht eine Mangelprägung.

Jedes Kind braucht Eltern, die mit dem Leben zurechtkommen und ihr Kind sicher ins Leben geleiten. Wenn das Bedürfnis nach fähigen Eltern frustriert wird, entsteht eine Mangelprägung, die auch noch beim Erwachsenen Folgen hat: Betroffene reagieren dann stark auf Situationen, in denen sie mit dem Unvermögen eines anderen konfrontiert sind. Dann startet ein Kopfkino und spielt den alten Film ab: „Ich bin unfähigen Menschen ausgeliefert." Dabei verzerrt sich die Wahrnehmung. Das Unvermögen erscheint schwerwiegender, als es in der Situation heute tatsächlich ist. Wenn Betroffene dann nicht bemerken, was sich in ihrem Inneren abspielt, werten sie andere ab. Sie drücken ihre Wut und ihre Enttäuschung in einer Weise aus, dass sich andere dumm, unfähig oder schlecht vorkommen. Sie versuchen andere zu erziehen, indem sie ihnen ihre Fehler drastisch vor Augen führen. Vielleicht kommen Ihnen diese Mechanismen vertraut vor. Dann werden Sie sich erinnern: Schon als Kind haben Sie versucht, Wissenslücken Ihrer Eltern zu schließen, deren Verhalten zu korrigieren oder ihnen zu erklären, welche Folgen ihre Entscheidungen haben.

In den eigenen Bedürfnissen ignoriert. Manche Kinder leiden unter einer beklemmenden Reaktionslosigkeit ihrer Eltern. Sie zeigen ihre Gefühle, drücken Bedürfnisse aus und äußern Wünsche, aber es kommt ganz wenig zurück. Entweder reagieren Eltern gar nicht. Oder sie vertrösten ihr Kind mit einem zerstreuten: „Später." Manchmal hören Kinder auch eine selbstbezogene Antwort: „Du weißt doch, dass ich gerade im Stress bin." Auf diese Mangelerfahrung reagieren Kinder je nach Temperament unterschiedlich. Manche entdecken aber: „Wenn ich meine Beschwerden drastisch ausdrücke, bringe ich meine Eltern doch zu einer Reaktion."

„Du bist gemein, gemein, gemein." Maja stemmt ihre Fäustchen in die Hüfte und sieht ihre Mutter durch einen Schleier von Tränen an. „Alle Mamas gehen immer zum Ausflug mit, aber du nie."
„Wie reden später drüber, Majachen, ich muss gerade noch etwas fertig machen."
Maja wirft sich aufs Sofa, schlägt gegen ein Kissen und heult: „Nie hast du Zeit für mich." Majas Mutter ist irritiert, was in ihr Kind gefahren ist. Sie setzt sich aufs Sofa und nimmt Maja in den Arm, die sich sofort beruhigt und an den großen, warmen Körper ihrer Mutter schmiegt. Die beschwichtigt: „Mach dir keine Sorgen, Maja. Wann ist der Ausflug, nächste Woche Donnerstag? Ja, da kann ich mir freinehmen."
Dreißig Jahre später, die Szene mit der Mutter ist längst vergessen, stemmt Maja ihre Hände in die Hüfte und blickt ihren Mann wütend an: „Nie nimmst du dir Zeit für mich. Andere Männer nehmen sich Zeit für ihre Frau, einfach weil sie gerne mit ihr zusammen sind. Ich

bin dir nicht wichtig. Und wenn wir mal etwas zusammen machen, dann ist das für dich nur eine Pflichterfüllung."

Im Selbstwert verletzt. Abwertungen versuchen, eine unzureichende Bezugsperson zu bessern. Manchmal haben sie auch eine andere Funktion: Sie wollen den eigenen Wert erhöhen, indem sie den Wert des anderen schmälern.

Der Selbstwert von Kindern wird verletzt, wenn Eltern ihrerseits Abwertungen einsetzen: „Stell dich doch nicht so dumm an!" – „Das machst du nur, um mich zu ärgern." – „Du machst das ja noch wie ein Kindergartenkind." Bei Kindern löst das ein Gefühl aus, schlecht und unzureichend zu sein. Zugleich wecken Abwertungen auch den Zorn. Kinder bemerken im Alltag schnell, dass auch ihre Eltern nicht vollkommen sind. Sie werten ihre Eltern ab, um sich nicht alleine schlecht zu fühlen. Was bei Kindern tastend beginnt, reift in der Pubertät zur Meisterschaft: Jugendliche lassen ihre Eltern dumm dastehen, indem sie ihre Schwächen karikaturhaft vergrößern. Diese Reaktionsmöglichkeit bleibt auch im Erwachsenenalter erhalten.

Vielleicht finden Sie sich in keiner der beschriebenen Prägungen wieder. Dann könnte es sein, dass Sie Abwertungen als Mittel der Einschüchterung gebrauchen. Deren Hintergründe finden Sie im Kapitel über das Einschüchtern. Außerdem kann eine gezielte Abwertung auch eine Rache sein.

Wenn Sie die Hintergründe von abwertendem Verhalten verstehen, ermöglicht Ihnen das eine neue Qualität der Offenheit. Sie machen sich durchschaubar. Dann verzeihen Ihnen andere eine Abwertung leichter. Das kann sich so anhören:

- „Manchmal fühle ich mich von Idioten umzingelt. Ich weiß, das ist ungerecht. Bitte nimm mich dann nicht allzu ernst."
- „Vielleicht habe ich meine Kritik gerade etwas drastisch vorgetragen. Ich hatte plötzlich Panik, dass Sie mich hängen lassen."
- „Habe ich gerade zu scharf reagiert? Ich glaube, ich habe mich gerade nicht ernst genommen gefühlt."
- „Wenn ich mich unsicher fühle, trumpfe ich manchmal auf und gebe anderen das Gefühl, unfähig zu sein. Ich weiß natürlich, dass das nicht stimmt."

Mit einer solchen Offenheit entschärfen Sie Ihre Stacheln gleich in zweierlei Hinsicht. Anderen tut eine Abwertung weniger weh, weil sie diese nicht mehr persönlich nehmen. Außerdem bleiben andere gelassen und reagieren nicht mit Distanz, übertriebener Vorsicht oder Gegenangriffen.

Vielleicht haben die Überlegungen dieses Kapitels Ihren Wunsch geweckt, den Stachel der Abwertung nicht mehr so oft einzusetzen. Dann können Sie sich auf einen Weg der Veränderung machen.

So ändern Sie Ihr Verhalten

Sich selbst von außen und andere von innen betrachten – darin sehen Psychologen heute eine wichtige Fähigkeit. Dieser Perspektivwechsel setzt die Dinge in ein neues Verhältnis. Menschen relativieren sich selbst und machen den anderen zum Mittelpunkt, zumindest für einige Momente des Verstehens und der Zuwendung. Der Perspektivwechsel hilft auch im Umgang mit frustrierten Bedürfnissen und Selbstwertverletzungen, um die es bei Abwertungen ja geht. Sich relativieren bedeutet außerdem, andere nicht nur am eigenen Maßstab zu messen, sondern auch an dem des anderen. Wie das praktisch wird, zeigen Ihnen die folgenden drei Lernwege.

> Sich selbst von außen und andere von innen sehen – darin sehen Psychologen heute eine wichtige Fähigkeit.

Umarmen Sie die Unvollkommenheit

Die Welt ist unvollkommen und Menschen sind unvollkommen. Unser Leben, unsere Arbeit und auch andere Menschen muten uns daher immer wieder Frustrationen zu. Wer sich gegen diese Tatsache des Lebens sträubt, reibt sich auf und gerät schnell in eine Verfassung innerer Gereiztheit. Wer die Unvollkommenheit dagegen annimmt, kann der Welt und anderen Menschen gelassen entgegentreten: „Andere dürfen auch einmal meine Bedürfnisse übersehen und mich enttäuschen. Es ist in Ordnung, wenn andere an die Grenzen ihrer Fähigkeiten oder ihres Charakters stoßen, selbst wenn das für mich einmal unangenehme Folgen hat. Es darf auch vorkommen, dass mich jemand in meinen Absichten und Fähigkeiten verkennt. Denn trotz aller Unvollkommenheiten kann ich glücklich sein, die meisten meiner Ziele zu erreichen und erfüllte Beziehungen zu pflegen. Ich kann meinen Frieden mit dem machen, was in meinem Umfeld nicht in Ordnung ist."

Weil diese Haltung ganz eng mit seelischer Gesundheit verknüpft ist, haben sich Psychotherapeuten intensiv mit ihrer Förderung beschäftigt. Sie trainieren Akzeptanz, bauen Frustrationstoleranz auf und fördern die Widerstandskraft gegen die Härten des Lebens (die sogenannte Resilienz). In einer Psychotherapie wird auch trainiert, Unvollkommenheit nicht durch ein Schwarz-Weiß-Denken zu verschlimmern und neben den negativen Dingen auch die positiven in den Blick zu nehmen. Solche Ansätze helfen, mit der Unvollkommenheit der Welt und anderer Menschen zurechtzukommen. Die grundlegenden Strategien, auf denen psychologische Programme beruhen, können Sie sich zunutze machen.

Die Wahrnehmung lenken. Wenn Ihnen das Unvermögen eines anderen zu schaffen macht, dann erweitern Sie Ihre Wahrnehmung: Hat Ihnen nicht dieselbe Person schon mit ihren Fähigkeiten und ihren persönlichen Eigenarten Gutes getan? Und wenn es die erste Begegnung ist: Können Sie ausschließen, dass die Person Sie nicht bald positiv überrascht? Gäbe es umgekehrt nicht auch Anlass, mit Ihnen zu hadern? Vielleicht aus anderen Gründen? Wenn Sie Ihre Wahrnehmung auf solche Weise weiten, rücken Sie die Situation in ein anderes Verhältnis. Dadurch entschärft sie sich und reizt Sie auch weniger, ein abwertendes Urteil zu fällen.

Akzeptanz üben. Andere haben ihre Schwächen und Begrenzungen. Bei strenger Betrachtung könnte man anderen die Schuld daran geben. Warum haben sie sich eine Fähigkeit nicht längst angeeignet? Warum haben sie sich nicht längst mit ihren Defiziten auseinandergesetzt? Warum haben sie sich nicht früher einem Problem gestellt? Doch jede dieser Forderungen setzt etwas voraus, was bei einer anderen Person vielleicht nicht gegeben ist. Lernen erfordert Zeit, Ruhe und einen freien Kopf. Die Arbeit an den eigenen Schwächen erfordert ein Mindestmaß an Selbstbewusstsein und menschlichen Rückhalt. Das Lösen persönlicher Probleme benötigt Zuversicht und auch oft Hilfe. Wer sagt Ihnen, dass im Leben des anderen diese Voraussetzungen gegeben sind?

Vielleicht ahnen Sie gar nicht, unter welcher Anstrengung der andere dahin gekommen ist, wo er im Augenblick steht? Und wer gibt Ihnen das Recht zu bestimmen, was ein anderer können, leisten, tun und lassen muss?

Diese Überlegungen führen zu einem Entschluss, der ein großes Potenzial zur Befriedung in sich trägt: „Ich nehme meine Mitmenschen so an, wie sie sind, samt ihren Schwächen, Grenzen und Fehlern, samt ihrem Unvermögen und ihren nicht immer edlen Absichten. Natürlich darf ich mich, wenn nötig, wehren oder andere einmal auf etwas hinweisen, was mir fehlt oder was mich stört. Doch ich will kein Urteil mehr über den anderen fällen, niemanden mehr bessern oder erziehen.“

> Wer gibt uns das Recht zu bestimmen, was ein anderer können, leisten, tun und lassen muss?

Perspektiven gewinnen. In angespannten Situationen dominiert der Augenblick, während der Horizont eines gemeinsamen Weges verloren geht. Auch wenn sich jemand ignorant verhält, kann man sich im Lauf der Zeit oft verständlich machen. Auch wenn die Zusammenarbeit im Augenblick nicht akzeptabel ist, entwickelt sie sich vielleicht mit der Zeit positiver. Auch wenn Wertschätzung und Respekt gerade fehlen, wird ein anderer sie vielleicht bald zeigen. Und falls es sich nicht positiv entwickelt, liegt in der Zukunft eine neue Chance: Mit der Zeit kann man sich von einem andern immer unabhängiger machen, falls sein Unvermögen oder sein Charakter nicht zu ertragen sind. Ein Vertrauen in die Zukunft ist vielleicht das beste Mittel, mit der Unvollkommenheit anderer umzugehen.

Es sind nur kleine Veränderungen Ihrer Wahrnehmung und Sie können die Unvollkommenheit umarmen. In einer unvollkommenen Welt kann man mit unvollkommenen Menschen glücklich sein. Die veränderte Wahrnehmung schließt etwas ein, was sich zu vertiefen lohnt.

Nehmen Sie am anderen Maß

In unserer ersten Reaktion machen wir uns selbst zum Maß der Dinge. Unsere Gefühle zeigen an, was *uns* stört, was *uns* bedroht oder was *uns* herabsetzt. Wir bewerten andere anhand dessen, was wir für gut und richtig halten. Wir messen andere an Zielen, die wir für erreichbar halten. Aus diesem Blickwinkel erscheint unser eigenes Tun gut und folgerichtig, während das anderer unter Umständen unvernünftig, unangemessen oder unmoralisch erscheint.

Sich selbst von außen und den anderen von innen sehen heißt hier, mit dem Maß des anderen zu messen. Dann betrachten Sie die Situation von den Gefühlen, Werten und Zielen des andern her: Was der Redaktionsleiter bei seiner Praktikantin als unselbstständig verurteilt, hat für sie eine ganz andere Bedeutung. Ihre Fragen und Rückversicherungen drücken Respekt aus: „Ich bin hier neu. Ich möchte nicht einfach loslegen, sondern mich erst einmal daran anlehnen, wie es hier gehandhabt wird." Die Praktikantin bräuchte vielleicht nur eine Ermutigung, um auf ein eigenverantwortliches Arbeiten umzuschalten.

> **Ein Vertrauen in die Zukunft ist vielleicht das beste Mittel, mit der Unvollkommenheit anderer umzugehen.**

Der Sohn, der dem kleinen Bruder etwas weggenommen hat, ist noch zu klein, um eine Regel ständig im Bewusstsein zu haben. In einem ausgelassenen Moment ist er einem spontanen Impuls gefolgt. Es wird noch einige Jahre ein Zusammenspiel sein: Mal beherzigt er Regeln, mal müssen seine Eltern eingreifen und an eine Regel erinnern. Wer einem Kind gerecht werden will, darf es nicht an erwachsenen Maßstäben messen.

Noch ein drittes Beispiel zeigt, wie der Wechsel der Maßstäbe gelingt. Wenn ich einem anderen zuhöre, kann ich meine eigenen Bedürfnisse zum Maßstab machen, etwa mein Bedürfnis nach einer angeregten Unterhaltung oder nach Ideen, von denen ich profitieren kann. Wenn ein Gespräch diese Bedürfnisse nicht befriedigt, kann mein Gesprächspartner langweilig oder sogar dumm erscheinen. Aber er hat sicherlich Gründe, mir etwas auf eine bestimmte Weise zu berichten. Wo ich die Botschaft heraushöre, was genau mir ein anderer mitteilen will, warum ausgerechnet mir und warum auf genau diese Weise, erschließt sich mir eine neue Welt. Die Bewertung, dass ein anderer nichts zu sagen hat, erweist sich dann schnell als voreilig.

Um am anderen Maß zu nehmen, braucht man den eigenen Standpunkt nicht aufzugeben. Ideal ist ein flexibler Wechsel der Maßstäbe. Ein Vorbild hierfür ist die Rechtsprechung. Sie konfrontiert den Angeklagten mit dem Maßstab des Gesetzes, die Bestrafung nimmt aber auch Maß am Angeklagten, an seiner Wahrnehmung der Situation und seiner persönlichen Geschichte. Im Extremfall kann auch ein Mensch, der ein Gesetz gebrochen hat, aufgrund mildernder Umstände freigesprochen werden.

Auch guter Journalismus kennt das flexible Spiel mit Maßstäben. Wenn eine Person des öffentlichen Lebens porträtiert wird, wird sie daran gemessen, was sie für andere Menschen bedeutet und welchen Beitrag sie für die Gesellschaft geleistet hat. Doch ihre Entscheidungen und Beweggründe werden auch vor dem Hintergrund ihrer persönlichen Geschichte gewürdigt. Wo dies nicht geschieht, setzt ein Journalist seine eigenen Maßstäbe absolut und wertet den Porträtierten dadurch ab.

> Besonders wen man wütend oder impulsiv urteilt, liegt der Verdacht nahe, dass man auf eine Kränkung reagiert.

Wo Ihnen der flexible Wechsel von Maßstäben gelingt, wird Sie nur noch weniges zu Abwertungen reizen.

Entschärfen Sie Kränkungen

Besonders wenn Sie wütend oder impulsiv urteilen, liegt ein Verdacht nahe: Sie reagieren auf eine Kränkung. Jemand hat sie herabgesetzt, in beschämender Weise abgewiesen, nicht ernst genommen, keiner Aufmerksamkeit gewürdigt oder sie abgespeist. Alle diese Erfahrungen kränken. Wenn Sie die kränkende Person nun abwerten, lindert dies Ihre eigene Kränkung. Aber es gibt noch bessere Möglichkeiten, um eine Kränkung zu entschärfen.

Die Kränkung eingestehen. Wer sich einer körperlichen Verletzung zuwendet, spürt erst einmal mehr Schmerz: „Autsch, das tut wirklich weh." So ist es auch bei einer Kränkung. Wenn Sie sich diese eingestehen, spüren Sie erst richtig Ihr Gefühl: die Scham, das Verletztsein oder die Traurigkeit. Aber es braucht Aufmerksamkeit, damit Sie die Wunde versorgen können: „Ich fühle mich gekränkt."

Die Kränkung nicht persönlich nehmen. Dies ist der erste Schritt der Wundreinigung. Wenn Sie sich gekränkt fühlen, hat es einen guten Grund. Jedem tut es weh, wenn er missachtet, herabgesetzt oder abgewiesen wird. Zugleich hat der Vorfall wahrscheinlich nichts mit Ihnen persönlich zu tun. Die meisten Kränkungen geschehen aus Unachtsamkeit oder im Eifer des Gefechtes, wenn andere sich für ihre Interessen einsetzen und aus dem Blick verlieren, wie es anderen mit ihrem Verhalten geht. Ein anderer hätte an Ihrer Stelle ganz Ähnliches erlebt.

Den Kratzer im Lack akzeptieren. Wen trifft ein Kratzer im Lack am meisten? Natürlich den, der ein gepflegtes und auf Glanz poliertes Auto fährt. Da tut schon der kleinste Kratzer weh. Ähnlich ist es mit unserem Image. Je wichtiger es uns ist, gut dazustehen, desto leichter kann man uns kränken. Die gelassenste Antwort auf den Kratzer im Lack lautet: „Na und? Es ist nur ein Auto. Es fährt mit Kratzer genauso gut wie ohne." Mit dieser Haltung können wir auch Kratzer in unserem Selbstwert hinnehmen: „Ich bin nicht die wichtigste Person in der Firma/im Leben des anderen. Warum sollte man meine Wünsche immer zuvorkommend behandeln?"

> Je wichtiger es uns ist, gut dazustehen, desto leichter kann man uns kränken.

Hier sollten Sie allerdings darauf achten, dass Bescheidenheit nicht in Selbstabwertung kippt. Wenn die Kränkung zum Anlass wird, sich schlechter zu fühlen als andere, sollte man innerlich gegensteuern.

Das Verhältnis zum Kränkenden klären. Vervollständigen Sie doch einmal folgenden Satz: „Ich nehme dir übel, dass ..." Manchmal werden Sie hier auf Punkte stoßen, die nicht in der Macht der kränkenden Person liegen, zum Beispiel „... dass du so unaufmerksam bist." Oder: „... dass du den Wert meiner Vorschläge nicht erkennst." Hier stoßen Sie auf die persönlichen Grenzen der kränkenden Person. Dann gilt es, die Unvollkommenheit des anderen anzunehmen. Aber das hat nichts mehr mit Ihrer Person und Ihrem Wert zu tun. Das Kränkungsgefühl wird sich schnell verflüchtigen.

Manches liegt aber durchaus in der Macht des anderen: „Ich nehme dir übel, dass du Jochen in dein Team aufgenommen hast und nicht mich." Hier könnte eine Aussprache helfen. Vielleicht hat der Teamleiter nach ganz anderen Kriterien entschieden, als die, die Sie selbst angelegt hätten. Oder er hält Sie wegen einer anderen Aufgabe für unabkömmlich. Eine solche Klärung beendet die Kränkung häufig.

Leider gibt es einige Menschen, die andere andauernd enttäuschen und kränken. Sie könnten für Ihre persönliche Entwicklung gefährlich werden. Denn sie erzeugen ein Beziehungsklima, in dem Abwertungen besonders gut gedeihen.

Meiden Sie Dilettanten

Vermutlich ist es ein Fehlalarm, wenn andere Ihnen unfähig vorkommen. Aber natürlich gibt es Ausnahmen. Einigen Menschen fehlt die Fähigkeit, andere zu unterstützen, die Antennen, um die Bedürfnisse anderer wahrzunehmen, und sogar die Bescheidenheit, die eigenen Grenzen zu erkennen.

Vielleicht denken Sie: „Mir macht das gar nichts aus." Aber dann haben Sie sich vermutlich schon in einen Selbstschutz überlegener Distanz zurückgezogen. Wenn Sie von dieser Position aus sprechen, werden Sie andere wahrscheinlich abwerten. Deshalb sollten Sie Dilettanten lieber aus dem Weg gehen.

Vielleicht haben Sie den persönlichen Ehrgeiz, mit allen Menschen klarzukommen. Oder Sie haben eine soziale Einstellung, die keinen anderen ausschließen oder ablehnen will. Dann hilft Ihnen vielleicht folgende Sichtweise. In einem Kollegenkreis, in der Nachbarschaft, in der Kirche oder einem Verein sind Sie nie allein. Andere haben andere wunde Punkte als Sie und kommen mit Dilettanten gut klar. Umgekehrt gibt es schwierige Typen, mit denen Sie weniger Probleme haben. Deren Verhalten mag nicht ganz angenehm sein, trifft aber Ihre wunden Punkte nicht.

Wenn Ihre wunden Punkte nicht dauernd gereizt werden, können Sie Abwertungen leichter überwinden.

Tragen Sie Ihren Stachel gelassen

Einige Verhaltensweisen, die ich beschrieben habe, sind nicht gerade gut angesehen: sich selbst zum Maß der Dinge machen, eine überlegene Position einnehmen, andere schlechter machen als sie sind. Das könnte das Bild eines Narzissten hervorrufen, der nur sich selbst gut findet und andere nicht gelten lässt. Doch Menschen, die gelegentlich den Stachel der Abwertung ausfahren, können natürlich auch wertschätzend sein und ermutigen. Ihre Lebensgeschichte hat sie meist zu unabhängigen und verantwortungsbereiten Menschen geformt. Auf diese Weise bereichern sie andere. Ihre hohen Maßstäbe machen sie zu guten Leitern, Beratern und Entwicklern.

Sie haben in diesem Kapitel einige Anregungen erhalten, wie Sie sich in Ihrem Stachel Abwertung transparent machen können. Damit erleichtern Sie anderen die Gegenwehr. Das entlastet auch Sie. Falls Ihnen dann doch einmal eine Abwertung herausrutscht, können andere damit auch umgehen.

Die Grenzlinie zwischen einer konstruktiven Kritik und einer Abwertung ist nicht immer genau zu bestimmen. Menschen unterscheiden sich darin, wie viel Kritik sie vertragen. Wenn Sie wissen, dass ein anderer hier empfindsam ist, können Sie darauf Rücksicht nehmen. Dann werden Sie vielleicht nicht zu viel auf einmal bemängeln und eine unvermeidliche Kritik in wertschätzende Worte einbetten.

> **Menschen unterscheiden sich darin, wie viel Kritik sie vertragen. Trotzdem kann man andere nicht immer in Watte packen.**

Trotzdem kann man andere nicht immer in Watte packen. Oft weiß man auch nicht, wie ein anderer eine Kritik aufnehmen wird. Ein gewisses Maß an Abgrenzungsfähigkeit darf man beim anderen voraussetzen. Wer sich zu Unrecht kritisiert fühlt, kann sich schließlich auch wehren. Es kann vorkommen, dass eine angemessene Kritik persönlich genommen und als Abwertung erlebt wird. Das muss dann nicht an Ihnen liegen. Dies kann seinen Grund auch in der Überempfindlichkeit Ihres Gegenübers haben.

Zusammenfassend können wir festhalten: Abwertungen beruhen vor allem auf zwei Mechanismen. Einerseits verzerren enttäuschte Gefühle die Wahrnehmung. Dann wirken andere unfähiger, ignoranter und schlechter als sie in Wirklichkeit sind. Außerdem urteilt eine Abwertung anhand von Maßstäben, die dem Gegenüber – seinen Umständen und seiner Geschichte – nicht gerecht werden. Wie sich Ihre Wahrnehmung und Maßstäbe verändern lassen, darum hat sich dieses Kapitel gedreht.

Wenn Sie noch weitergehen, begeben Sie sich bereits auf einen spirituellen Weg. Es ist ein Weg des Vertrauens.

Gehen Sie einen spirituellen Weg

Wenn wir andere mit den Augen des Glaubens ansehen, dann sehen wir kein negatives Zerrbild. Der Glaube sieht das Beste im anderen, sein Potenzial und seine Möglichkeiten zum Guten. Der biblische Schöpfungsbericht hat die Umrisse des christlichen Menschenbildes festgelegt: Nach dem Bild Gottes sei der Mensch geschaffen (Genesis 1,27), Gottes eigene Eigenschaften seien dem Wesen des Menschen eingeprägt. Das bleibt, auch wenn sich ein Mensch vor seiner Verantwortung drückt, ungute Ziele verfolgt oder sich sogar für das Böse entscheidet. Das Potenzial, das Gott dem Menschen mit dem Schöpfungsakt verliehen hat, geht nicht verloren und kann sich jederzeit neu entfalten.

Der Glaube sieht das Beste im anderen, sein Potenzial und seine Möglichkeiten zum Guten.

Außerdem sieht der Glaube den Menschen nicht individualistisch verengt. Nach einer individualistischen Sicht ist ein Mensch mehr oder weniger fähig, charakterstark oder charakterschwach, konstruktiv oder destruktiv. Das christliche Menschenbild dagegen sieht den Menschen in der Einflusssphäre guter und böser Kräfte, die ihn umgeben. Je nach dem, welchen Einflüssen sich ein Mensch öffnet, bereichert ein Mensch seine Mitmenschen oder er bereitet ihnen Schwierigkeiten. Diese Sicht ist dynamisch, sie legt den Menschen nicht ein für alle Mal fest. Sie lässt die Möglichkeit offen, dass sich ein anderer bereits im nächsten Moment für das Gute entscheidet.

Diese Sichtweise ist Jesus so wichtig, dass er sie vielfach in seiner Lehre verankert hat. „Macht euch nicht zum Richter über andere! Verurteilt einander nicht!“, fordert Jesus seine Anhänger wiederholt auf.

Einen Grund dafür erklärt er in einem Gleichnis (Mt 13,24ff). Ein Bauer hat ein Feld bestellt. In der Nacht kommt sein Feind und sät Unkraut unter die Saat. Irgendwann bemerken das die Knechte des Bauern. Sie fragen, ob sie das Unkraut ausreißen sollen. Aber der Bauer hält sie zurück: „Nein, denn ihr würdet mit dem Unkraut auch den Weizen herausreißen." Alles soll bis zur Ernte wachsen, dann erst kann man das eine vom anderen unterscheiden. Wer zu früh urteilt, tut auch dem Guten Gewalt an. Oft ist es besser, kein Urteil zu fällen und eine Offenheit zu bewahren, wie sich Dinge entwickeln.

Sicher kennen Sie auch Lebensgeschichten, in denen ein Mensch sein Leben radikal verändert hat. Ein Mann überwindet seine Alkoholabhängigkeit, eine Frau wirft sich nicht mehr jedem Mann in die Arme. Ein Mann hat die Familie vernachlässigt und wendet sich ihr wieder zu. Eine Frau war ganz in Bitterkeit gefangen und öffnet sich wieder dem Leben. Als Psychotherapeut habe ich schon viele solcher Geschichten gehört. In allen fiel irgendwann ein Satz wie dieser: „Es gab einen Menschen, der trotz allem an mich geglaubt hat. Andere hatten mich schon aufgegeben, aber sie/er hat mir noch etwas zugetraut." Das Vertrauen anderer hat Betroffenen geholfen, an ihre eigenen Möglichkeiten zu glauben und sich der angebotenen Hilfe zu öffnen. Dies ist das Gegenteil einer Abwertung: ein Vertrauen auch gegen die augenblickliche Lebensrealität eines Menschen.

> Das Gegenteil einer Abwertung ist das Vertrauen auch gegen die augenblickliche Lebensrealität eines Menschen.

Weil Jesus von unvollkommenen Anhängern umgeben war, gab es für ihn viele Gelegenheiten, dieses Vertrauen zu praktizieren. Besonders anschaulich ist es im Umgang mit seinem Schüler Petrus. Dieser hat sich nicht gerade als Musterschüler bewährt. Er hat Jesus von seinem Leidensweg abgeraten (Mt 16, 22). Er hat drei Jahre lang Jesu Weg der Gewaltlosigkeit beobachtet. Doch als Jesus verhaftet wird, schlägt er mit dem Schwert zu (Joh 18,10). Schließlich kündigt er an, Jesus selbst in Todesgefahr treu zu bleiben (Mt 26,35). Doch als ihn später eine Magd als Jünger Jesu erkennt, streitet er jede Verbindung zu ihm ab (Mt 26,69). Das wären wohl genug Anlässe, um Petrus als hoffnungslosen Fall zu stempeln. Aber Jesus vertraut ihm die Leitung der jungen Kirche an. Die weitere

Geschichte zeigt: Petrus macht seine Sache nicht perfekt, aber er wird zu einem mutigen und einflussreichen Leiter.

Das Vorbild von Jesus führt auf einen spirituellen Weg des Vertrauens. Auf ihm begegnen uns vor allem zwei Erfahrungen. Auch wenn sich andere enttäuschend verhalten, kann man Ihnen zunächst Gutes unterstellen: Unaufmerksamkeit statt schlechter Motive oder charakterlicher Mängel, Unwissen statt Missachtung, gute Absichten, die andere vielleicht mit Mitteln verfolgen, die mir gerade unangenehm sind.

Dabei muss sich das Vertrauen gar nicht an den Eigenschaften des anderen festmachen. Denn der Glaubende sieht hinter dem unvollkommenen anderen einen Gott, der vollkommen liebt und versorgt. Dass Gott dabei unvollkommene Menschen als Boten und Hilfsmittel einsetzt, ist ein Geheimnis des Glaubens. Haben Ihnen nicht schon ganz unvollkommene Menschen sehr gutgetan? Wo die Herzenshaltung stimmt, werden auch bescheidene Fähigkeiten zum Zeichen der versorgenden Liebe Gottes.

> Vertrauen schenkt Menschen eine zweite, dritte, vierte Chance.

Daran schließt sich eine zweite Erfahrung an. Manchmal tut jemand etwas, das wirklich schlecht, ungenügend, rücksichtslos und inakzeptabel ist. Dann bedeutet Vertrauen, die Zukunft für bessere Erfahrungen offenzuhalten. Vertrauen schenkt Menschen eine zweite, dritte, vierte Chance. Es spricht die positiven Seiten des Gegenübers an. Es legt den anderen nicht in seiner Zukunft fest.

Vertrauen kann natürlich nicht heißen, dass man jemanden mit ungutem Verhalten gewähren lässt und sich selbst dabei zum Opfer macht. Manchmal werden Sie eine Konsequenz auf ein Verhalten folgen lassen. Vielleicht distanzieren Sie sich für eine Weile. Oder Sie engagieren sich weniger für eine andere Person, wenn sie dies nicht schätzen oder erwidern kann. Doch von Zeit zu Zeit lassen Sie einen Testballon fliegen und prüfen, ob sich nicht etwas zum Positiven verändert hat. In einer Ehe zum Beispiel kann das zu einer Entwicklung wie der folgenden führen.

Fritz ist ein Kommunikationsmuffel. Lange hat ihn Ramona abgewertet. Sie hat ihm Lieblosigkeit unterstellt, er sei kommunikationsunfähig und konfliktscheu. Sie hat sein Verhalten analysiert und aufgezeigt, wie Fritz dieses in seiner Herkunftsfamilie erlernt hat. Genützt hat das nichts. Fritz ist nur immer stiller geworden. Auf dem Höhepunkt der Krise hat sich Ramona Hilfe gesucht. Sie hat das Muster durchschaut und sich auf die Zunge gebissen, statt Abwertungen auszusprechen. Stattdessen hat sie ihr Beziehungsbedürfnis stärker in ihren Freundschaften ausgelebt. Sie hat entdeckt, wie kommunikativ Gott ist. Sie hat eine Art zu beten entdeckt, bei der sie eine Resonanz auf ihre Fragen und Gefühle erlebt. Mit Fritz geht Ramona zurückhaltend und freundlich um. Nach einigen Monaten beobachtet Ramona, wie Fritz sich öffnet und mehr über sich mitteilt. Er fragt nach ihrem Befinden und hört ihr häufiger zu. Ein Wunder? Vielleicht auch. Aber Ramona hat auf dem Weg des Vertrauens die Chancen erhöht, dass Fritz sich wieder öffnet und von seinen positiven Seiten zeigt.

Für jeden Stachelstich gibt es ein Gegengift und oft hat dieses eine spirituelle Quelle. Für den Stachel der Abwertung heißt das Gegenmittel Vertrauen. Es ist kein naives Vertrauen, sondern ein realistisches, das sich vorübergehend unabhängig machen kann, aber eine positive Zukunft offenhält. Vertrauen muss nicht schnell urteilen. Es nimmt auch den schlechten Augenblick an, ohne ihn zu beschönigen. Es rechnet aber mit den Möglichkeiten, die ein Vertrauensvorschuss eröffnet. Oft weckt Vertrauen das Beste im andern.

Vermeiden

Ziehen Sie sich manchmal zurück, wenn es unangenehm wird? Zögern Sie lange, bevor Sie notwendige Schritte gehen? Schränken Sie Ihr Leben manchmal aus Vorsicht ein? Oder haben Sie anderen Menschen gegenüber zwiespältige Gefühle? Dann könnte Ihr Stachel das Vermeiden sein.

Kann auch Vorsicht anderen wehtun? Ja, denn auch wenn man etwas unterlässt oder sich auf eine Beziehung nicht einlässt, kann das für andere schmerzlich sein. Menschen sind in vielfältiger Weise voneinander abhängig. Um uns wohlzufühlen, brauchen wir verlässliche Kollegen, offene und freundliche Nachbarn, den Rückhalt in der Herkunftsfamilie, die emotionale Nähe in Freundschaften oder in der Partnerschaft, gute Teamarbeit im Ehrenamt. Wo immer sich einer aus der Beziehung oder aus der Verantwortung zurückzieht, tut das erst einmal weh.

Doch wo verlaufen die Grenzen zwischen einem gesunden Selbstschutz und Vermeidung? Die Absicht dieses Kapitels ist natürlich nicht die, Ihnen ein Übermaß an Verpflichtungen aufzuladen. Es geht vielmehr darum, die üblichen Verbindlichkeiten in Beziehungen und Aufgaben auch dann zu erfüllen, wenn es einmal unangenehm werden könnte. In den folgenden Fallbeispielen ist das Vermeidungsverhalten klar zu erkennen.

Rückzug. Friederike würde ihrer Schwester gerne manches sagen, worunter sie in der Beziehung leidet. Aber das traut sie sich kaum noch. Denn in der Vergangenheit war dann manchmal über Monate Funkstille. Irgendwann meldet sich Lisa wieder und ist dann ganz herzlich. Friederike weiß, dass sie selbst keine Heilige ist. Lisa dürfte ihr natürlich auch sagen, wenn sie etwas stört. Aber wenn man über schwierige Dinge nicht sprechen darf, dann wird die Beziehung oberflächlich. Friederike fühlt sich ihren Freundinnen viel näher als ihrer eigenen Schwester.

Distanziertheit. „Sind wir Luft für Georg?“, ärgert sich Sabrina. „Er kommt rein, leert sein Fach und außer einem Gruß kommt nichts von ihm.“
„Der hält sich vielleicht für etwas Besseres“, vermutet Sabrinas Kollegin.
„Das glaube ich nicht einmal“, sagt Sabrina. „Beim Essen sitzt er oft mit den anderen zusammen und ist ganz in sich versunken. Ich glaube, es ist ihm manchmal alles zu viel.“
„Kann ja sein“, gesteht Sabrinas Kollegin zu. „Aber es macht trotzdem keine gute Stimmung. Ein paar nette Worte sind ja wirklich nicht zu viel verlangt.“

Schroffe Abgrenzung. Petras Wesen wirkt so durchscheinend wie ihre helle Haut, hinter der blaue Adern sichtbar werden. Sie hat eine feine, empfindsame Art. Niemand, der es noch nicht erlebt hat, würde ihr die Schärfe zutrauen, mit der sie sich manchmal Luft macht.
„Müssen Sie hier jeden so angrabschen?“, fragt Petra in schneidend kaltem Ton. Friedemann erstarrt. Er hat Petra beim Vorbeigehen über den Rücken getätschelt, wie er es gelegentlich bei allen Kollegen tut.
„Schon gut, schon gut“, stammelt Friedemann. „Ich habe mir nichts dabei gedacht.“
Petras Gesichtszüge bleiben kühl. Auch wenn sich das Verhältnis wieder normalisiert, verfehlt Petras Abgrenzung ihre Wirkung nicht. Friedemann behandelt Petra nun äußerst vorsichtig.

Aufschieben. Marlies hat ein ungutes Gefühl, als sie den Brief vom Finanzamt öffnet. Ein Zwangsgeld von 1000 Euro? Am Abend hält sie Heiko das Schreiben unter die Nase. Heiko zuckt mit den Schultern: „Das ist dieses Jahr so was von kompliziert. Da brauche ich einen ruhigen Kopf.“
„Das sind doch Ausflüchte, Heiko“, sagt Marlies in resigniertem Tonfall. „Über die Feiertage hast du stundenlang unsere Urlaubsvideos geschnitten. Da hättest du doch Ruhe gehabt.“
Heiko schaut schuldbewusst. Nach einem Moment des Schweigens erklärt sich Marlies: „Weißt du, es kostet mich Kraft, unter einer solchen Spannung zu leben. Ich bin in letzter Zeit immer mit einem

unguten Gefühl zum Briefkasten gegangen. Außerdem ist es mir peinlich, wenn wir die Steuer nicht hinkriegen. Das schaffen andere doch auch."

Angst vor Hilfe. „Willst du nicht mal zum Arzt gehen", fragt Kaja vorsichtig. „Du schläfst seit Monaten nicht mehr richtig und bist so apathisch."
„Ach, ich weiß auch nicht", weicht Jonas aus.
„Hast du vor irgendetwas Angst?", fragt Kaja.
„Vielleicht muss ich dann Psychopharmaka nehmen. Oder meine Hausärztin schickt mich gleich zum Psychiater."
„Ob dich die Vorschläge von deiner Ärztin überzeugen, kannst du dann immer noch entscheiden. Aber es gibt bestimmt etwas, das dir hilft. Das wäre doch auch eine Chance."
„Ich weiß nicht", seufzt Jonas. „Wahrscheinlich hast du recht ..."
Katja glaubt nicht, dass sich Jonas wirklich auf den Weg macht. Vielleicht muss es dazu erst noch schlimmer werden.

Bindungsangst. Die Zusammenarbeit mit Laurenz taucht Jan in ein Wechselbad der Gefühle. Mal hat Jan den Eindruck, Laurenz sei sein bester Freund. Denn manchmal geht Laurenz auf Jan gewinnend zu, erzählt, was in ihm vorgeht, und regt einen Konzertbesuch an. Wenn Jan an diese Erlebnisse anknüpft und seinerseits eine Einladung ausspricht, reagiert Laurenz zögernd. Jan kommt sich dann vor, als würde er Laurenz bedrängen oder vereinnahmen. Dann zieht sich Jan eine Weile zurück, bis das Spiel von Neuem beginnt. „Irgendwie ist es anstrengend", denkt sich Jan. „Warum entscheidet er sich nicht? Wir können Freunde sein, das ist für mich okay. Wenn nicht, kann ich auch damit leben."

Weigerung. „Gitti, wir sind doch beide unzufrieden, wie es hier läuft. Wenn wir gemeinsam zum Chef gehen, dann wird sich bestimmt etwas ändern."
„Denkst du?", zögert Gitti.
„Was soll denn passieren?", fragt Ingrid. „Schlimmstenfalls stellt er sich stur."
„Ich mache so etwas nicht gerne."

„Ich kann ja reden“, bietet Ingrid an. „Aber wenn wir beide kommen, hat das ein anderes Gewicht.“
„Ich würde lieber noch etwas abwarten“, sagt Gitti schnell. „Manchmal ändert sich ja von alleine etwas.“
Ingrid wird wütend. „Was soll sich denn ändern? Die letzten drei Jahre ist doch alles nur noch schlimmer geworden.“
Gitti zuckt mit den Achseln und lächelt schuldbewusst.

Fahnenflucht. Rolands Schülerin hat in dreister Weise abgeschrieben. Mit solchen Fällen gehen seine Kollegen unterschiedlich um. Manche werten nur die Aufgabe nicht, bei der abgeschrieben wurde. Roland würde seiner Schülerin aber lieber eine Sechs geben. Weil heute die Eltern schnell vor der Tür stehen, sichert er sich bei der Klassenlehrerin ab. „Klar“, sagt die. „Mach das.“
Als aber die Eltern tatsächlich Stress machen und mit dem Schulleiter drohen, kommt die Klassenlehrerin auf Roland zu: „Ich glaube, es wäre doch besser, wenn wir Chantal die Arbeit noch mal schreiben lassen würden.“
„Nachschreiben?“, empört sich Roland. „Dann belohnen wir sie doch mehr, als dass sie eine Konsequenz spürt.“
„Du hast recht“, sagt die Klassenlehrerin. „Aber so kochen wir das runter. Wir wollen ja nicht, dass die Eltern einen Aufstand machen und zum Schulleiter gehen.“

Vermeidung zeigt sich ganz unterschiedlich. Aber immer geht es um eines: Etwas macht Angst, sei es in Beziehungen oder in Aufgaben, und Betroffene gehen dem aus dem Weg, was ihnen Angst macht.

Erkennen Sie sich selbst

Die Beispiele zeigen auch, wie andere auf den Stachel Vermeidung reagieren. Meist ist es Enttäuschung, die Vermeidungsverhalten bei anderen auslöst. Manchmal verletzt es aber auch, weil sie sich andere abgewiesen oder im Stich gelassen fühlen. Andere werden wütend. Sie machen dann dem anderen Vorwürfe oder Druck. Schließlich gibt es Menschen, die sich zurückziehen und resignieren. Wenn Sie sich in dem Stachel Vermeidung wiederfinden, haben Sie solche Reaktionen sicher schon beobachtet. Daher holen Sie sich besser rechtzeitig eine Rückmeldung ein:

- „Ich bin in letzter Zeit vor der einen oder anderen Aufgabe zurückgeschreckt. Hast du trotzdem das Gefühl, dass du dich auf mich verlassen kannst? Oder hast du dich im Stich gelassen gefühlt?"
- „Manchmal schirme ich mich innerlich ab, wenn es mir zu viel wird. Kommt dann trotzdem rüber, dass ich dich schätze und offen für deine Anliegen bin?"
- „Wenn ich mich unsicher fühle, tauche ich manchmal für eine Weile ab. Ist das denn okay für dich?"

Aber wie gehen Sie damit um, wenn sich dabei die Enttäuschung eines anderen zeigt? Darauf antwortet der nächste Abschnitt, in dem es um Veränderung geht. Zunächst aber stelle ich Ihnen die lebensgeschichtlichen Gründe vor, die zur Vermeidung führen. Wo Ihnen die Ursachen klarer werden, können Sie sich anderen auch besser erklären. Meist geht es dabei um einen Mangel an Hilfe und Rückhalt, um erlernte Hilflosigkeit und um die Erfahrung von Aggression.

Ein Mangel an Hilfe und Rückhalt. Jeder Mensch kommt als schutz- und hilfsbedürftiges Wesen zur Welt. Ein Kind braucht verlässliche Bezugspersonen, die es schützen und die ihm in Schwierigkeiten beistehen. Wenn es geschützt wird, baut es ein Urvertrauen auf. Ein Kind jedoch, dem Schutz und Unterstützung fehlen, lebt in hoher Wachsamkeit. Es reagiert schnell mit Angst. Es lernt, Situationen aus dem Weg zu gehen, die unangenehm oder unüberschaubar sind. Dieses erlernte Reaktionsmuster kann sich auch später noch aktivieren.

Ein Kind, dem Schutz und Unterstützung fehlen, lebt in hoher Wachsamkeit. Es reagiert schnell mit Angst.

Als Erwachsene können wir uns besser schützen. Wir sind weniger auf andere angewiesen und können uns zur Not auch einmal alleine durchbeißen. Doch wer eine entsprechende Prägung hat, dessen Verhalten wird auch heute immer wieder einmal von Angst bestimmt.

Erlernte Hilflosigkeit. Manche Kinder werden ausreichend geschützt und unterstützt. Trotzdem entwickeln auch sie Ängste. Denn es gibt noch ein zweites Fundament, auf dem das Selbstvertrauen steht. Es ist die Grunderfahrung, selbst einen Einfluss auf die Welt und auf andere Menschen zu haben. „Wirkmächtigkeit" nennt das ein Begriff aus der tiefenpsychologischen Tradition. Die verhaltenstherapeutische Tradition benennt nur ihr Gegenteil: „erlernte Hilflosigkeit". Wenn Menschen Hilflosigkeit erlernt haben, dann klingt das so:

- „Da kann man nichts machen."
- „Egal, was ich mache, es ändert ohnehin nichts."
- „Er macht doch, was er will, da habe ich nichts zu sagen."

Natürlich gibt es vereinzelt Situationen oder Menschen, die sich nicht beeinflussen lassen. Aber in der Regel können wir beeinflussen, wie sich eine Situation entwickelt und was sich in unseren Beziehungen abspielt. Und selbst wenn sich einmal nichts ändert, können wir uns unabhängig machen. Wir können auch Konsequenzen ziehen, indem wir uns zum Beispiel distanzieren.

Aber wie entsteht erlernte Hilflosigkeit? Manchmal einfach durch das Lernen am Modell. Eltern haben manchmal selbst das Gefühl, nichts bewirken zu können. Diese Lebenseinstellung geben sie an ihre Kinder weiter. Darüber hinaus beobachten Kinder, dass Eltern vermeiden statt sich einer Herausforderung zu stellen. Kinder übernehmen dieses Modell dann unter Umständen.

In der Regel können wir beeinflussen, wie sich eine Situation entwickelt und was sich in unseren Beziehungen abspielt.

Aber Eltern können auch selbst zur Ursache von Hilflosigkeit werden: Dominante Eltern nehmen ihren Kindern den Einfluss aus der Hand. Manipulative Eltern verwirren die Gefühle und Wahrnehmungen ihrer Kinder. Dadurch hebeln sie auf subtile Weise deren Einfluss aus.

Kinder, die so geprägt sind, nehmen die Dinge nicht mehr selbst in die Hand. Sie lassen die anderen machen und werden zum Spielball anderer. Dadurch bestätigt sich die familiäre Erfahrung, dass man dem ausgeliefert ist, was geschieht. Einem Kind, das keinen Einfluss hat, bleibt nur das Vermeidungsverhalten. Es lässt sich lieber nicht auf Ungewisses ein und geht unangenehmen Situationen aus dem Weg.

Die Erfahrung von Aggression. Wieder andere Kinder haben allen Grund, sich zu fürchten. Sie sind dem Jähzorn, den Schlägen, der Willkür oder den bösen Worten ihrer Eltern hilflos ausgeliefert. Kinder entwickeln dann ausgeprägte Antennen für Gefahren. Sie nehmen schon die kleinsten Spannungen wahr und ziehen sich dann lieber zurück. Neben der leicht erkennbaren Aggression gibt es die subtilere aggressiver Nähe. Ein Elternteil erzwingt zum Beispiel einen Kuss, obwohl sich ein Kind sichtlich dagegen sträubt. Eine Mutter fragt aufdringlich nach den persönlichsten Dingen. Ein Vater lässt nicht zu, dass sich ein Kind nach einem Streit zurückzieht. Aggressive Nähe verbaut die Fluchtwege. Kindern bleibt dann oft nur der innere Rückzug. Sie gehen emotional auf Abstand, wo sie es mit ihrem Körper nicht können. Auch die Reaktionsmuster, mit denen sich Kinder vor Aggression schützen, setzen sich im Erwachsenenalter fort.

Wenn das Vermeiden Ihr Stachel ist, können Sie nun noch offener mit Ihren Schwächen umgehen. Lassen Sie ein wenig von der Geschichte durchscheinen, die Ihre Vermeidung hervorgebracht hat.

- „Wenn ich vor einer Aufgabe stehe, bekomme ich manchmal einen Schreck. Ich male mir dann aus, wie ich nicht mehr weiterkomme und dann niemand da ist, der mir hilft."
- „Ich glaube, ich hatte gerade die Stimme meiner Mutter im Ohr: ‚Das kannst du doch nicht. Lass mich mal machen.' Dann wünsche ich mir tatsächlich, dass es jemand anders macht."
- „Wenn du eine Erwartung ausspricht, dann komme ich manchmal so unter Druck, dass ich am liebsten fliehen würde. Das hat aber nichts mit dir zu tun."
- „Wenn du wütend bist, geht bei mir ein Rollladen runter und ich mache innerlich dicht. Ich kann das gar nicht bewusst steuern. Ich glaube, das habe ich als Kind entwickelt. Du weißt ja, wie es bei uns zu Hause manchmal ablief."

Solche Selbstoffenbarungen sollten Sie natürlich nicht gerade bei einem Bewerbungsgespräch einstreuen. Aber in vielen Situationen können Sie mit Ihren Schwächen offen umgehen. Offenheit macht es anderen leichter, Ihr Vermeidungsverhalten einzuordnen, darauf zu reagieren und es letztlich auch zu verzeihen.

Hier könnten Sie stehen bleiben und hätten bereits einiges erreicht. Aber der Weg führt noch weiter.

So ändern Sie Ihr Verhalten

Angst ist Teil Ihres Alarmsystems. Sie hindert Sie daran, Ihr Leben aufs Spiel zu setzen, etwa im Straßenverkehr. Angst hat Sie vielleicht gehindert, Drogen zu nehmen oder zu stehlen. Sie hat Sie davor bewahrt, sich in die Nähe unheimlicher Menschen zu begeben. Angst hat daher eine wichtige Signalfunktion. Sie schützt uns und verhilft uns zu klugen Entscheidungen.

Allerdings bestimmt Ihre Lebensgeschichte, wie Ihr Alarmsystem eingestellt ist. Wenn Sie sich in diesem Kapitel wiederfinden, ist Ihre seelische Alarmanlage sehr empfindlich eingestellt. Sie löst schon bei kleinen Gefahren einen Alarm aus. Außerdem läuten Ihre Alarmglocken manchmal so schrill, dass Sie gar nicht in Ruhe überprüfen können, ob es sich vielleicht um einen Fehlalarm handelt. Die Fluchtreaktion setzt schneller ein als eine Überprüfung der Lage.

Wenn Sie Vermeidungsverhalten abbauen wollen, bedeutet dies auch, Ihr persönliches Alarmsystem noch einmal zu eichen – so wie es Ihrem heutigen Leben und Ihren heutigen Möglichkeiten entspricht. Denn ob eine Situation bedrohlich ist, hängt auch von Ihren Fähigkeiten ab. Wenn ein Kind in einer fremden Stadt verloren geht, fürchtet es sich aus gutem Grund. Ein Erwachsener dagegen, der sich verirrt, braucht keine Angst zu haben. Wenn er sich dennoch fürchtet, erkennt sein Alarmsystem nicht, dass er inzwischen über die Fähigkeit verfügt, sich an einem unbekannten Ort zurechtzufinden. Auf dem Weg der Veränderung lernen Sie, Ihr Alarmsystem neu einzustellen. Außerdem lernen Sie, wie Sie sich schützen können, ohne einer Herausforderung aus dem Weg zu gehen.

Angst hat eine wichtige Signalfunktion. Sie schützt uns und verhilft uns zu klugen Entscheidungen.

Lernen Sie, sich zu schützen

Wo Sie bisher vermieden haben, da fehlt Ihnen Übung darin, sich auf andere Weise zu schützen. Wie das praktisch wird, betrachten wir zunächst für Beziehungen und später für Aufgaben.

In **Beziehungen** kann man sich von folgenden Erfahrungen bedroht fühlen:

- aggressivem Verhalten ausgesetzt sein
- eine zudringliche Nähe erleben
- ausgenutzt, erpresst, getäuscht werden
- verletzt, beschämt oder abgewertet werden
- beschuldigt werden
- abgelehnt, missachtet oder im Stich gelassen werden

Weil kein Mensch vollkommen ist, machen Sie solche Erfahrungen, wenn Sie mit anderen zusammenarbeiten oder sich auf nahe Beziehungen einlassen. Deshalb gehört zur Teamfähigkeit auch die Fähigkeit, sich abzugrenzen. Genauso gehört zur Beziehungsfähigkeit auch das Vermögen, sich vor den Schwächen anderer zu schützen. Dabei kommt es vor allem auf zwei Aktivitäten an: Grenzen setzen und gute Bedingungen für das Miteinander aushandeln.

Nein sagen und Grenzen setzen. Auch wenn Sie zuverlässig sind, müssen Sie anderen natürlich nicht jeden Wunsch erfüllen. Jeder, der sich in Beziehungen öffnen will, braucht diese Sicherheit: „Ich darf auch einmal Nein sagen. Zur Not kann ich auch dann bei meinem Nein bleiben, wenn es einem anderen nicht gefällt.“ Diese Schlacht wird zuerst in Ihrem Herzen gewonnen. Wenn Sie selbst von Ihrem Nein überzeugt sind und den Mut aufbringen, es nötigenfalls zu verteidigen, dann gelingt der Rest vergleichsweise leicht. Das zeigt auch folgendes Beispiel.

> Zur Teamfähigkeit gehört auch die Fähigkeit, sich abzugrenzen. Zur Beziehungsfähigkeit gehört auch das Vermögen, sich vor den Schwächen anderer zu schützen.

Laura hat sich zu einem Nein durchgerungen, auch wenn es ihr noch ein wenig Schuldgefühle macht. Als introvertierter Mensch braucht sie nicht so viel Kontakt wie ihre Freundin Marla. Die meldet sich oft und ist enttäuscht, wenn Laura das nicht auch tut. Laura fasst sich ein Herz und spricht es offen an: „Marla, wenn wir uns alle ein, zwei Wochen sehen, finde ich das total schön. Die Freundschaft zu dir bereichert mich sehr. Aber mehr kann ich dir nicht versprechen. Manchmal muss ich mich einfach mal für ein Wochenende zurückziehen. Sei mir also nicht böse, wenn ich mich mal eine Woche lang nicht melde."
Laura spürt, dass Marla ihr Rückzugsbedürfnis nicht ganz verstehen kann, aber sie akzeptiert Lauras Grenze und beschwert sich nicht mehr, wenn eine kurze Funkstille herrscht. Laura bekommt dann selbst wieder Lust sich zu melden. Seit dieser Aussprache fühlt sie sich nicht mehr so bedrängt. Früher hat sie berufliche Stresszeiten zum Vorwand genommen, um sich für mehrere Wochen aus der Beziehung zurückzuziehen.

Nicht immer läuft es so glatt wie in diesem Beispiel. Wenn Ihr Nein einen wunden Punkt trifft, können andere auch einmal mit einem Vorwurf reagieren oder Druck ausüben. Das auszuhalten ist der Preis für ein Nein, den man manchmal bezahlen muss. Die Stressreaktion anderer geht nach kurzer Zeit vorüber und Sie dürfen im Nachhinein mit Akzeptanz rechnen. Wenn Sie anderen nicht jeden Wunsch erfüllen und nicht jeder Erwartung entsprechen müssen, werden Sie sich in Beziehungen sicher fühlen.

Doch Sie benötigen noch eine weitere Fähigkeit, die Sie schützt. Denn wir werden nicht nur mit Wünschen und Erwartungen konfrontiert, sondern auch mit Verhaltensweisen, die uns unangenehm sind. Mit anderen Worten: Sie bekommen die Stacheln der anderen zu spüren. Andere brauchen daher unsere Rückmeldung, wann uns ein Verhalten unangenehm wird. Dabei markieren wir unsere Grenzen – Schmerzgrenzen, Schamgrenzen, Belastungsgrenzen, Toleranzgrenzen und die Grenze dessen, was wir noch lustig und geschmackvoll finden und was nicht mehr.

In einfachen Ich-Botschaften können Sie ansprechen, wo Ihre Grenzen verlaufen.

- „Wenn du so lange redest wie eben, dann fühle ich mich irgendwie überrollt und merke, wie ich innerlich abschalte."
- „Wenn du für mich entscheidest, ohne mich zu fragen, dann fühle ich mich übergangen."
- „Wenn du mich anderen gegenüber kritisierst, statt mit mir zu reden, dann fällt es mir schwer, dir zu vertrauen."

Bei den meisten Menschen genügt es, wenn Sie Ihre Grenze einfach sichtbar machen. Andere werden in aller Regel Ihre Grenze akzeptieren. Sie brauchen vielleicht von Zeit zu Zeit einmal eine Erinnerung daran. Auch die Erfahrung, dass Ihre Grenzen respektiert werden, wird Sie sicherer in Beziehungen machen. Sie genießen nun den Schutz, für den bisher Ihr Vermeidungsverhalten gesorgt hat. Doch Sie können nun anderen nahe sein und bleiben, was die Vermeidung in manchen Beziehungen verhindert hat.

Andere brauchen unsere Rückmeldung, wann uns ein Verhalten unangenehm wird.

Nur wenige Menschen missachten Ihre Grenzen hartnäckig. Den Umgang mit ihnen habe ich in dem Buch „Stachlige Persönlichkeiten" beschrieben. Manchmal bestehen so starke Interessenskonflikte, dass die Wünsche anderer in einen Widerstreit mit Ihren Grenzen geraten. Dann stellt sich eine weitere Herausforderung.

Bedingungen klarmachen und Konsequenzen finden. Laura hat die gute Erfahrung mit Marla ermutigt. Deshalb spricht sie bald darauf mit Felicia, die auch oft mehr Kontakt erwartet als Laura leisten kann und will. Doch Felicia hat als Kind Verlassenheit erlebt. Sie weint bei der Aussprache: „Wenn wir länger keinen Kontakt haben, dann werde ich unruhig. Ich frage mich, ob ich vielleicht etwas falsch gemacht habe und du ärgerlich auf mich bist oder ob ich dich enttäuscht habe. Ich habe Angst, dass unsere Beziehung zerbricht." Lauras Grenzen und Felicias Bedürfnisse stehen im Gegensatz zueinander. Die Vermeidung könnte hier triumphieren und sagen: „Siehst du, Laura. Ich habe es dir ja immer schon gesagt. Wenn du dich auf tiefere Beziehungen einlässt, dann wird es furchtbar kompliziert und du sitzt in der Falle. Deshalb lass es, Laura. Zieh dich zurück, halte die Beziehung oberflächlich, das ist sicherer."

Aber das ist keine notwendige Schlussfolgerung. Stattdessen kann Laura verhandeln. Dazu muss sie sich aber erst einmal selbst über ihren Standpunkt klar werden. Auch wenn Laura Verständnis für Felicias Gefühle hat, braucht sie dafür nicht Verantwortung zu übernehmen. Felicia könnte an ihrer Prägung arbeiten, sodass sie Verlassenheitsgefühle nicht mehr so schnell quälen. Oder sie könnte sich Freundinnen suchen, die gerne enge Beziehungen pflegen.

Ein möglicher Standpunkt wäre also: „Mehr Freundschaft kann ich Felicia leider nicht anbieten. Sie muss sich entscheiden, ob sie die Freundschaft trotzdem weiterführen will oder nicht. Wenn Felicia an unserer Freundschaft festhält, dann darf sie mich nicht immer wieder mit schmerzlichen Gefühlen konfrontieren."

Ein anderer Standpunkt könnte den Kompromiss suchen: „Felicia, ich kann unsere Freundschaft leider nicht intensiver pflegen. Das schaffe ich einfach nicht. Aber wenn du unsicher wirst, schick mir doch einfach eine SMS. Dann kann ich dir antworten: ‚Mag dich. Alles o.k. Freue mich aufs nächste Mal.' Würde dir das denn helfen?"

Vielleicht sind Sie es nicht gewohnt, mit anderen Menschen so offen zu verhandeln. Aber wenn Sie es wagen, werden Sie viele überraschende und befreiende Erfahrungen machen. In aller Regel lassen sich Kompromisse finden, mit denen sich beide Seiten wohlfühlen. Nur selten stehen die Interessen so hart gegeneinander, dass sie eine Beziehung oder die Zusammenarbeit infrage stellen. Aber auch diese letzte Möglichkeit gibt Sicherheit. Wenn es gar nicht anders geht, darf man sich auch aus einer Beziehung oder der Zusammenarbeit lösen. Wo das aus familiären oder beruflichen Gründen nicht möglich ist, kann man sich vom andern so unabhängig wie möglich machen und die Beziehung distanzierter führen. Aber meist sind es nur kleine Zugeständnisse, die Sie aushandeln müssen, um sich in einer Beziehung wieder wohlzufühlen.

Von **Aufgaben** gehen andere Bedrohungen aus. Aufgaben können uns

- überfordern, erschöpfen oder auf Dauer sogar krank machen
- in eine Blamage führen
- schuldig machen, wenn wir einer Verantwortung nicht gerecht werden
- dem Risiko aussetzen, Zeit und Geld zu verlieren oder uns andere unangenehme Konsequenzen einzuhandeln

Auch im Umgang mit Aufgaben können Sie sich schützen. Dabei helfen Ihnen besonders folgende zwei Strategien: Erwartungen klären und Entkatastrophisieren.

Erwartungen klären. Fragen Sie einfach Ihre „Auftraggeber" – Kollegen, den Chef, Ihre Familie, Freunde oder Nachbarn: „Wie soll das Ergebnis aussehen? Was machen wir, wenn Schwierigkeiten auftreten? Könnten wir auch mit einem Teilerfolg leben?" Dabei bemerken Sie, ob andere realistische Erwartungen haben. Oft werden Sie Sätze wie diesen hören: „Mach dir keine Gedanken. Fang einfach an. Wenn es läuft, dann läuft es. Wenn es Probleme gibt, dann schauen wir einfach gemeinsam, wie es weitergeht." Realistische Erwartungen werden Ihnen Sicherheit geben.

Nur gelegentlich werden Sie feststellen: „Da hat jemand überzogene Erwartungen." Dann stehen Sie einem Beziehungsproblem gegenüber. Hier können Sie die Strategien des vorangegangenen Abschnitts einsetzen: Nein sagen und Grenzen setzen, Bedingungen klarmachen und Konsequenzen finden.

Entkatastrophisierung. Ein weiterer Selbstschutz hat nicht mit anderen zu tun, sondern mit Ihnen selbst. Manchmal muss man sich vor der eigenen Stressreaktion schützen. Wenn Sie sensibel für Gefahren sind, dann stehen Ihnen Szenen von möglichen Katastrophen vor Augen: Sie verhaspeln sich bei der Präsentation und kommen ins Stottern; Sie sitzen mit leerem Kopf am Schreibtisch und bekommen nichts zu Papier; Sie legen bei der Installation eines Programms den ganzen Computer lahm; das anvertraute Kind läuft vor ein Auto.

Entkatastrophisierung beginnt mit folgender Frage: Wie wahrscheinlich ist denn, dass so etwas eintritt? Ist Ihnen – oder Menschen in Ihrem Umfeld – schon einmal etwas Vergleichbares passiert?

Bei vielen Situationen hilft es auch, die Katastrophe zu Ende zu denken. Was wäre denn, wenn ich mich tatsächlich verfahre und der Zeitplan durcheinanderkommt? Hätten die anderen nicht Verständnis für eine Verspätung? Was wäre, wenn ich bei der Präsentation tatsächlich den Faden verliere und ins Stottern komme? Würden die Kolleginnen und Kollegen nicht aufmunternd nicken und mir mit einer Frage aus der Verlegenheit helfen? Meist sind die Konsequenzen gar nicht so schlimm, selbst wenn die befürchtete Katastrophe eintritt. Wenn übervorsichtige Menschen die Katastrophe zu Ende denken, kommen Sie daher oft zu dem Schluss: „Auch danach würde das Leben wieder weitergehen."

Halten Sie der ängstlichen Seite in sich jenen natürlichen Optimismus entgegen, ohne den unsere Zivilisation nie entstanden wäre.

Eine Ausnahme gibt es allerdings: traumatische Situationen. Die sollten Sie nicht zu Ende denken, etwa eine Vergewaltigung, ein schwerer Verkehrsunfall oder dass ein Kind Schaden nimmt. Hier hätte kein Mensch die Sicherheit, wie das Leben weitergeht. Hier sollten Sie sich wie eine gute Mutter zur Zuversicht zwingen und die Aufmerksamkeit auf positive Dinge lenken. Wenn ein Kind starke Schmerzen hat, fragt es seine Mutter vielleicht: „Ist es etwas Schlimmes?" Wahrheitsgemäß müsste die Mutter antworten: „Es ist zwar unwahrscheinlich, aber es könnte sein, dass du nicht mehr lange lebst." Eine gute Mutter würde sich aber auf die Seite der Zuversicht schlagen: „Nein, mein Schatz, bald geht es dir wieder gut." So wie Zuversicht eine Verpflichtung der Eltern ist, ist sie es auch gegenüber Ihnen selbst. Halten Sie der ängstlichen Seite in sich jenen natürlichen Optimismus entgegen, ohne den unsere Zivilisation nie entstanden wäre.

Mit dem Selbstschutz haben Sie ein erstes Mittel entdeckt, das Ihnen Sicherheit gibt und Sie Angst überwinden lässt. Ein zweites Mittel liegt in der Unterstützung durch andere Menschen.

Suchen Sie sich Rückhalt

In einer Psychotherapie spielen Stacheln eine zweifache Rolle. Einmal verursachen sie oft die Probleme, wegen derer Menschen in Therapie kommen. Zum andern wirken sich Stacheln auch auf den Therapieprozess und die therapeutische Beziehung aus. Wenn sich Menschen durch den Stachel Vermeidung schützen, komme ich ihnen anfangs nicht nahe. Ich kann ihnen dann nur schwer einen Rückhalt geben. Manchmal gehen Ratsuchende dann die anstehenden Schritte in ihrem Leben einfach nicht. Oder sie schrecken vor den therapeutischen Hausaufgaben zurück. Wenn ich dann nachfrage, erfahre ich, dass sie an einer Stelle überfordert waren, aber nicht auf die Idee gekommen sind, sich von mir mehr Hilfe zu holen. Oft braucht es dann eine ganze Weile, bis sich der Veränderungsprozess als Teamwork gestaltet. Ratsuchende gehen Schritte, wo sie in der Lage dazu sind. Wenn es aber zu schwierig wird, überlegen wir gemeinsam Lösungen, schalten Zwischenschritte ein oder trainieren schwierige Dinge in Rollenspielen oder Vorstellungsübungen.

Falls Sie auch zum Einzelkämpfertum neigen, könnte das eine entscheidende Hilfe für Sie sein: Holen Sie sich den Rückhalt anderer Menschen, wenn es zu schwierig, bedrohlich oder anstrengend wird.

Oft genügen schon der Rat oder die Erfahrungen anderer, damit Sie sich sicherer fühlen. Bei vielen Aufgaben genügt eine kleine Hilfestellung, den Rest kann man dann alleine bewältigen. Meist geht es vor allem um den Stress und die emotionale Belastung. Wenn Sie dabei ein offenes Ohr und Verständnis finden, werden Sie staunen, wie viel Sie aushalten können. Allerdings ist es dabei wichtig, dass Sie nicht nur über das Problem sprechen, sondern vor allem über die Gefühle, die es bei Ihnen auslöst. In Belastungssituationen müssen die Gefühle gesehen und verstanden werden. Sie brauchen ein Ventil, um zu entweichen. Wenn Sie ein Mann sind und in Ihrem Umfeld nicht viel über Gefühle geredet wird, können Sie sich in lockeren Sprüchen ausdrücken. Vielleicht platzen Sie fast (Druck und Anspannung), Ihnen geht das Messer in der Tasche auf (Zorn), Sie fühlen sich bis auf die Knochen blamiert (Scham), Sie fühlen sich über den Tisch gezogen (Ohnmacht) oder bekommen Schweißausbrüche, wenn Sie nur an etwas denken (Angst). Sie werden bald bemerken: Auch wortkarge Männer verstehen intuitiv, wie es Ihnen geht.

Viele Herausforderungen des Lebens können wir nur bewältigen, wenn wir von anderen Unterstützung bekommen. Wo wir uns den Rückhalt anderer holen, müssen wir vor Konflikten und schwierigen Aufgaben nicht fliehen.

Es gibt allerdings noch eine andere, gegensätzliche Art von Vermeidungsverhalten, der ich als Psychotherapeut begegne. Manche Ratsuchende können ihren Wunsch nach Hilfe gut ausdrücken. Sie öffnen sich für meine emotionale Unterstützung und nehmen meine Anleitung in Anspruch. Das wirkt vielversprechend. Doch bald merke ich, wie ich selbst immer aktiver werde, ein Ratsuchender aber immer passiver wird. Dann wirkt es, als sollte ich jemandem Entscheidungen abnehmen und dessen Leben in die Hand nehmen. Darin spiegelt sich eine lebensgeschichtliche Prägung. Die einen werden mit schwierigen Situationen alleinegelassen, anderen werden schwierige Situationen aus der Hand genommen. Menschen mit der zweiten Prägung delegieren schwierige Dinge dann an andere.

In einer Psychotherapie muss ich mich dem Teamwork dann von der anderen Seite nähern: Ich muss erläutern, wann meine Unterstützung endet und wo jemand das Übrige dann eigenverantwortlich fortsetzen muss. Auch das bahnt eine korrigierende Erfahrung: „Ich kann schwierige Situationen meistern, wenn ich ab und zu auf Hilfe zurückgreifen kann. Mit etwas Starthilfe kann ich alleine weitermachen."

Wenn Sie sich zwischenmenschlichen Rückhalt suchen, sollten es daher auf keinen Fall Personen sein, die Ihnen Entscheidungen oder Aufgaben abnehmen. Sie brauchen vielmehr Menschen, die Ihnen etwas zutrauen und die aus der eigenen Erfahrung wissen, dass vieles mit ein wenig Unterstützung leichter geht.

Ihr persönliches Umfeld können Sie als Netzwerk sehen, das sie mit Menschen verbindet, die die unterschiedlichsten Fähigkeiten haben. Vermutlich kennen Sie handwerklich Begabte, Computerbegeisterte und Personen aus sozialen Berufen. Jeder hat seine speziellen Kenntnisse und Erfahrungen. Wer wäre nicht zu einem Rat oder einer kleinen Hilfestellung bereit? Vielleicht kennen Sie auch jemanden, der im Personalrat seiner Firma arbeitet – ein idealer Ansprechpartner für ein kniffliges berufliches Problem. Vielleicht gibt es in Ihrem Bekanntenkreis eine Krankenschwester, die aus vielen Jahren Berufserfahrung weiß: Manchmal kann man nichts ändern, man muss Schweres irgendwie zusammen durchstehen. Vielleicht müssen Sie sich nur vor Augen führen, wie groß der Rückhalt ist, aus dem Sie schöpfen können.

Wenn Sie sich selbst schützen und zwischenmenschlichen Rückhalt finden, stehen Sie auf einer sicheren Basis. Von hier aus können Sie sich der Angst stellen.

Führen Sie sich selbst

Wer kennt das Dilemma nicht: Auf der einen Seite steht die Überzeugung, was gut und richtig ist. Auf der anderen Seite steht das Unbehagen, weil das Gute und Richtige oft ihren Preis haben. Wir brauchen daher die Fähigkeit, unseren Überzeugungen auch dann zu folgen, wenn es unangenehm wird: Selbstdisziplin. Wenn Sie zum Vermeiden neigen, kann diese Tugend über Ihre Zukunft entscheiden. Vielleicht sind Sie in vielen Bereichen Ihres Lebens diszipliniert. Dann gilt es, die Disziplin behutsam auf die Bereiche zu übertragen, in denen Sie etwas vermeiden.

> Wir brauchen die Fähigkeit, unseren Überzeugungen auch dann zu folgen, wenn es unangenehm wird: Selbstdisziplin.

Wenn sich Erwachsene in Selbstdisziplin üben, dann tun sie dies auf die gleiche Weise, wie es Kinder tun. Sie bauen Zielstrebigkeit, Selbstkontrolle und Frustrationstoleranz auf. Druck führt Kinder allerdings nicht zu Selbstdisziplin, sondern in Blockaden – jenen Zustand, in dem Druck und Angst entgegengesetzte Kräfte ausüben. Vielmehr brauchen sie positive Anreize und einen langsam ansteigenden Schwierigkeitsgrad. Kinder müssen aber auch vor Überforderung geschützt werden. Von diesen Lernprinzipien können Sie profitieren, wenn Sie sich selbst besser führen wollen.

Schritt für Schritt vorgehen

Wie man Schritt für Schritt vorgeht, zeigt folgendes Beispiel, das mir schon vielfach bei Ehepaaren begegnet ist.

Eberhard ist ein introvertierter, praktischer Mensch, der noch nie viele Worte gemacht hat. Marie-Luise dagegen ist mitteilsam. Sie würde gerne erfahren, was Eberhard beschäftigt, wie ihm gemeinsame Erlebnisse gefallen haben und wie ihn die Lebenswege der Freunde berühren. Seine knappen Antworten enttäuschen sie. Eberhard ist frustriert, weil er es Marie-Luise nicht recht macht. Er zieht sich oft zurück. In Situationen, in denen er nicht ausweichen kann – etwa bei Mahlzeiten oder im Auto – fühlt sich Eberhard unter Druck. Er versucht manchmal, es Marie-Luise recht zu machen, kommt sich dabei aber wenig erfolgreich vor.
Wenn wir lernpsychologisch auf dieses Problem schauen, kommen wir zu einer einfachen Diagnose: Eberhard ist schlicht überfordert. Die Kommunikation mit seiner Frau über die persönlichsten Themen ist noch zu schwierig. Frust und Misserfolge sind vorprogrammiert.
Erst als sich Eberhard andere Übungsfelder sucht, kommt etwas in Bewegung. Er trifft sich hin und wieder mit Männern und besucht einen Männergesprächskreis. Die emotionalen Erwartungen sind hier längst nicht so hoch wie die von Marie-Luise. Es fällt Eberhard leichter sich mitzuteilen. Irgendwie sind Männer auch leichter zu verstehen als seine Frau.
Nach einigen Wochen fallen Marie-Luise Veränderungen auf: „Was ist los, Eberhard? Hast du was getrunken? Heute erfahre ich ja mehr von dir als in den letzten fünf Jahren zusammen." Die Übung unter einfacheren Bedingungen hat Eberhard so sicher gemacht, dass er auch im belasteten Feld der ehelichen Kommunikation mehr gewagt hat.

Es gibt kaum eine Herausforderung, die man nicht unter leichteren Bedingungen üben könnte. Vieles lässt sich in mehrere Schritte zerlegen. Dann übt man den einfachsten zuerst.

Die Pro-und-Kontra-Liste

Wer genau hinsieht, bemerkt: Vermeidung tritt immer wie ein Zwillingspaar auf. Neben dem Vermeidungs*verhalten* gibt es auch die Vermeidung im Kopf. Wer zum Beispiel eine unangenehme Akte in der Schublade verschwinden lässt, zeigt Vermeidungsverhalten. Erleichternd ist das nur, wenn zusätzlich eine gedankliche Vermeidung einsetzt. Man muss auch die Konsequenzen des Vermeidungsverhaltens ausblenden. Andernfalls würde die Angst vor dem bevorstehenden Ärger bald größer werden als die Angst vor der Akte. Genau dies können Sie als Veränderungshebel nutzen.

Bertram arbeitet auf dem Sozialamt und hat in den letzten Jahren gehörig Ärger bekommen, weil sich jemand wegen langer Bearbeitungszeiten beschwert hat. Bertram ist jetzt unter Druck, bloß nicht wieder etwas aufzuschieben. Um die Motivation zu steigern, erarbeiten wir eine Liste mit negativen Konsequenzen, die das Aufschieben hat:

- Es gibt ein dickes Ende.
- Die Bearbeitung eines Falles dauert fast doppelt so lang, wenn man ihn erst nach Wochen wieder aufgreift.
- Die Akte erzeugt ein diffuses, ungutes Gefühl.
- Unerledigtes schwächt Bertrams berufliches Selbstbewusstsein.
- Bertram wird von Anrufen und E-Mails aufgehalten, die nach dem Stand der Dinge fragen.

Wenn man alle Aussagen umkehrt, sieht man die positiven Folgen, die es hat, wenn Bertram auch die unangenehmen Dinge angeht. Zugegeben – das Aufschieben hat auch Vorteile:

- Bertram muss sich an einem stressigen Tag nicht auch noch mit etwas Unangenehmem belasten.
- Ganz selten erledigt sich ein Fall, weil sich die Lebensumstände eines Antragstellers ändern.
- Beim Abwarten hat Bertram manchmal noch eine gute Idee oder ein Kollege hat einen ganz ähnlichen Fall, von dem Bertram lernen kann.

Trotzdem zieht Bertram die Bilanz: Insgesamt ist es viel besser, Unangenehmes rechtzeitig zu erledigen. Bertram wundert sich, dass sein Drang zum Aufschieben schwächer wird. Sein Bewusstsein über die Konsequenzen wirkt sich emotional aus.

Eine einfache Pro-und-Kontra-Liste motiviert bereits, auch unangenehme oder bedrohliche Dinge anzugehen.

Experimentelle Selbstkonfrontation und korrigierende Erfahrungen

Ein Problem des Vermeidungsverhaltens veranschaulicht folgender Witz. Ein Mann steht in der Fußgängerzone und klatscht ausdauernd mit den Händen. Ein Passant wundert sich: „Darf ich fragen, warum Sie hier klatschen?"

„Ich vertreibe die Elefanten", antwortet der Mann.

„Aber hier gibt es doch überhaupt keine Elefanten."

„Ja, sehen Sie", triumphiert der Mann. „Es wirkt."

Ob tatsächlich eintritt, was man befürchtet, erfährt man erst, wenn man seine Vorsichtsmaßnahmen aufgibt. Stellen Sie sich doch einmal einer unangenehmen Situation und betrachten dies als Experiment. Tritt tatsächlich ein, was Sie befürchten?

Gitti kommt sich feige vor. Vielleicht wäre es doch besser, mit Ingrid zum Chef zu gehen. Aber was könnte alles passieren? Der Chef könnte hinterher sauer sein und Gitti schikanieren. Er könnte einen Grund für eine Abmahnung suchen. Er könnte Gitti unfreundlich behandeln und sie spüren lassen, dass sie unten durch ist. Vom Kopf her ist ihr aber klar: All das ist ziemlich unwahrscheinlich, noch nie hat sie bei ihrem Chef ein solches Verhalten beobachtet.
Gitti überwindet sich und bringt zusammen mit Ingrid ihre Beschwerde vor. Begeistert reagiert der Chef nicht gerade, er macht aber ein Zugeständnis, das die Arbeit spürbar erleichtert. In den nächsten Tagen ist der Chef allerdings reserviert und grüßt knapp. „Siehst du", klagt Gitti. „Jetzt hat er uns bestimmt auf dem Kieker."

„Quatsch", beruhigt Ingrid. „Vielleicht ist er einfach etwas unsicher." Tatsächlich wird das Verhältnis bald wieder netter.
Gitti macht das nachdenklich. Beinahe hätte sie aus Angst gekniffen und sich um die gute Erfahrung gebracht. Psychologisch gesehen hat Gitti eine korrigierende Erfahrung gemacht, die sogar lebensgeschichtliche Prägungen verändern kann. Dazu müsste Gitti solche Experimente allerdings wiederholen.

Auch wenn ein Experiment nicht so positiv verläuft wie bei Gitti, kann das Ergebnis trotzdem befriedigen. Nehmen wir an, Gittis Chef hätte den Stachel Bestrafen ausgefahren. Dann hätte er Gitti vielleicht durch abweisendes Verhalten bestraft und ihr das Gefühl gegeben, dass sie etwas falsch gemacht hat. Aber auch dann kann man eine positive Bilanz ziehen. Erstens ist das Zugeständnis die dicke Luft wert. Zweitens ist Gitti stark genug, einer Bestrafung zur Not auch standzuhalten. Und drittens ist der Konflikt irgendwann durchgestanden und die Situation normalisiert sich wieder. Wer auch einmal Unangenehmes durchstehen kann, muss schwierigen Situationen nicht aus dem Weg gehen.

Rechenschaft

Es gibt noch ein viertes Mittel, mit dem Sie Ihr Vermeidungsverhalten selbst aushebeln können. Suchen Sie sich eine Person, gegenüber der Sie sich festlegen und vor der Sie Rechenschaft ablegen. Diese Strategie wird in der Suchtbehandlung eingesetzt. Denn Abhängige verlieren immer wieder die Kontrolle über ihr Verhalten. Weil auch Angst zum Kontrollverlust führt, ist die Rechenschaft auch hier eine hilfreiche Strategie.

„Bei unserem nächsten Treffen spreche ich es an", nimmt sich Isa vor. „Ich sage Svenja, wie sehr es mich stört, dass sie mir so oft ins Wort fällt. Wenn ich das nicht tue, dann ziehe ich mich bestimmt irgendwann zurück."
„Soll ich dich fragen, ob du es geschafft hast?", fragt Laura.
„Oh weh", sagt Isa. „Dann ist es ja peinlich, wenn ich mich drücke. Aber vielleicht hilft es mir ja, nicht auszuweichen."
Schon einen Tag vor der Begegnung mit Svenja steigt ein ungutes

Gefühl in Isa auf. Die Angst beginnt ihr Denken zu verändern: „Vielleicht ist es kleinlich, ein Beziehungsgespräch zu führen, nur weil Svenja sie ab und zu unterbricht. Soll man seine Freunde nicht annehmen, wie sie sind?"
Zu allem Überfluss wirkt Svenja bedrückt, als sie sich treffen. Soll Isa nicht auf einen besseren Moment warten? Sie hätte sich schon fast fürs Abwarten entschlossen, als ihr Laura einfällt. Die wird sofort durchschauen, dass sich Isa gedrückt hat. Also fasst sich Isa ein Herz: „Mal was anderes: Normalerweise schlucke ich Dinge ja eher, statt darüber zu reden …"

Wer würde einem eine solche Rechenschaft abschlagen, wie sie Laura angeboten hat? Sie können das in eine Frage wie diese kleiden: „Ich will etwas in Angriff nehmen und weiß aus Erfahrung, dass ich mich da gerne drücke. Könntest du hinterher nachfragen, ob ich …"

Als Therapeut übernehme ich häufig die Funktion eines Rechenschaftspartners. Es kommt nur selten vor, dass jemand in die nächste Stunde kommt und die Herausforderung nicht gemeistert hat. Manchmal gibt es natürlich Hinderungsgründe. Nehmen wir an, Svenja hätte gerade mit ihrem Freund Schluss gemacht, dann hätte Isa ihr Thema natürlich noch einmal zurückgestellt.

Mit gut dosierten Übungen, der Pro-und-Contra-Liste, der experimentellen Selbstkonfrontation und der Rechenschaft stehen Ihnen wirksame Strategien zur Verfügung, mit denen Sie Angst und Vermeidungsverhalten überwinden. Sie werden immer mehr in Einklang mit Ihren Überzeugungen leben. In Ihren Beziehungen und Ihren Aufgaben werden Sie tun, was Sie für richtig halten, auch wenn Sie dabei ängstlich oder unsicher sind. Es bleiben wenige Situationen und Menschen, die Sie aus Überzeugung meiden, weil sie Ihnen nicht guttun. Das trifft besonders den folgenden Personenkreis.

Meiden Sie Menschen, die nicht vertrauenswürdig sind

Wenn Vermeidung Ihr Stachel ist, dann ist Sicherheit Ihr Lebensthema. Sie brauchen etwas mehr Sicherheit als andere. Nur von einer sicheren Basis aus kann man auch mutig vorangehen. Einige Menschen versetzen dem Sicherheitsgefühl schwere Schläge. Es sind unberechenbare, unzuverlässige, manipulative oder ausbeuterische Menschen. Wem ein Urvertrauen in die Wiege gelegt ist, der kann auch Vertrauensbrüche verkraften, ohne dass sich sein Lebensgefühl verändert. Wer allerdings kein tiefes Vertrauen in sich, andere und die Welt hat, sollte die Erfahrung von Vertrauensbrüchen möglichst meiden.

Wem ein Urvertrauen in die Wiege gelegt ist, der kann auch Vertrauensbrüche verkraften, ohne dass sich sein Lebensgefühl verändert.

Menschen, die folgende Verhaltensweisen zeigen, sollten Sie zu Ihrer persönlichen No-go-Zone erklären:

- Unehrlichkeit
- Täuschung
- Machtmissbrauch
- Jähzorn
- ein plötzlicher Umschwung in der Haltung gegenüber Menschen
- das Brechen zwischenmenschlicher Spielregeln
- das Ausnutzen von Menschen, die in einem Abhängigkeitsverhältnis stehen

Menschen, die Vertrauen brechen, sind keine Monster. Sie können charmant und großzügig sein. Trotzdem sollten Sie den Umgang mit ihnen meiden, wo immer das möglich ist. Wo es nicht möglich ist, können Sie sich innerlich distanzieren. Sie beschränken sich auf eine oberflächliche Höflichkeit und Freundlichkeit. Sie arbeiten dort zusammen, wo es nicht anders geht. Sie investieren aber weder Ihr Herz, Ihr Geld noch Ihre Zeit und auch nicht Ihr Vertrauen.

Vielleicht werden Sie an Ihrem Urteil zweifeln, wenn Sie solche Vorsichtsmaßnahmen treffen. Aber warten Sie ein paar Monate ab, was andere mit dem Vertrauensbrecher erleben. Wahrscheinlich wird sich Ihre anfängliche Vorsicht bestätigen. Falls Sie doch einmal zu kritisch waren, können Sie ja wieder Vertrauen investieren.

In diesem Abschnitt haben Sie bewährte Strategien gefunden, die Ihnen einen wirksamen Selbstschutz ermöglichen, dabei aber helfen, Angst und Vermeidung zu überwinden. Wenn Sie noch weiter gehen, begeben Sie sich auf einen spirituellen Weg. Auf diesem entdecken Sie ein Vertrauen, das bis in die Tiefe Ihrer Persönlichkeit reicht.

Gehen Sie einen spirituellen Weg

Angst übt eine starke Macht über Menschen aus. Sie übernimmt die Kontrolle über das Verhalten. Weil Angst von Menschen Besitz ergreift, benötigen wir auch ein machtvolles Gegenmittel. Der christliche Glaube führt hier sein stärkstes Geschütz auf. Für den falschen, ungesunden Selbsterhaltungstrieb hält er die radikalste Lösung bereit: den Tod.

Jesus gebraucht dafür ein Bild, das ebenso einladend wie beunruhigend ist: „Ich sage euch: Wenn das Weizenkorn nicht in die Erde fällt und stirbt, bleibt es ein einzelnes Korn. Wenn es aber stirbt, bringt es viel Frucht" (Joh 12, 24). Für Jesus selbst hat dieses Bild eine wörtliche Bedeutung. Er stirbt am Kreuz und erfährt in der Auferstehung Gottes verwandelnde, Leben schenkende Kraft. Doch das Bild hat auch eine übertragene Bedeutung: Es gibt auch einen Tod auf geistiger Ebene, der Menschen befähigt, die Fesseln des Selbsterhaltungstriebes zu lösen. Dann treten Menschen in eine Freiheit, die sie zur Liebe befähigt, zu verantwortungsvollem Einsatz und zum Widerstand gegen das Böse.

Vor diesem Hintergrund erschließt sich jener Teil der Lehre Jesu, der lebensfeindlich wirken könnte. Jesus sagte zu seinen Schülern: „Wenn jemand mein Jünger sein will, muss er sich selbst verleugnen, sein Kreuz auf sich nehmen und mir nachfolgen" (Mt 16,24). Tatsächlich hat sich eine lebensfeindliche Einstellung in der Kirche auf solche Worte gestützt. Wie leicht lassen sich damit Genuss, Lebensfreude und eine gesunde Selbstbehauptung in Verruf bringen. Aber richtig verstanden bedeutet Selbstverleugnung folgende Haltung: „Ich lehne ein selbstbezogenes Sicherheitsbedürfnis ab. Wenn mich meine Verantwortung und meine Liebe aus meiner Komfortzone herausführen, dann stehe ich auch Ängste durch. Auch wenn ich tausend Tode sterbe, folge ich dem, was ich aus meiner Gottesbeziehung heraus als richtig erkenne. Mein Vertrauen in Gottes Schutz und Kraft sollen stärker sein als meine ängstliche Sorge um mich selbst." Dass es hierbei nicht um Selbstzerstörung geht, verdeutlicht Jesu Bild vom Weizenkorn. Das Korn ist nicht mehr da, wenn es in die Erde gefallen ist und gekeimt hat. Die Pflanze aber lebt, in die das Beste des Kornes eingegangen ist.

Wenn uns der Selbsterhaltungstrieb hindert, auf der Autobahn zu rasen, dann dient er uns. Aber wenn er uns hindert, liebevolle Bindungen einzugehen und unsere Verantwortung wahrzunehmen, dann legt uns der Selbsterhaltungstrieb Fesseln an. Dieser ängstliche, in sich verschlossene und selbstbezogene Persönlichkeitsanteil muss sterben und eine Verwandlung erfahren.

Ein Glaubensweg beinhaltet eine Sterbehilfe für jenen Teil des menschlichen Wesens, den die biblische Überlieferung den „alten Menschen" nennt. Eine spirituelle Sterbehilfe hat folgende Mittel.

Ehrlichkeit. Wenn die Motive für das eigene Verhalten offenliegen, verlieren sie ihre Macht: „Ich weiß, dass ich mich dieser Aufgabe stellen sollte. Ich werde an andern schuldig, wenn ich mich hier drücke. Mein Wohl ist mir offensichtlich wichtiger als das des anderen. Die Angst hat mich im Griff. Ich bin hier nicht Herr meiner selbst."

Ehrlichkeit zieht einen bilanzierenden Schlussstrich unter das alte Leben. Das nutzen zum Beispiel die Anonymen Alkoholiker. Eine Alkoholabhängigkeit hat in vielfacher Weise mit Angst zu tun. Oft wird der Alkohol genutzt, um Angst zu lösen. Dementsprechend verursacht der Gedanke Panik, auf Alkohol zu verzichten. Auch ein Entzug ist oft von starker Angst begleitet. Das 12-Schritte-Programm beginnt mit einem Schritt der schonungslosen Ehrlichkeit: „Wir gaben zu, dass wir dem Alkohol gegenüber machtlos sind – und unser Leben nicht mehr meistern konnten." Hier wird allen Lebenslügen und Beschönigungen der Todesstoß versetzt. Aber aus der Asche eines zerstörten Lebens erhebt sich der Phönix eines Neubeginns.

Eine kapitulierende Ehrlichkeit kann folgende Themen haben: Abhängigkeit und Kontrollverlust, innere Bindungen an Menschen und Dinge, die Sicherheit geben; Schuld, Verantwortungsflucht und Untreue; schädliche Ersatzbefriedigungen; Kontrolle und Manipulation anderer Menschen. All dies sind Abgründe der menschlichen Existenz, in die uns die Angst treibt. Aus der Ehrlichkeit folgt ein nächster Schritt, der einfach ist, aber nicht leicht.

Den Punkt überschreiten, an dem es keine Rückkehr mehr gibt. Manche Entscheidungen schaffen eine Situation, die Fluchtwege abschneidet. Ein Beschwerdebrief an den Chef zum Beispiel bricht in eine Auseinandersetzung auf, die sich den Rückweg abschneidet. Nun muss der Konflikt ausgetragen und müssen die Ängste durchgestanden werden. Oft ist das einfacher als erwartet. Wenn der Verstand nicht mehr mit den Fluchtmöglichkeiten befasst ist, kann er sich ganz auf die Bewältigung einer Situation konzentrieren.

In Beziehungen sind es Bekenntnisse, die den Rückweg abschneiden: „Ich mag dich und die Freundschaft zu dir ist mir wichtig." Ein solches Bekenntnis legt in positivem Sinne fest und verbaut den Fluchtweg in die Unverbindlichkeit. Wenn einmal etwas in der Beziehung unangenehm wird, bleibt nur die Flucht nach vorn: über das Problem sprechen.

Eine öffentliche Positionierung hat einen ähnlichen Effekt. Die erwähnte Klassenlehrerin (siehe Seite 130) könnte sich gegenüber der Schulleitung festlegen: „Ich stehe auch zu der Sechs und ich fände es falsch, wenn wir dem Protest der Eltern nachgeben." Natürlich weiß sie nicht, wie die Schulleitung entscheiden wird. Aber sie hat sich nicht von Angst bestimmen lassen, sondern sie hält ihr Wort, das sie ihrem Kollegen bereits gegeben hat.

Manchmal sind es auch kleine Entscheidungen, die die Tür zu einem Fluchtweg schließen. Schon eine Terminvereinbarung bei einem Arzt, einer Beraterin oder einem Fachmann legen fest. Der Angst vor einer notwendigen Hilfestellung wird eine Entscheidung entgegengesetzt.

Mancher Angst muss eine starke Motivation entgegengesetzt werden. Sie muss über die persönlichen Kosten- und Nutzenabwägungen hinausreichen.

Gottesfurcht. Als Therapeut weiß ich natürlich, dass es eine Angst vor Gott gibt, die krank machen kann. Doch im Versuch, diese gar nicht erst aufkommen zu lassen, wird oft auch einen gesunde Gottesfurcht erstickt. Aber wenn es einen Schöpfer der Welt und der Menschen gibt, sollte er dann nicht auch eine Autorität sein, an der sich das Leben eines Menschen orientiert? Im Gewissen jedes Menschen finden sich Maßstäbe für ein gottgefälliges Leben. Diese mögen sich individuell unterscheiden, aber in grundlegenden ethischen Fragen stimmen sie überein. Was sich in der jüdisch-christlichen Tradition in den Zehn Geboten niedergeschlagen hat, findet sich in vergleichbarer Form in anderen Kulturen.

Die Ehrfurcht vor Gott hält auf dem richtigen Weg, auch wenn die

Angst uns auf Schleichwege und Abwege treibt. Gottesfurcht fügt sich in eine Autorität, die uns die ängstliche, selbstbezogene Seite unserer Persönlichkeit besiegen lässt.

Wer sich auf einen spirituellen Weg der Selbstüberwindung begibt, legt sich selbst ehrlich Rechenschaft ab, was gut und richtig ist:

- eine Verantwortung annehmen
- in einer Beziehung Liebe und Offenheit wagen
- eine Auseinandersetzung austragen und für etwas kämpfen
- die Not anderer durch selbstlose Großzügigkeit lindern
- ein Wagnis eingehen, das die Lebensfreude und die persönlichen Entfaltungsmöglichkeiten vergrößert

Wichtig ist hier natürlich, dass Sie sich dabei nicht von den Vorstellungen anderer bestimmen lassen. Reifer Glaube findet in der persönlichen Suche heraus, was zu tun ist. Manche inspiriert hier die betende Zwiesprache mit Gott, andere die Lektüre der Bibel und geistlicher Literatur, wieder andere das Gespräch mit erfahrenen Glaubenden. Was zu tun ist, ergibt sich auch oft aus den natürlichen Gewissensregungen und der Menschlichkeit: Dass es gut und richtig ist, einer zu Unrecht ausgegrenzten Kollegin beizustehen, bedarf keiner spirituellen Überprüfung.

> Wenn es einen Schöpfer der Welt und der Menschen gibt, sollte er dann nicht auch eine Autorität sein, an der sich das Leben eines Menschen orientiert?

Wenn klar ist, was zu tun ist, bauen sich Ängste und innere Widerstände auf. Sie zu überwinden, darin besteht der Weg der Selbstüberwindung. Das können wir täglich trainieren. Angefangen mit dem kleinen alltäglichen Mut, das Gute und Richtige zu tun, bis hin zu Entscheidungen, die ein Risiko auf sich nehmen. Wenn dabei einmal die Angst die Kontrolle übernimmt, kann man sich sammeln und später noch einmal neu ansetzen. Wenn es alleine zu schwierig ist, kann man mithilfe anderer den Kampf gegen die Angst aufnehmen.

Dieses Programm wäre auf Dauer anstrengend, wenn es nicht zu einer inneren Verwandlung führen würde. Auf dem Weg der Selbstüberwindung werden Menschen immer gelassener. Die Liebe zu anderen Menschen verdrängt die Angst.

Rächen

Lassen Sie es andere spüren, wenn Sie unfair behandelt werden? Können Sie verletzend werden, wenn Sie selbst verletzt sind? Spielen Sie manchmal in der Fantasie durch, wie es wäre, eine Beziehung abzubrechen? Oder haben Sie im Zorn schon schlecht über andere geredet? Dann könnte Rächen Ihr Stachel sein.

Rache ist die Macht der Ohnmächtigen. Wir alle geraten in Situationen, in denen andere uns nicht gut behandeln. Darauf kann man unterschiedlich reagieren. Eine Möglichkeit ist: dem schaden, der mir schadet – den verletzen, der mich verletzt. Viele gehen damit nicht so weit, dass man ihr Verhalten Rache nennen würde. Deshalb werde ich den Stachel dieses Kapitels meist Bestrafen nennen.

Wenn ich einen anderen bestrafe, befreit mich das auf dreierlei Weise von Ohnmacht. Es bietet mir erstens ein Ventil für einen Zorn, auf dem ich sonst sitzen bliebe. Zweitens gibt es mir Macht, wenn ich einen anderen wenigstens bestrafen kann. Auch wenn es meinen Schaden nicht ungeschehen macht, stelle ich mit der Strafe zumindest wieder Gerechtigkeit her. Drittens bewirke ich mit der Strafe mitunter etwas beim Bestraften. Der wird sich künftig vielleicht anders verhalten, wenn nicht mir gegenüber, dann wenigstens gegenüber anderen: „Das wird er sich beim nächsten Mal überlegen …"

Rache ist natürlich nicht besonders angesehen. Wer sich rächt, muss es möglichst unauffällig tun. Dass Ursache und Absicht immer getarnt sind, erkennen Sie in den folgenden Beispielen.

Schlechtes Reden. Als sie mit ihrem Chef gesprochen hat, ist Jenny erleichtert, hat aber auch ein schlechtes Gewissen. Sie hat ziemlich Dampf abgelassen. Jenny ist Zahnarzthelferin. Ihr Chef hat kürzlich einen jungen Zahnarzt eingestellt. Von ihm fühlt sich Jenny herumkommandiert. Am nächsten Tag beobachtet Jenny, wie sich der junge Zahnarzt betont freundlich verhält. Diesmal ist es gut gegangen. Jenny weiß aber, dass sie mit dem Reden über andere vorsichtig sein muss. Vor einer Weile hat sie eine Kollegin vor allen zur Rede gestellt, warum sie zum Chef geht, statt Probleme zuerst mit ihr zu besprechen.

Persönliche Angriffe. „Deine Freunde sind dir wichtiger als ich!“, sagt Marlene zornig. Das versetzt Markus einen Stich, weil es ungerecht ist und überhaupt nicht stimmt. Außerdem würde das Marlene in einem ruhigen Moment nie so vertreten. Gut, vielleicht hätte Markus Marlene etwas früher über die Verabredung informieren sollen. Aber ist das ein Grund, ihn gleich so anzugreifen?

Jähzorn. „Hier werde ich ausnahmsweise nicht nachgeben“, denkt sich Mareike, obwohl sie bereits spürt, dass Dirks Spannung steigt. Deshalb bleibt sie bei ihrer Sicht: „Ich finde, wir sollten im Sommer nicht wegfahren und endlich die Renovierungsarbeiten erledigen.“
Dirk knallt eine Zeitschrift auf den Tisch, Mareike zuckt zusammen. Dirk schnaubt: „Super, dann halt nicht!“
Dirk hat auch schon mal eine Tasse zertrümmert. Mareike beruhigt ihn: „Es ist ja noch nicht das letzte Wort gesprochen. Lass uns einfach noch mal darüber nachdenken.“
„Muss ich mich so behandeln lassen?“, fragt sich Mareike hinterher. „Warum muss er mir so eine Szene machen, nur weil ich meine Meinung vertrete?“
(Im Gegensatz zum einschüchternden Zorn, der sich durchsetzt, gibt der bestrafende Jähzorn die Sache, um die es geht, schon verloren.)

Gekränkter Rückzug. Holger bleibt demonstrativ weg, als sich die anderen zur Frühstückspause zusammensetzen. „Lass ihn“, sagt Helga. „Wir sind doch nicht im Kindergarten. Der kriegt sich schon wieder ein.“
„Das kann ich nicht“, antwortet Ramona. „Ich kriege nichts runter, wenn so dicke Luft ist. Frag doch mal, was los ist.“
„Ich?“, empört sich Helga. „Was habe ich denn verbrochen?“
„Weiß nicht“, sagt Ramona. „Aber irgendeinen Grund wird Holger schon haben.“

Etwas gezielt verweigern. „Sag mal, warum lässt du Edgar nicht mit dem Dienstwagen fahren? Der ist doch frei und es ist total umständlich mit dem Zug." Heinz wiegt den Kopf und lächelt bitter: „Edgar hat mir in der Konferenz so ans Bein gepinkelt, dass jetzt mal Schluss ist. Wenn er sich wieder anständig verhält, soll er wieder fahren."

Eine Opferrolle einnehmen. „In deinen Augen mache ich doch nie etwas richtig", klagt Cyrill gekränkt. „Immer findest du ein Haar in der Suppe. Warum kannst du mir nicht einmal etwas zutrauen?"
Patrick beruhigt seinen Bruder: „So kritisch sollte es gar nicht rüberkommen. Ich finde vieles total toll, was du machst."
So nimmt der Abend ein einigermaßen harmonisches Ende. Als sich Cyrill verabschiedet, merkt Patrick, dass ein Groll bei ihm zurückbleibt. Vielleicht hat er seine Kritik unsensibel rübergebracht. Aber muss Cyrill dann reagieren, als hätte ihm Patrick wer weiß was angetan? Soll Patrick jetzt bei jeder Begegnung die Klappe halten oder seinen Bruder in Watte packen? Und wann kommt wieder so eine heftige Reaktion?

Vergessen. „Ich verstehe dich nicht. Wenn du dich nicht um die Karten kümmerst, dann bekommen wir keine mehr." Jens versteht sich selbst auch nicht ganz. Natürlich hätte er die Karten längst besorgen können. Doch wenn Irene den gemeinsamen Alltag organisiert, tritt sie manchmal wie ein Feldwebel auf, der eine Kompanie befehligt. Jens geht das auf die Nerven. Es gibt einen Teil in ihm, der es genießt, Irene hinzuhalten. Er empfindet eine böse Lust, wenn Irene Panik bekommt. Jens ist das ein wenig peinlich, weil man das ja nicht mit andern macht.

Bloßstellen. Falk tritt immer so großspurig auf. Mario ärgert das. Er entdeckt einen Fehler in Falks Präsentation: „Warum kommen Sie hier in der Summe auf über 100 %?"
Falk sieht nervös auf die Power-Point-Folie. „Ja ... Vielleicht hat sich da irgendwo ein Zahlendreher eingeschlichen."
Mario setzt in unschuldigem Tonfall nach: „Oh – und stimmen dann die anderen Zahlen?"

„Klar“, überspielt Falk die Panne. „Wir haben das ganz sorgfältig zusammengestellt.“
Mario schürzt die Lippen und lehnt sich zurück.
Falk bringt die Präsentation fahrig zu Ende. Er verspricht sich und sieht immer wieder in sein Manuskript, als müsse er den nächsten Fehler nun vor den anderen entdecken.
In der Pause zieht der Teamleiter Mario zur Seite: „Sag mal, hast du was gegen Falk? Er ist für die Präsentation extra aus Frankfurt gekommen. Der Fehler, den du bemängelt hast, war doch ziemlich nebensächlich, oder?“

So süß die Rache für den einen ist, so bitter ist sie für den anderen. Betroffene fühlen sich verletzt, gekränkt und unfair behandelt. Wie einer allerdings auf Strafe reagiert, hängt von seiner Persönlichkeit ab. Manche werden vorsichtig und vermeiden alles, wodurch sie Anstoß erregen könnten. Andere schlagen zurück. Es kommt zu einem Teufelskreis gegenseitiger Sanktionen.

So süß die Rache für den einen ist, so bitter ist sie für den anderen. Betroffene fühlen sich verletzt, gekränkt und unfair behandelt.

Wenn andere aus Angst vor Strafe zuvorkommend sind, mag das wie ein Vorteil erscheinen. Aber langfristig bringt das viele Nachteile mit sich. Probleme werden nicht mehr offen besprochen und können nicht geklärt werden. Konflikte schwelen vor sich hin und können das Klima vergiften.

Schließlich verstößt Rache gegen die zwischenmenschlichen Spielregeln. In allen Beispielen setzen sich die Strafenden ins Unrecht. Nicht immer bleibt das unbemerkt. Eventuell werden sie dafür zur Rechenschaft gezogen.

Es gibt also viele Gründe, den Stachel Bestrafen abzulegen und sich auf andere Weise zu schützen. Ein Veränderungsweg beginnt, wenn Sie den Nährboden erkennen, auf dem der Stachel gewachsen ist.

Erkennen Sie sich selbst

Es sind vier Erfahrungen von Ohnmacht, die Kinder nach der Macht der Machtlosen greifen lassen: die Ohnmacht, schlecht behandelt zu werden; die Ohnmacht, beschämt zu werden; die Ohnmacht, im Stich gelassen zu werden; die Ohnmacht, beherrscht zu werden.

Die Ohnmacht, schlecht behandelt zu werden. Manche Kinder müssen Willkür ertragen. Eltern reagieren ihre Spannungen an ihrem Kind ab. Sie strafen hart und unvorhersehbar. Abhängig von ihren Launen erlauben oder verbieten sie. Kinder macht das wütend. Doch wenn es zu gefährlich ist, den Zorn zu zeigen, taucht er als Groll in den Untergrund ab. Kinder entdecken bald ein verbotenes, aber lustvolles Gefühl: Schadenfreude. Zuerst ist es die heimliche Freude über Missgeschicke des willkürlichen Elternteils. Später entdeckt ein Kind, wie es Eltern wehtun kann, ohne entdeckt zu werden: durch Verschlossenheit, Ablehnung, Leistungsverweigerung, schlechten Umgang, ein provozierendes Äußeres und ähnliche Verhaltensweisen. Viele Menschen überwinden diese Reaktionsweisen, wenn sie erwachsen werden. Aber genau genommen schlummern sie nur. Wenn Betroffene dann Willkür erleben, tauchen die alten Reaktionen wieder auf.

Die Ohnmacht, beschämt zu werden. Vieles beschämt ein Kind: Witze auf seine Kosten, bloßstellende Kritik, Ironie, ein Ans-Licht-Ziehen von Eigenarten, ein Amüsement über die Missgeschicke eines Kindes. Kleinen Kindern bleiben hier nur Tränen, Erstarren oder ein Rückzug (Verhaltensweisen, für die sie dann oft ebenfalls beschämt werden). Aber bereits Grundschulkinder entdecken, wie sie Worte als Waffe einsetzen können. Sie stellen nun selbst die Schwächen anderer bloß und folgen damit dem Vorbild eines Elternteils. Sie finden auch Worte, mit denen sie einem verletzenden Elternteil einen Stich versetzen können. Im Jugendalter kreuzen sie ihre verbalen Klingen im Klassenzimmer und Pausenhof. Diese bleiben im Erwachsenenalter einsatzbereit.

Die Ohnmacht, im Stich gelassen zu werden. Es ist vielleicht die existenziellste Erfahrung von Ohnmacht: Ich brauche jemanden und plötzlich ist sie oder er nicht für mich da. Darauf kann man unterschiedlich reagieren, zum Beispiel mit Grenzüberschreitungen. Aber auch die strafende Aggression hindert andere daran, einen im Stich zu lassen.

Schon Kinder können Aggression so ausdrücken, dass sie Bezugspersonen trifft: wütender Protest, verzweifelte Wutanfälle, Vorwürfe, gekränkter Rückzug oder demonstrative Ablehnung. Kinder können ihre Eltern auf diese Weise zwingen, dass sie ihnen Aufmerksamkeit und Zuwendung geben. Eine Nähe suchende Aggression kann sich auch im Erwachsenenalter Bahn brechen, wenn sich Menschen im Stich gelassen fühlen.

Die Ohnmacht, beherrscht zu werden. Schließlich werden manche Kinder von einem Elternteil dominiert. Sie erleben Zwang, Einschüchterung, Erpressung oder die Manipulation ihres Gewissens. Dagegen wehren sich Kinder normalerweise. Aber wenn sich Eltern dann umso härter durchsetzen, bleibt Kindern nichts anderes übrig, als sich zu unterwerfen. Der unterdrückte Impuls nach Auflehnung sucht sich dunkle Kanäle: scheinbare Versehen wie Vergesslichkeit oder Missgeschicke treffen Eltern da, wo es wehtut; Verweigerung zielt auf die wunden Punkte der Eltern ab: Schulversagen, Unordnung, eine Vernachlässigung des Äußeren. Die Verweigerung trägt einen Zermürbungskrieg aus, den auch ein dominantes Elternteil verlieren muss. Wenn ich erlebe, wie verweigernde Kinder ihre tyrannischen Eltern quälen, empfinde ich ein sadistisches Vergnügen: „Recht so!" Auch wenn die Dominanz von Eltern nicht so stark ausgeprägt ist wie in den beschriebenen Beispielen, können Kinder passiv-aggressive Verhaltensweisen entwickeln, die übermächtige Bezugspersonen durch Verweigerung bestrafen.

Kinder können passiv-aggressive Verhaltensweisen entwickeln, die übermächtige Bezugspersonen durch Verweigerung bestrafen.

Die Einsicht in Ihre lebensgeschichtlichen Prägungen hilft Ihnen, mit Ihrem Stachel offen umzugehen. Strafendes Verhalten ist immer mit Heimlichkeit verbunden. Es geschieht unbemerkt, getarnt unter dem Deckmantel anderer Absichten. Wer den Stachel Bestrafen entschärfen will, sollte ihn deshalb ans Licht bringen – zunächst an das Licht seines eigenen Bewusstseins. Denn wenn Sie sich in diesem Kapitel wiederfinden, sind Ihnen viele Ihrer Verhaltensweisen und Beweggründe nicht vollends bewusst. In einem nächsten Schritt können Sie sich für andere durchschaubar machen. Das hilft Ihnen bei der Veränderung und entschärft die Auswirkungen, wenn Sie sich einmal bestrafend verhalten. Mit Formulierungen wie diesen enttarnen Sie sich selbst:

- „Gerade habe ich dich behandelt, als ob du ein Tyrann wärst, oder? Ich war einfach wütend auf dich und konnte es nicht anders zeigen."
- „Wenn ich ehrlich bin, will ich dich durch meinen Rückzug bestrafen. Ich weiß, dass das nicht gut ist."
- „Als ich bei Ihrem Projekt ein Veto eingelegt habe, war ich im Grunde noch unzufrieden wegen einer anderen Sache. Ich glaube es wäre gut, darüber zu reden."
- „Dass ich etwas vergesse, was für dich so wichtig ist, macht mich selbst misstrauisch. Vielleicht habe ich wegen unserer Diskussion gestern noch einen Groll."

Solche Statements tragen schon den Keim einer Veränderung in sich.

So ändern Sie Ihr Verhalten

„Raus aus der Ohnmacht!" Unter dieses Motto können wir einen Weg der Veränderung stellen. Ohnmacht hat den Stachel Rächen hervorgebracht. Die Erfahrung von Einfluss wird ihn entschärfen. Sie werden entdecken, wie Sie manche Situationen durch die Brille der Ohnmacht sehen. Wenn Sie diese wieder absetzen, entdecken Sie: „Ich habe mehr Einfluss, als ich gedacht habe."

> Ohnmacht hat den Stachel Rächen hervorgebracht. Die Erfahrung von Einfluss wird ihn entschärfen.

Ein sicheres Gefühl für den eigenen Einfluss gewinnen Sie aber erst, wenn Sie Auseinandersetzungen wagen. Sie bemerken, wie viel Sie bewirken können. Konfliktvermeidung dagegen lädt andere ein, Ihnen Unrecht zu tun und Ihre Interessen zu übergehen. Die offene Auseinandersetzung schafft ein faires Gleichgewicht der Kräfte. Es bleiben wenige Fälle, in denen andere ihre Macht missbrauchen und ungestraft davonkommen. Aber auch mit solchen Erfahrungen können Sie positiv umgehen.

Entdecken Sie Ihren Einfluss

Wenn Sie den Stachel Bestrafen ausgebildet haben, dann unterschätzen Sie vermutlich den Einfluss, den Sie auf andere haben: Ist es anderen wichtig, dass auch Sie zufrieden sind? Bewirkt es bei anderen etwas, wenn Sie einen Wunsch oder eine Kritik äußern? Haben Sie Einfluss darauf, ob andere die zwischenmenschlichen Spielregeln einhalten? Können Sie sich durchsetzen, wenn das Recht auf Ihrer Seite ist? Keiner wird diese Fragen hundertprozentig mit Ja beantworten. Meist können wir andere beeinflussen, manchmal auch nicht. Hier ist es wie mit dem halb vollen oder halb leeren Glas. Ob wir auf unseren Einfluss sehen oder auf unsere Ohnmacht, bestimmt unser Lebensgefühl und unser Verhalten. Die Brille der Ohnmacht vergrößert die Bedeutung von Ohnmachtserfahrungen, während sie Erfahrungen von Einfluss verkleinert. Diese Verzerrung wollen wir hier korrigieren.

Es macht Mut, mit fairen Mitteln für die eigenen Interessen einzustehen. Es befähigt auch, ab und zu Ungerechtigkeiten zu ertragen.

Nehmen wir die Beziehung zu einem Vorgesetzten, es könnte aber auch die Beziehung zu Ihrem Partner, einem Nachbarn oder Verwandten sein. Ihr Chef trifft sicher auch einmal Entscheidungen, die nicht ganz fair sind. Wenn Ihr Chef kein Tyrann ist, werden Ihnen aber auch andere Situationen einfallen: Wo ist Ihr Chef auf einen Wunsch oder eine Bitte eingegangen? Wo hat er sogar bemerkt, dass Sie mit einer Lösung nicht zufrieden sind, und ist Ihnen entgegengekommen? Wo haben Sie verhandelt und einen befriedigenden Kompromiss erzielt? Wo haben Sie Mitstreiter gefunden, um ein Anliegen erfolgreich zu vertreten? Sicher fallen Ihnen Situationen ein, in denen Sie eindeutig etwas bewirkt haben. Das setzt andere Situationen ins richtige Verhältnis, in denen Sie zu wenig berücksichtigt wurden.

Vielleicht ist es eine Lebensaufgabe von Ihnen, Ihre Wahrnehmung immer wieder auf diese Weise zu korrigieren. Oft ändert das schlagartig die Gefühle. Es macht Mut, mit fairen Mitteln für die eigenen Interessen einzustehen. Es befähigt auch, ab und zu Ungerechtigkeiten zu ertragen.

Vielleicht geben Sie manchmal die Dinge zu schnell verloren und üben deshalb zu wenig Einfluss aus. Denn Einfluss beruht auf Auseinandersetzung: Grenzen setzen, bitten, wünschen, werben, verhandeln, Bündnisse schmieden, auf dem eigenen Recht bestehen, sagen, was einen verletzt oder stört. Wenn Sie sich hier zurückhalten, überlassen Sie anderen den Einfluss. Dann kann es zu einer Entdeckung Ihres Lebens werden: Heute erreiche ich etwas, wenn ich mich für meine Interessen stark mache. Das mag eine Beziehung kurzfristig belasten, aber mittelfristig tut es jeder Beziehung gut, wenn es fair zugeht. Gute Verhandlungen bereinigen eine Beziehung und lassen keine negativen Gefühle entstehen. Vielleicht müssen Sie etwas geduldig mit sich sein. Wenn Sie bisher eher konfliktvermeidend waren, dann haben andere einen Vorsprung, was den Einfluss angeht. Den werden Sie erst im Lauf der Zeit aufholen.

Doch nicht nur Zurückhaltung kann Einfluss verspielen. Auch wenn Sie überreagieren, schwächen Sie Ihre Position. Sie mögen zwar in der Sache recht haben, wenn Sie aber mit Vorwürfen, persönlichen Angriffen oder anderen Formen der Bestrafung reagieren, setzen Sie sich trotzdem ins Unrecht. Dann wird es vielleicht sogar um Ihr Verhalten gehen und die Sache, die Ihnen wichtig war, bleibt auf der Strecke. Das kann sich abspielen wie in der folgenden Situation.

Paulas Sohn ist eigentlich recht zuverlässig. Seit er in der Pubertät ist, nutzt er sein Zuhause allerdings oft mehr wie ein Hotel, zum Schlafen und Essen. Paula wird wütend, als sie sieht, dass Dennis die Küche verlässt, ohne den Tisch abzuräumen: „Du bist wohl nur noch im Hotel Mama und ich bin die Servicekraft, die hinter dir her räumt? Kommt die Familie in deinem Leben überhaupt noch vor?“
Dennis schießt zurück: „Chill mal. Ich habe am Wochenende auf Alma aufgepasst, als ihr weg wart. Wenn du so einen Stress machst, dann vergeht einem die Lust auf Familie.“ Dennis zieht stinkig ab.
Paula ruft ihm nach: „Gut, morgen kannst du selber kochen.“
Die gleiche Situation hätte auch so ablaufen können. Dann hätte Paula mehr Einfluss erleben können.
„Dennis, räumst du bitte noch deine Sachen ab?“
„Muss das sein, ich muss gleich weg.“
„Ich räume es für dich ab gegen einen Baby-Sitter-Gutschein.“
„Schon gut. Ich mach’s lieber selbst.“
„Aber im Ernst, Dennis: Wenn ich in die Küche komme und deine

Sachen wegräumen muss, komme ich mir schon etwas blöd vor."
Dennis antwortet genervt: „Ja."

Paula hat in diesem Beispiel nur ihre eigene Verwundbarkeit gesehen: Ihr Sohn kann sie missachten, ihre Spielregeln außer Kraft setzen, sie ablehnen, auf ihre Kosten seinen Interessen nachgehen. Aber natürlich ist auch Dennis verwundbar. Wenn Jugendliche wie Kinder behandelt werden und Regeln gesetzt bekommen, ausgeschimpft oder bestraft werden, hat das etwas Demütigendes. Jugendliche sehnen sich nach Freiheit, und Ohnmachtserfahrung schmerzt sie daher auch.

Auch Paula hat die Macht, Dennis zu verletzen, zu demütigen, abzulehnen und willkürlich zu behandeln. Wenn Paula neben der Macht, die Dennis hat, auch ihre eigene erkennt, dann schätzt sie das Kräfteverhältnis realistischer ein. Sie gerät nicht so schnell in eine Ohnmacht, in der ihr Wunsch zu bestrafen übermächtig wird.

Auch Menschen, die stark oder gleichgültig wirken, sind verwundbar. Hier dürfen Sie die Macht Ihrer Worte und Entscheidungen nicht unterschätzen. Wenn Sie Ihren Einfluss etwas deutlicher spüren, sind Sie bereit für den Nahkampf, der im menschlichen Zusammenleben nicht immer zu vermeiden ist. Bevor Sie in einen Konflikt gehen, können Sie sich bewusst machen: Es gibt einen wichtigen Zusammenhang zwischen den Zielen, die Sie sich setzen, und den Erfahrungen, die Sie machen. Realistische Ziele führen zu der Erfahrung, etwas erreichen zu können. Überhöhte Ziele führen zur Erfahrung von Ohnmacht. Das gilt besonders für Konflikte.

Manche wären in Konflikten gerne unverwundbar. Sie wollen ihr Anliegen ohne Abstriche durchsetzen. Sie streben eine Position von Überlegenheit an. Aber unsere Lebenserfahrung zeigt: Solche triumphalen Erfahrungen sind selten. Wenn man sie trotzdem sucht, gerät man in die Ohnmacht.

Der Wunsch nach Stärke und Überlegenheit entspringt oft Ohnmachtserfahrungen: Wer sich Verletzungen ausgeliefert gefühlt hat, wäre gerne unverwundbar. Wer häufig nachgeben musste, will endlich zum Zug kommen. So schwingt das Pendel von einem Extrem zum anderen. Den Mut zum Konflikt bringen wir aber nur auf, wenn wir uns auf einen Mittelweg begeben. Wir können uns wappnen und vor den Stacheln anderer schützen, unverletzbar werden wir aber nie sein. Wir können unsere Position klar vertreten und werden einen guten Teil unserer Wünsche verwirklichen. Aber dass sich jemand unserer Sichtweise ganz anschließt, wird selten das Ergebnis eines Gespräches sein. Diese maßvollen Ziele ersparen Ihnen Ohnmacht. Denn Sie können auch mit einem Teilerfolg voll zufrieden sein.

Wie wappnen Sie sich aber nun für einen Konflikt? Führen Sie sich zuerst vor Augen: Andere sind genauso verwundbar wie Sie. Wer hätte keine Angst, in einem Konflikt verletzt, abgelehnt oder untergebuttert zu werden. Andere sind auch nicht stärker als Sie, selbst wenn sie säbelrasselnd auftreten. Wenn andere sich bedroht fühlen, fahren sie ihre Stacheln aus. Deshalb ist es gut, sich gegen die Stacheln anderer zu wappnen. Ganz ohne Kratzer wird keiner einen Konflikt bestehen. Aber auf diese kleinen Wunden kann man im Nachhinein stolz sein. Denn sie zeugen von dem Mut, den man in einer Auseinandersetzung aufgebracht hat.

> Realistische Ziele führen zu der Erfahrung, etwas erreichen zu können. Überhöhte Ziele führen zur Erfahrung von Ohnmacht.

Der folgende Crashkurs zeigt Ihnen, wie Sie auf die Stacheln anderer reagieren können (Ausführlicher sind die Strategien in dem Buch „Stachlige Persönlichkeiten" beschrieben).

Grenzen überschreiten. Behaupten Sie freundlich, aber ausdauernd Ihre Grenzen: Sagen Sie Nein. Entscheiden Sie selbst, was in Ihrem Verantwortungsbereich liegt. Wo ein anderer Ihre Grenzen dennoch überschreitet, schränken Sie den Kontakt oder die Zusammenarbeit ein. Manchmal gibt es einen Dritten, an die Sie sich wenden können, um dadurch die verschobenen Grenzen wieder zurechtzurücken.

Blenden. Durchschauen Sie Täuschungen. Hören Sie auf Ihr Bauchgefühl, wenn Ihnen etwas unglaubwürdig erscheint. Investieren Sie nichts auf leere Versprechen hin. Wenn Ihnen ein Blender etwas schuldig bleibt, holen Sie es sich woanders.

Einschüchterung. Versuchen Sie, Ihre Angst in den Griff zu bekommen und ruhig auf Ihrem Standpunkt zu bestehen. Wenn Sie standhaft bleiben, gewinnen Sie den Respekt von Einschüchterern.

Energie rauben. Fühlen Sie sich für die Not anderer nicht allzu verantwortlich. Sie dürfen die Grenzen Ihrer Unterstützung selbst setzen und auf einem ausgewogenen Geben und Nehmen bestehen, wo ein anderer dazu in der Lage ist. Lassen Sie sich kein schlechtes Gewissen machen.

Abwerten. Wehren Sie Abwertungen schon an der Tür zu Ihrer Seele ab: Durch ein Kopfschütteln, eine zurückweisende Handbewegung, eine sachliche Klarstellung, einen lockeren Spruch oder eine Rückfrage, die die Abwertung zurückgibt: „Was meinen Sie genau mit ‚unsinnig'?"

Vermeiden. Laden Sie andere zu kleinen Schritten ein, die nicht allzu viel Angst auslösen. Machen Sie Vermeidungsverhalten unattraktiv, indem Sie Kontakt und Zusammenarbeit an ein angemessenes Entgegenkommen binden.

Rächen. Natürlich können Sie auch auf Menschen treffen, die selbst zum Bestrafen neigen. Verfolgen Sie Ihre Ziele auf transparente und faire Weise, um jeden Eindruck von Willkür zu vermeiden und den anderen nicht ohnmächtig zu machen. Wenn es trotzdem zu Strafen kommt, zeigen Sie Ihre Verwundbarkeit und konfrontieren Sie den anderen, wenn sein bestrafendes Verhalten die zwischenmenschlichen Spielregeln verletzt.

Mit diesen sieben Reaktionen haben wir das Schlimmste durchgespielt, was Ihnen in Konflikten begegnen kann. Doch oft ist eine solche Vorbereitung gar nicht notwendig. Denn meist werden Sie eine gute Lösung finden, wenn Sie einen Wunsch vortragen oder eine Kritik äußern. Die meisten Menschen sind kompromissbereit. Vielleicht entdecken Sie auch, dass es gar kein Problem gibt, sondern nur ein Missverständnis vorliegt, das man bei einem Gespräch schnell ausräumen kann.

Wenn doch verhandelt werden muss, helfen Ihnen die folgenden Strategien.

Kleiden Sie die Kritik in einen Wunsch: „Könntest du mir Bescheid sagen, wenn wieder eine Fortbildung stattfindet?" (Das klingt einfach besser als: „Warum hast du mich nicht über die Fortbildung informiert?")

Nehmen Sie die Schuld auf sich. Was wie eine Anleitung zum Opfersein klingt, ist in Wahrheit eine effektive Durchsetzungsstrategie:

- „Ich hätte dir vielleicht schon früher sagen sollen, dass ich mich nicht wohlfühle, wenn du mich vor anderen kritisierst."
- „Vermutlich habe ich mein Anliegen zu zaghaft vertreten. Deshalb möchte ich jetzt noch deutlicher sagen, dass ..."
- „Vielleicht habe ich gewirkt, als käme ich alleine zurecht."

Mit dieser Strategie ersparen Sie anderen, sich schuldig zu fühlen, selbst wenn genau das berechtigt wäre. Der andere muss sich nicht verteidigen und wird gegenüber Ihrem Anliegen offener sein. Wenn Sie Ihren – vielleicht noch so kleinen Anteil – an einem Problem benennen, können Sie Ihren Wunsch anschließend im Klartext vortragen.

Unterstellen Sie anderen Gutes. Jedes Gespräch lebt von einem Vertrauensvorschuss. Auch wenn Sie in der letzten Begegnung nichts Gutes erlebt haben, können Sie den anderen so behandeln, als ob Sie mit Verständnis und einer fairen Reaktion rechnen. Denn eine negative Erwartung wird schnell zu einer sich selbst erfüllenden Prophezeiung: „Auch wenn du nicht verstehen kannst, dass mich das verletzt: ‚Lass es einfach!'" Bessere Chancen hat ein Satz wie dieser: „Du kannst dir sicher vorstellen, dass ..."

Eine negative Erwartung wird schnell zu einer sich selbst erfüllenden Prophezeiung.

Vertreten Sie Ihre Sichtweise und Wünsche ausdauernd. Wenn ein anderer nicht kompromissbereit ist, dann geben Sie auf keinen Fall nach. Wenn es in Ihrer Macht liegt, kündigen Sie Konsequenzen an: „Ich denke, ich habe ein Recht darauf, dass du in meinem Urlaub Ansprechpartner bist. Wenn wir uns nicht einig werden, werde ich das eben noch mal mit der

Chefin besprechen." Manche Verhandlungen kann man auch vertagen: „Ich sehe, dass wir hier noch keine gemeinsame Lösung finden. Ich bin nicht zufrieden mit der Situation und denke, wir sollten weiterhin im Gespräch darüber bleiben." Eine offen ausgesprochene Uneinigkeit erzeugt eine Spannung, die andere nach einer Weile kompromissbereiter macht.

Eine offen ausgesprochene Uneinigkeit erzeugt eine Spannung, die andere nach einer Weile kompromissbereiter macht.

Mit diesen Strategien werden Sie gute Erfahrungen in Konflikten machen. Nach und nach überschreibt sich Ihre Ohnmachtserfahrung mit neuen Erfahrungen: „Meine Interessen werden berücksichtigt. Ich kann fast mit jedem Menschen Kompromisse aushandeln. Ich kann in aller Regel dafür sorgen, dass ich mich mit meiner Arbeit und in meinen Beziehungen wohlfühle."

Lassen Sie los und vergeben Sie

Auch wenn Sie Konflikte offen austragen: Ohnmachtserfahrungen lassen sich nicht ganz vermeiden. Es wird immer einmal Menschen geben, die zwischenmenschliche Spielregeln brechen und ungestraft davonkommen. Andere werden ihre Interessen auf Ihre Kosten durchsetzen und Sie haben nicht die Macht, sich zu wehren. Je nachdem, wie Sie mit solchen Erfahrungen umgehen, kann Sie das zum Bestrafen reizen oder zu einer Chance werden, Ihren Stachel zu überwinden.

Es gibt noch einen zweiten Weg, der aus der Ohnmacht herausführt. Wenn Sie nicht die Macht haben, etwas zu verändern, können Sie es auch akzeptieren. Akzeptanz bedeutet nicht, etwas Schlechtes gut zu finden oder zu entschuldigen. Sie bedeutet nur, den Wunsch loszulassen, dass sich ein anderer anders verhält, seine Fehler einsieht, sich korrigiert oder eine Sache wiedergutmacht. Den Wunsch nach Gerechtigkeit kann man loslassen, wo er nicht zu verwirklichen ist. Ungerechte Handlungen kann man vergeben.

Ein Befund aus der Traumaforschung führt uns hier auf eine wichtige Spur. Sie hat entdeckt: Ein durch Menschen zugefügter Schaden wiegt viel schwerer als der gleiche Schaden, der aus anderen Gründen entsteht, zum Beispiel durch einen Unfall[9].

Nehmen wir an, Sie stürzen und brechen sich einen Arm. Das ist ärgerlich, wird aber weder Ihr Leben noch Ihre Seele aus dem Gleichgewicht bringen. Einige Arztbesuche und ein paar Wochen mit Einschränkungen sind verkraftbar. Aber nehmen wir an, es hätte sich anders abgespielt: Auf einem Straßenfest hat ein Mann den Eindruck, Sie weichen ihm nicht ausreichend aus. Er fühlt sich provoziert und rempelt Sie so grob an, dass Sie stürzen und sich den Arm brechen. Der Schaden ist exakt derselbe. Doch nun ist es eine andere Person, die ihn verursacht hat. Dadurch kommt ein seelischer Prozess in Gang, der Sie erheblich mehr beeinträchtigen kann als der gebrochene Arm. Bei jedem Arztbesuch und jeder Einschränkung im Alltag denken Sie vielleicht mit Groll an den Täter. In jedem Gedränge sind Sie angespannt. Sie grübeln nach, wie Sie sich in der Situation besser hätten wehren können und ob man den Täter nicht auf Schadensersatz verklagen kann. In einer solchen Befindlichkeit kann man sich dem Schönen des Lebens kaum noch öffnen.

Wie findet sich hier ein Weg aus der Ohnmacht? Es bleibt nichts, als auch diese Situation gewissermaßen zu einem Unfall zu erklären und sie zu akzeptieren, etwa mit der folgenden Haltung: „Wenn ich mich in der Öffentlichkeit bewege, gehe ich ein kleines Risiko ein. Früher oder später wird mich ein anderer Mensch einmal übervorteilen, täuschen, verletzen, benachteiligen oder sogar schädigen. Auch wenn es traurig ist, gehört das zum Leben dazu. Diese Erfahrung teile ich mit allen Menschen. Ich kann froh sein, wenn es ein vergleichsweise kleiner Schaden ist. Auch wenn ich böses Verhalten nicht gutheißen oder entschuldigen will, nehme ich die Welt und das Leben so, wie sie sind."

Ohnmachtserfahrungen lassen sich nicht immer vermeiden. Es kommt darauf an, wie Sie damit umgehen.

9 Z. B. Arne Hofmann (Hrsg., 2014): EMDR. Praxishandbuch zur Behandlung traumatisierter Menschen. S. 18.

Auf diese Weise hören Sie auf, innerlich gegen einen Nachteil oder Schaden anzukämpfen, an dem Sie nichts ändern können. Außerdem können Sie die gedankliche Fixierung auf die Person lösen, die Sie verletzt oder beeinträchtigt hat. Sie rücken die zwischenmenschliche Schädigung in die gleiche Kategorie wie Hagelschäden, Unfälle oder Pannen, die zwar unangenehm sein können, mit denen wir seelisch in der Regel aber gut zurechtkommen.

Auf eine zweite wichtige Spur führt die Vergebungsforschung. Sie hat gezeigt: Vergebung hilft uns, Situationen zu verarbeiten, in denen wir verletzt, benachteiligt oder geschädigt wurden[10]. Wenn uns Menschen einen Schaden zufügen, gewinnen sie Macht über uns. Denn wir grübeln über sie nach, schmieden Schlacht- oder Rachepläne. Wir leben in einem Zustand von Anspannung und erhöhter Wachsamkeit. Wer aber hat es verdient, eine solche Macht über unsere Gedanken und Gefühle zu haben? Manchmal bleibt nur ein Mittel, um die Macht des anderen über uns brechen: Vergebung.

Vergebung hilft uns, Situationen zu verarbeiten, in denen wir verletzt, benachteiligt oder geschädigt wurden.

Vergebung ist zunächst der Entschluss, den anderen vollständig aus der eigenen Schuld zu entlassen. Eigentlich müsste er sein Fehlverhalten einsehen. Eigentlich müsste er sich entschuldigen oder etwas wiedergutmachen. Vergeben heißt, den anderen aus dieser Verpflichtung zu entlassen. Ich brauche die Schuld nicht mehr nach-tragen. Der Zähler ist auf null gestellt. Die andere Person wird in einen Stand versetzt, als hätte sie nie etwas Schlechtes getan. (Natürlich kann sich das Fehlverhalten einer anderen Person in der Zukunft wiederholen. Dafür dürfen Sie natürlich Vorsichtsmaßnahmen treffen, auch wenn Sie vergeben haben.) Mit dem Entschluss zu vergeben bringen Sie allmählich die nachtragenden Gefühle zur Ruhe und befrieden den Teil in sich, der ohnmächtig kämpfen will.

Vergebung entfaltet ihre ganze Kraft, wenn Sie auch wieder positive Gefühle für die Person aufbauen, die Sie verletzt oder geschädigt hat.

10 McCullough M, Root L, Tabak B, van Oyen Witvliet C (2009) Forgiveness. In (eds) Snyder C, Lopez S: Oxford Handbook of Positive Psychology, 427–436, University Press, Oxford.

Auch dies ist ein Befund aus der Vergebungsforschung. Dabei können wir uns an gutes Verhalten der gleichen Person erinnern. Vielleicht fallen Ihnen auch Situationen ein, in denen Sie sich in ähnlicher Weise falsch verhalten haben. Das macht barmherzig gegenüber den Fehlern anderer. Schließlich können Sie der Person Gutes tun, die Ihnen etwas Schlechtes getan hat. Einer positiven Handlung – ein freundliches Wort, eine Gefälligkeit – folgen meist positive Gefühle nach.

In manchen Situationen erfordert Vergebung allerdings vorbereitende Schritte. Wer vergibt, sollte sich einigermaßen sicher fühlen. Solange man dem Fehlverhalten eines anderen weiterhin ausgeliefert ist, ist es sehr schwer zu vergeben. Hier müssen Sie erst einmal die Situation verändern, um sich zu schützen. Anregungen dazu finden Sie in meinem Buch „Stachlige Persönlichkeiten. Wie Sie schwierige Menschen entwaffnen".

Außerdem darf Vergebung nicht die Gefühle unterdrücken. Auch negative Gefühle müssen erst einmal aufsteigen, bevor sie abfließen können. Dazu eignen sich ein Tagebuch oder offene Gespräche mit einer Vertrauensperson. Wenn selbst Hass, Ohnmacht und Rachefantasien ausgesprochen werden, finden starke Gefühle ein Ventil. Wenn Sie sehr angespannt sind, aber nur schwer Wut erleben können, dann verprügeln Sie den Täter doch einmal symbolisch, indem Sie auf ein Kissen schlagen. (Mit der gebotenen Vorsicht, um sich dabei nicht zu verletzen.) Neben den Tränen kommt dabei in aller Regel auch die Wut. Das löst die Spannung. Wenn Sie allerdings ohnehin sehr zu Groll und Wut neigen, rate ich von dieser wutverstärkenden Übung ab. Die Aggressionsforschung zeigt: Wut lässt sich nicht abreagieren, sondern verstärkt sich umso mehr, je öfter sie ausgelebt wird. Wenn Gefühle ein Ventil finden, dann erleichtert das die Vergebung. Hier wird eine neue Qualität von Einfluss erfahrbar: „Es mag sein, dass mich ein anderer verletzt oder mir einen Nachteil zufügt. Aber selbst wenn ich nichts ändern kann, dann kann ich doch innerlich davon loskommen. Ein anderer hat keine Macht über meine Gefühle und Gedanken. Ich wende mich ab, lasse Schlechtes zurück und genieße das, was in meinem Leben schön ist."

> Vergebung entfaltet ihre ganze Kraft, wenn Sie auch wieder positive Gefühle für die Person aufbauen, die Sie verletzt oder geschädigt hat.

Jeder Mensch trifft irgendwann auf seinen Angstgegner, der seine wunden Punkte trifft und seine Schwächen verstärkt. Wenn Sie sich in diesem Kapitel wieder finden, sind dies bei Ihnen Machtmenschen.

Meiden Sie Machtmenschen

Für Machtmenschen ist das Leben ein Kampf, in dem nur der Stärkere überlebt. Kompromisse und Kooperation sind ihnen fremd. Dementsprechend verwickeln Sie andere in Machtkämpfe, die sie – in vielen Kämpfen gestählt – auch meist für sich entscheiden. Zur Not kann man auch mit solchen Menschen klarkommen, wenn man Strategien gegen Einschüchterung, Grenzüberschreitungen und Täuschung kennt. Wer aber wie Sie sensibel auf Ungerechtigkeit reagiert, sollte Machtmenschen meiden. Denn ein Machtmensch wird genau jene Wunden aufreißen, die Sie mit Ihrem Stachel Bestrafen schützen. Der Einfluss eines Machtmenschen macht es Ihnen schwerer, Ihren Stachel abzulegen. Er wird sie bald dazu bringen, wieder mit der Brille der Ohnmacht durchs Leben zu gehen. Er wird Ihren Glauben an ein faires Miteinander und gute Kompromisse erschüttern. Daher hilft nur: fliehen. Trennen Sie sich, wo immer das möglich ist. Stellen Sie den größtmöglichen inneren und äußeren Abstand her. Wo das nicht geht, suchen Sie sich eine kompetente Begleitung, die Ihnen beisteht, bis Sie sich aus dem Einflussbereich eines Machtmenschen gelöst haben.

Tragen Sie Ihren Stachel gelassen

Wenn Sie die Strategien dieses Kapitels einüben, werden Sie sensibler für Situationen, in denen sich andere unfair verhalten. Sie bemerken auch, was dies in Ihrem Inneren bewirkt. So werden Sie im tieferen Sinne des Wortes selbst-bewusst. Dieses Selbstbewusstsein benötigen Sie, um sich selbst zu korrigieren. Sie brauchen es aber auch, um sich abzugrenzen: Denn gelegentlich werden Ihnen andere vorwerfen, von Ihnen bestraft zu werden, auch wenn es gar nicht zutrifft:

- „Du erpresst mich."
- „Das machen Sie doch nur, weil ..."
- „Hast du etwas gegen mich?"

- „Warum tust du mir das an?“
- „Du hast doch hinter meinem Rücken ...“

Was aber ist eine Bestrafung? Und was sind angemessene Konsequenzen, mit denen Sie auf Entscheidungen anderer reagieren? Schlechtes Reden kann ein Mittel der Bestrafung sein. Wenn ich aber mit einem Kollegen mehrfach ein Problem besprochen habe und wir zu keiner Lösung gekommen sind, darf ich den Vorgesetzten hinzuziehen. Das ist dann keine Strafe, auch wenn der Kollege das vielleicht so empfinden mag.

Wenn eine Freundin mehr nimmt als sie gibt, werde ich mich irgendwann weniger für sie engagieren oder mich aus der Beziehung lösen. Vielleicht fühlt sie sich dann von mir bestraft. Aber mein Verhalten ist nur die natürliche Konsequenz ihrer Entscheidungen. Vielleicht hat jemand schon beobachtet, wie Sie sich bestrafend verhalten haben. Dann schwebt dieser Verdacht auch über Ihnen, wenn es sich gar nicht um eine Bestrafung handelt.

Konsequenzen wollen dem andern nicht wehtun. Sie suchen keine Vergeltung. Stattdessen schützen Sie vor Schwächen und Fehlverhalten des anderen, meist indem Sie den Abstand vergrößern oder einen Dritten hinzuziehen. Konsequenzen zielen auf ein faires Geben und Nehmen ab. Sie orientieren sich an den zwischenmenschlichen Spielregeln, die in einer bestimmten Situation gelten.

Sie müssen sich nicht immer verunsichern lassen, wenn Ihnen jemand das Gefühl gibt, Sie seien gemein, schlügen zurück oder ließen einen anderen absichtlich leiden. Auch angemessene Konsequenzen tun manchmal weh.

Dieses Kapitel hat Sie darin geschult, Ihre Bestrafungstendenzen zu erkennen und zu korrigieren. Doch keiner kann im Umgang mit einer Schwäche vollkommen sein. Die Bereitschaft, sich zu korrigieren, reicht aus. Damit wächst den Menschen, die Ihnen nahestehen und die mit Ihnen zusammenarbeiten, auch eine Verantwortung zu. Wenn Sie es selbst nicht bemerken, müssen sich andere gegen eine Bestrafung wehren.

> Keiner kann im Umgang mit einer Schwäche vollkommen sein. Die Bereitschaft, sich zu korrigieren, reicht aus.

Ein Mindestmaß an Selbstschutz und Konfliktfähigkeit dürfen wir bei anderen voraussetzen. Reife Persönlichkeiten kommen mit der Schwäche eines korrekturbereiten Menschen klar. Diese werden es ansprechen, wenn sie sich einmal bestraft fühlen. Dann fällt Ihnen Ihr Verhalten auf und Sie können sich korrigieren, wenn die Kritik berechtigt ist.

Aber was tun Sie, wenn Sie mit Ihrer Schwäche auf einen Menschen treffen, der sich nicht gut wehren kann? Dann können Sie die Verantwortung aufteilen: „Dass ich hier mit Bestrafung reagiert habe, tut mir leid und ich bin bereit, das künftig zu verändern. Dass ein anderer aber lange gelitten hat, dafür kann ich nicht die Verantwortung tragen. Das ist ein Problem, mit der sie/er sich einmal selbst auseinandersetzen müsste."

Wenn Sie auf diese Weise Verantwortung für Ihre Schwäche übernehmen, können Sie Ihren Stachel gelassen tragen. Manchmal trifft Ihr Stachel auf Menschen, die Ihnen besonders am Herzen liegen. Dann wird vielleicht der Wunsch wach, Ihren Stachel noch gründlicher zu entschärfen. Wo die psychologischen Schritte an ihr Ende kommen, da führt ein spiritueller Weg weiter.

Gehen Sie einen spirituellen Weg

Die wohl schwierigste theologische Frage lautet: Wie kann es einen guten Gott geben, wenn auf der Welt so viele böse Menschen ihr Unwesen treiben? Ist ein Gott denkbar, wenn es so viel Ungerechtigkeit und Leid gibt? Beantworten kann man diese Frage kaum. Aber jeder nimmt eine Haltung ihr gegenüber ein. Manche distanzieren sich und wenden sich von religiösen Fragen ab. Andere bestrafen Gott, indem sie ihm die Zustände in der Welt vorwerfen, ihn ablehnen oder ihm mit Spott begegnen.

> Auch das Böse hat seinen Platz in Gottes gutem Plan für die Welt. ... Keine menschliche Macht nimmt Gott seine Herrschaft aus der Hand.

Ohnmacht – das Thema dieses Kapitels – ist auch eine existenzielle Frage. Eine Antwort aus der christlichen Tradition stelle ich Ihnen hier vor: radikale Akzeptanz. Diese Haltung ist im Alten Testament bereits angelegt, verkörpert sich in Jesus Christus und wird in der Kirchengeschichte immer neu entdeckt.

Ein Buch im Alten Testament beschreibt einen Mann, den schuldlos großes Leid trifft. Hiob verliert seinen Besitz, seine Kinder und seine Gesundheit. Er antwortet darauf mit radikaler Akzeptanz: „Haben wir Gutes empfangen von Gott und sollten das Böse nicht auch annehmen?“ (Hiob 2,10).

Auch Jesus zeigt diese radikale Akzeptanz. Aufschlussreich ist seine Begegnung mit dem römischen Präfekten Pilatus, der ihn auf Wunsch der jüdischen Oberschicht verhaftet hat. Pilatus wundert sich über Jesu Gelassenheit im Verhör: „Redest du nicht mit mir? Weißt du nicht, dass ich Macht habe, dich loszugeben, und Macht habe, dich zu kreuzigen?“

Jesus antwortet: „Du hättest keine Macht über mich, wenn es dir nicht von oben her gegeben wäre“ (Joh 19,10f).

Hier erkennen wir die Haltung, die eine radikalen Akzeptanz ermöglicht: Über aller menschlichen Macht steht Gottes Macht. Nichts entgleitet ihm. Was Gott geschehen lässt, ist gut. Auch das Böse hat seinen Platz in Gottes gutem Plan für die Welt. Nichts kann seinen guten Willen für mich persönlich und für die Menschheit durchkreuzen. Keine menschliche Macht nimmt Gott seine Herrschaft aus der Hand.

Aus dem Mund vieler Menschen wären solche Sätze eine ärgerliche Anmaßung. Sie klingen wie eine billige Vertröstung. Es gibt jedoch Menschen, die Sätze radikaler Akzeptanz aussprechen dürfen. Der leidgeprüfte Hiob durfte es. Und Jesus durfte es, der Stunden nach der beschriebenen Szene unter Qualen am Kreuz hängt und schreien wird: „Mein Gott, warum hast du mich verlassen?“

Der evangelische Pfarrer und Dichter Eduard Mörike hat vor allem viel inneres Leid durchschritten. Dennoch findet er 1848 zu den erstaunlichen Worten:

„Herr! schicke, was du willt,
Ein Liebes oder Leides;
Ich bin vergnügt, daß Beides
Aus Deinen Händen quillt.“

Auch der katholische Bischof und Befreiungstheologe Dom Helder Camara (1909 – 1999) spricht nicht leichtfertig von Leid und Bösem. Er hat für die Menschen in den Elendsvierteln Rios gekämpft, sich mit dem Militärregime Brasiliens angelegt, Repressionen getrotzt und etliche

Anschläge überlebt. Seine Haltung radikaler Akzeptanz ist in folgenden Worten überliefert: „Sag ja zu den Überraschungen, die deine Pläne durchkreuzen, deine Träume zunichtemachen, deinem Tag eine ganz andere Richtung geben – ja vielleicht deinem Leben. Sie sind nicht Zufall. Lass dem himmlischen Vater die Freiheit, deine Tage zu bestimmen."

Wie kommt man zu einer solchen Akzeptanz? Manche haben in ihrem Leben Erfahrungen gemacht, die ihr Gottvertrauen geweckt haben. Dieses Gottvertrauen weiten sie auch auf das Unfassbare und Unerträgliche des Lebens aus. Das ist eine Entscheidung, für die Menschen unterschiedliche Gründe haben. Manche sind von der Liebe Gottes so überwältigt, dass sie trotz der Existenz des Bösen an ihm festhalten.

„Schon an der Größe eines Augenblicks lässt sich die Größe eines Lebens ermessen: ... ein einziger Augenblick kann rückwirkend dem ganzen Leben Sinn geben. **Viktor Frankl**

Andere entscheiden sich für Akzeptanz, weil sie daran glauben, dass sich auch Böses in Gutes verwandeln kann. Der ehemalige Christenverfolger Paulus schrieb in einem Brief an eine Gemeinde in Rom: „Wir wissen aber, dass denen, die Gott lieben, alle Dinge zum Besten dienen." (Röm 8,28) Auch Paulus ist kein Mensch, der das blauäugig schreibt. Zu seiner persönlichen Geschichte gehören Steinigungen, die er überlebt hat, Schiffbrüche und viele Jahre im Gefängnis.

Wieder andere Menschen trotzen einer bösen Lebensgeschichte Sinn ab. Zu ihnen gehört Viktor Frankl, der 1905 in Wien geboren wurde. Er verlor seine Ehefrau und seine Eltern in einem Konzentrationslager. Er selbst hat nur knapp überlebt. Als Professor für Neurologie und Psychiatrie widmete er sein Leben der Sinnfrage und schrieb: „Schon an der Größe eines Augenblicks lässt sich die Größe eines Lebens ermessen: Die Höhe einer Bergkette wird ja auch nicht nach der Höhe irgendeiner Talsohle angegeben, sondern ausschließlich nach der Höhe des höchsten Berggipfels. So entscheiden auch im Leben über dessen Sinnhaftigkeit die Gipfelpunkte und ein einziger Augenblick kann rückwirkend dem ganzen Leben Sinn geben."[11]

Radikale Akzeptanz trägt durch in den Grenzerfahrung des Lebens.

---

11 Viktor Frankl (2007): Ärztliche Seelsorge: Grundlagen der Logotherapie und Existenzanalyse. Deutscher Taschenbuch Verlag, München. S. 91

Sie hilft auch im alltäglichen Umgang mit dem Bösen. Sie wird zur Antwort auf die Verletzungen und die Ungerechtigkeit, der wir in unserem Umgang mit anderen Menschen unvermeidlich ausgesetzt sind. Auf diese Weise kann der Alltag zu einer spirituellen Übung werden.

- Den Anspruch auf unser „gutes Recht" loslassen. Wo wir Fairness und Großzügigkeit nicht selbstverständlich nehmen, üben wir Dankbarkeit ein.
- Die Selbstbezogenheit loslassen: Manchmal ist es zweitrangig, ob andere mir gerecht werden und meine Interessen zum Zug kommen. Anderes kann viel wichtiger sein.
- Versöhnt leben: Gerade die kleinen Ungerechtigkeiten und Kränkungen des Alltags eignen sich, um einen Lebensstil der Vergebung einzuüben.
- Im Kleinen Feindesliebe praktizieren: Dem, der einem den Mantel nimmt, auch noch das Hemd geben, wie Jesus rät (Lk 6,29). Wer unter der Fürsorge und Gerechtigkeit Gottes lebt, muss sich nicht selbst sein Recht erkämpfen und wird gegenüber Ungerechtigkeit souverän.

Radikale Akzeptanz führt zu einer paradoxen Erfahrung. Die Einwilligung in die Ohnmacht befreit uns aus ihr.

Akzeptanz darf allerdings nicht zum Deckmantel für eine Konfliktvermeidung werden. Wenn Sie Gerechtigkeit herstellen können, sollten Sie es auch tun. Wo dies nicht möglich ist, hilft radikale Akzeptanz. Sie lässt los, geht weiter, genießt die Glücksmomente, die jeder Tag bereithält oder in Krisen auch die Momente des Trostes. Radikale Akzeptanz kann die emotionale Energie, die Konzentration und Tatkraft auf lohnende Aufgaben richten. Sie führt zu einer paradoxen Erfahrung, die Sie vielleicht bereits erlebt haben: Die Einwilligung in die Ohnmacht befreit uns aus ihr.

Menschen ohne Stacheln

Stört Sie vieles nicht, was andere stört? Können Sie sich gut anpassen? Geraten Sie fast nie in einen Streit? Sind Ihnen Harmonie und Zufriedenheit besonders wichtig? Dann sind Sie vielleicht ein Mensch ohne Stacheln.

Wir alle entspannen in der Gegenwart von Menschen, die geduldig, zufrieden und flexibel sind. Sie tun uns nicht weh. Sie setzen uns nicht unter Druck. Wo also ist das Problem? Wenn Sie ohne Stacheln leben, bleiben Sie andern etwas schuldig. Denn andere suchen nicht nur Harmonie. Sie wollen sich auch auseinandersetzen. Menschen sehnen sich nach einem Gegenüber, das sie auch einmal herausfordert und korrigiert. Sie wollen Ihre Meinung hören und sich an einer klaren Position orientieren.

Vielleicht können Sie sich erinnern, dass andere von Ihnen einen Standpunkt eingefordert haben oder Sie aufgefordert haben, doch auch einmal Ihren Ärger zu zeigen. Vermutlich konnten Sie nicht verstehen, was der andere eigentlich wollte. In diesem Kapitel werden Sie es entdecken.

Es gibt noch einen anderen Grund, warum andere Ihre Stacheln vermissen könnten. Toleranz ist eine Qualität. Doch auch sie kann man übertreiben. Denn manchmal sind Zustände nicht akzeptabel und das Verhalten eines Menschen unzumutbar. Dagegen fahren Menschen mit Recht ihre Stacheln aus. Wenn Sie jedoch auch das tolerieren, was eigentlich unerträglich ist, dann lassen Sie diejenigen im Stich, die auf eine gemeinsame Gegenwehr hoffen.

Die folgenden Beispiele zeigen genauer, wie das Fehlen von Stacheln andere belastet.

Alles entschuldigen. Ralfs Mutter ist ziemlich heftig. Sie bestimmt, wie Besuche ablaufen, greift Ralf an, wenn sie etwas stört, und macht ihm Vorwürfe, wenn sie sich etwas anders gewünscht hätte. Wenn Ralf etwas dagegen sagt, zieht sich seine Mutter zurück. Manchmal gibt es sogar eine hässliche Szene. Ralf steht dann wieder da wie

der böse, undankbare Sohn. Seltsamerweise kommt Ralfs Schwester Tamara ganz gut mit ihrer Mutter klar. Sie nimmt die Mutter wie sie ist und geht über Verhaltensweisen hinweg, die Ralf auf die Palme bringen. Ralf würde sich mehr Rückhalt von Tamara wünschen: „So kann sich Mutti doch nicht verhalten. Stört dich das denn gar nicht?"
Tamara zuckt mit den Schultern: „Sie ist halt so. Eigentlich ist es doch ganz okay. Ich finde, sie hat sich schon sehr verändert."

Wenn ein Gegenüber fehlt. „Wo fahren wir denn im Sommer hin?"
„Wohin du willst, Schatz. Vielleicht mal in die Berge?"
„Ich würde lieber ans Meer."
„Auch gut."
„Ist es dir wirklich egal, wo wir hinfahren?"
„Nein, ich fühle mich wohl, wenn du dich wohlfühlst. Wir können gerne auch ans Meer."
In Imke steigt ein Gefühl der Enttäuschung auf: „Aber das kann doch nicht sein, dass du die Fahne immer in meinen Wind hängst und dich nach mir richtest. Ich will doch nicht alles alleine entscheiden."
„Jawohl", sagt Jörn zackig. „Dann geht's in die Berge. Das ist mein Wunsch."
„Jörn, du machst mich noch verrückt. Das sagst du doch nur, weil ich es gerade eingefordert habe. Und wenn ich morgen sage, dass ich doch ans Meer will, gibst du sofort nach."
Jörn schweigt. Wie um Himmels willen soll er es Imke recht machen?

Gewähren lassen. „Ich ertrage das nicht mehr", klagt Tanja ihrer Chefin. „Ich habe mit Olivia schon ein paarmal gesprochen. Aber sie kann sich einfach nicht zusammenreißen. Wenn ihr jemand dumm kommt, schnauzt sie am Telefon unsere Kunden an, dass die sich bestimmt nie wieder bei uns melden."
„Ich rede mit Olivia noch einmal", beschwichtigt die Chefin gelassen. Aber Tanja weiß aus Erfahrung: Ändern wird sich nichts. Ihre Chefin kann einfach niemandem wehtun.

Farblosigkeit. „Mein ...", Hans-Jürgen zögert. Ist Mike sein Freund oder nicht? „... Bekannter, irgendwie auch ein Freund", setzt Hans-Jürgen fort. Er weiß: Mike wäre verletzt, wenn er hören würde, wie er hier so herumeiert. Für ihn steht es sicher fest, dass sie Freunde sind. Aber Hans-Jürgen ist zwiespältig. Einerseits ist es immer entspannt mit Mike und er lässt sich für fast alles interessieren. Andererseits ist Mike auch, ja – ein wenig langweilig. Wenn Hans-Jürgen die Wahl hat, geht er lieber mit anderen aus. Mike ist mit allem sofort einverstanden, schließt sich Hans-Jürgens Meinung an und wartet ansonsten auf seine Initiative. Darf man auch von netten Menschen genervt sein?

Selbstpreisgabe. Armin ist Hausarzt. Er ist für seine Patienten da. Wenn eine redselige Dame nach zwanzig Minuten aus der Sprechstunde kommt, rollt die Sprechstundenhilfe mit den Augen.
„Armin hat einen Sprachfehler", scherzt seine Frau. „Er kann nicht Nein sagen." Aber manchmal ist ihr gar nicht nach Scherzen zumute. Armin ist am Wochenende so müde, dass sie manchmal kaum noch etwas mit ihm anfangen kann. Und selbst in der Freizeit wird er von Menschen belagert, denen er nichts abschlagen will. „Du bist doch kein Selbstbedienungsladen", wirft ihm Armins Frau vor. Sie selbst fühlt sich in der Falle. Sie merkt, wie das Familienleben bedrohlich zu kurz kommt. Aber soll sie sich jetzt auch noch in die Schlange derer stellen, die Armin auslaugen?

Selbstbetäubung. Gabis Beziehung ist eine Katastrophe. Ihr Freund stellt sie bloß und verhält sich so egoistisch, dass ihm Ulrike an die Gurgel gehen könnte. Aber Gabi nimmt das mit Gleichmut hin.
„Wie hältst du das denn aus?", fragt Ulrike.
„Weißt du, das darf man nicht persönlich nehmen. Erik kann auch echt nett sein."
Offenbar spürt Gabi gar nicht, was Erik ihr alles zumutet. Sie malt sich nicht aus, wie schön eine Beziehung sein kann. Ulrike könnte das eigentlich egal sein. Jeder kann ja so leben, wie er will. Aber Ulrike wird mit hineingezogen. Wenn sie mit Gabi und Erik Zeit verbringt, braucht sie lange, um sich von der Begegnung zu erholen. Und wenn sie selbst wieder einen Partner hat, wie wären dann Un-

ternehmungen zu viert? Keiner ihrer Freunde würde mehr als eine kurze Begegnung mit Erik ertragen. Ein gemeinsamer Urlaub müsste in einem Zerwürfnis enden.

Die Fallbeispiele machen anschaulich, dass man es auch mit dem Liebsein übertreiben kann. Dann bleibt Ihre Persönlichkeit zu blass. Sie bleiben anderen einen Standpunkt schuldig. Sie wehren sich nicht gegen Zumutungen, wo es sich andere von Ihnen wünschen. Vielleicht spüren Sie die Zumutungen nicht einmal.

Für eine fehlende Gegenwehr gilt allerdings das Gleiche wie für eine übertriebene. Wie die einen nur unter Stress ihren Stachel ausfahren, ist auch ein Verzicht auf Selbstbehauptung von der Situation abhängig. Wenn Sie sich sicher und geliebt fühlen, dann zeigen Sie auch Ecken und Kanten. Es sind verunsichernde Situationen, in denen Sie sich zurücknehmen und gegenüber Zumutungen fühllos werden. In diesen Situationen hilft Ihnen eine Rückmeldung von anderen. Diese könnten Sie auf folgende Weise einholen.

- „Ist eigentlich gerade rübergekommen, wie ich über die Sache denke?“
- „Findest du, dass ich unsere Mutter zu sehr in Schutz nehme?“
- „Sie wissen, dass ich anderen nicht gern wehtue. Wenn Sie einmal den Eindruck haben, dass ich bei unguten Entwicklungen nicht gegensteuere, dann sagen Sie es mir bitte.“
- „Du wirkst, als könntest du es keinen Tag an Eriks Seite aushalten. Ich glaube, ich verstehe das noch nicht richtig.“

Die Antworten auf solche Fragen können für Sie sehr aufschlussreich sein. Noch besser werden Sie sich verstehen, wenn Sie Ihren Prägungen auf die Spur kommen.

Erkennen Sie sich selbst

Kinder kommen mit einer natürlichen Wehrhaftigkeit zur Welt. Manchen Kindern wird es allerdings aberzogen, sich zu wehren. Die Familiensituation lässt wenig Raum für Empfindsamkeit. Initiative wird entmutigt. Manche Kinder werden auch übermäßig zum Verständnis erzogen. Was das für Folgen hat, zeigen vier typische Lebensgeschichten.

Nicht wahrgenommen. Mit Wucht trifft die Metallschaufel Paulines Kopf. Pauline erstarrt und blickt zu ihrer Mutter, als ob sie von ihr einen Hinweis sucht, wie sie reagieren soll. Die sagt genervt: „Ach, Ben!“ und schiebt den kleinen Bruder in eine andere Ecke des Sandkastens. Dann wendet sie sich an Pauline: „Nicht so schlimm.“

Wer die gespenstische Szene beobachtet, fragt sich: Warum weint Pauline nicht? Warum protestiert sie nicht? Warum sucht sie nicht den Trost und die Hilfe ihrer Mutter? Wir ahnen: Pauline hat das in der Vergangenheit sicher versucht, wie alle Kinder. Doch wenn ein Kind in seinen Tränen, seinem Zorn und seinem Protest nicht wahrgenommen wird, dann stellt es diese Reaktionen irgendwann ein. Nur impulsive Kinder werden immer heftiger, bis sie ihre Eltern zu einer Reaktion zwingen. Ruhige Kinder wie Pauline dagegen nehmen die Dinge hin. Schließlich ist nicht alles schlecht. Es gibt auch Grund, zufrieden zu sein.

Diese Prägung vertieft sich im Lauf des Lebens. Erzieherinnen brauchen Kinder wie Pauline, weil die lauten sie schon genug Nerven kosten. Später hat die Lehrerin beim Elterngespräch merklich Mühe, die Schülerin Pauline vor ihrem inneren Auge erscheinen zu lassen. Auch als Erwachsene wird Pauline niemandem wehtun und von niemandem etwas fordern.

Kinder kommen mit einer natürlichen Wehrhaftigkeit zur Welt. Manchen Kinder wird es allerdings aberzogen, sich zu wehren.

Kein Raum für Empfindsamkeit. Manche Kinder werden in eine Familie geboren, in der es Spannungen und Probleme gibt. Die Traurigkeit eines Kindes würde der Mutter eine weitere Last auflegen, unter der sie noch gebeugter geht. Ein Tropfen Zorn kann das Emotionsfass des Vaters zum Überlaufen bringen. Kinder spüren, wie nichtig ihre Bedürfnisse sind angesichts der drückenden Probleme der Großen. Manche Kinder entscheiden sich für die Rolle des Sonnenscheins. Andere werden still und unkompliziert, um nicht selbst noch zu den Spannungen beizutragen. Auch dieser Lebensstil setzt sich im Erwachsenenalter fort. Glücklicherweise machen unkomplizierte Menschen in ihren Beziehungen auch andere Erfahrungen. Sie entdecken, dass ihre Wut ernstgenommen wird, wenn sie berechtigt ist. Sie pflegen Freundschaften, in denen ihre Sorgen und Wünsche willkommen sind. Doch sobald Spannungen aufkommen, fallen sie in das Muster der Unkompliziertheit zurück.

Entmutigung. Im Kapitel Vermeiden habe ich schon beschrieben, wie wichtig die Erfahrung der Wirkmächtigkeit ist: „Mit meinem Verhalten kann ich bei Menschen, die mir wichtig sind, etwas bewirken." Wenn ein Kind nichts bewirkt, kann es mit Vermeidung reagieren. Andere Kinder reagieren mit einer Entmutigung, die stille Konsequenzen zieht und Betroffenen oft nicht einmal bewusst ist. Weil sie erlebt haben, dass Streit nichts bringt, gehen sie den Weg des geringsten Widerstandes. Weil ihre Leistungen kaum gewürdigt werden, setzen sie sich bescheidene Ziele, für die sie nicht kämpfen müssen und für die sie keine Hilfe anderer brauchen. Im späteren Leben erfahren auch Menschen mit dieser Prägung Ermutigung: Jemand verliebt sich in sie, jemand zeigt anhaltendes Interesse oder begeistert sich für ihre Leistungen. Dann blühen Entmutigte auf wie eine satt gedüngte Pflanze. Sie entfalten eine persönliche Lebendigkeit und können sich mit großer Energie für eine gute Sache einsetzen. Doch wenn das besondere Interesse nachlässt, geht auch die Blütezeit vorbei. Dann gleichen sie wieder der anspruchslosen Grünpflanze in einem Männerbüro, die kaum jemandem auffällt, aber auch bei nachlässiger Behandlung nicht eingeht.

Zum Verstehen geboren. Manche Familien müssen sich einer besonderen Herausforderung stellen: den Härten einer Landwirtschaft, der Fürsorge für ein behindertes Kind, einer pflegebedürftigen Oma, die ein schwieriger Mensch ist. Eltern wünschen sich dann von ihren Kindern vor allem Verständnis. Ihr Kind soll sich zum Beispiel nicht über den behinderten Bruder ärgern oder über die seltsame Oma, auch wenn ein Kind eigentlich zu Recht leidet und Schutz bräuchte. Außerdem soll das Kind verstehen, dass den Eltern nicht mehr viel Kraft bleibt und dass diese auch einmal aus der Haut fahren, wenn ihnen alles zu viel wird. In diesem Familienklima werden Kinder zu einem Verständnis erzogen, das alles hinnimmt und sich für andere zurücknimmt. Dieses Verhaltensmuster prägt sich tief ein. Wer so geprägt ist, wird auch als

Erwachsener wenig Raum einnehmen, für Zumutungen Verständnis aufbringen und vieles ertragen.

Menschen ohne Stacheln haben oft mehrere der beschriebenen Erfahrungen gemacht, wenn auch nicht alle in der gleichen Intensität. Auf einem Weg der Veränderung überwinden Sie diese Prägungen.

So ändern Sie Ihr Verhalten

Manchmal begleite ich Menschen, die von anderen zu einer Veränderung gedrängt werden. „Ich muss streiten lernen", höre ich dann. Oder: „Meine Frau will, dass ich stärker werde." Doch sich verändern *müssen* ist anstrengend. Ein Anstoß von außen kann etwas in Bewegung bringen, doch nur die eigene Motivation kann eine Veränderung voranbringen. Außerdem ist es ja kein Selbstzweck, sich zu wehren oder als Persönlichkeit Raum einzunehmen. Beides braucht einen guten Grund.

Wenn Sie sich in diesem Kapitel wiederfinden, gibt es zwei gute Gründe für eine Veränderung. Zum einen ist jedem Menschen auch eine Fürsorge für die eigene Person anvertraut. Wenn Sie die Kindheitsgeschichten der vorangegangenen Abschnitte lesen, tut Ihnen das Kind, das Sie früher waren, nicht auch leid, wo es seine natürliche Empfindsamkeit und Gegenwehr unterdrücken musste? Jedes Kind hat ein Recht auf Schutz, Entfaltung und auf ein offenes Ohr für die Dinge seines Lebens, mit denen es sich nicht wohlfühlt. Doch viele gehen heute mit sich selbst genau so um, wie in der Kindheit mit ihnen umgegangen wurde. Sie bügeln ihre eigenen Empfindungen ab mit einem: „So schlimm ist das doch nicht." Sie bremsen selbst ihren berechtigten Zorn, ihre Lebendigkeit, ihre Wünsche und Impulse. Die Verantwortung für sich selbst kann also ein erster Grund für eine Veränderung sein.

Doch nicht nur in Ihrer Person liegen Gründe, sich ein paar Stacheln mehr zuzulegen. Die Aufgaben, die Ihnen anvertraut sind, verdienen Beachtung. Die Werte, an die Sie glauben, verdienen es, verwirklicht zu werden. Die Menschen, die Ihnen lieb sind, verdienen einen kämpferischen Rückhalt, wo sie ihn einmal benötigen. Für Ihre Alltags- und Lebensaufgaben brauchen Sie ein Mindestmaß an Selbstbehauptung, ohne das vieles auf der Strecke bleibt. Ihr Veränderungsweg führt Sie von innen nach außen: Spüren Sie, was los ist! Lernen Sie sich zu reiben! Und: Folgen Sie Ihrer Mission!

Spüren Sie, was los ist

In der Medizin hat eine örtliche Betäubung einen erstaunlichen Effekt: Ein Zahnarzt bohrt und Sie spüren keinen Schmerz. Ein Hautarzt führt eine kleine Operation durch, die nur als leichtes Ziehen spürbar ist. Wenn Sie zur Zufriedenheit erzogen wurden, dann gibt es in Ihrer Seele örtliche Betäubungen. Sie erleben etwas und wissen: Andere würden sich hier furchtbar aufregen, weinen oder aus der Situation fliehen. Aber Sie spüren kaum etwas. An dieser Stelle leben Sie in einem Zustand der Selbstbetäubung, aus dem Sie aufwachen können.

Hier muss ich Sie allerdings über eine Nebenwirkung aufklären. Nicht-spüren-müssen ist auch ein Selbstschutz. Falls Sie in einer sehr schwierigen Ehe leben oder einen sehr unangenehmen Job haben, gehen Sie ein Risiko ein, wenn Sie spüren, was los ist. Im schlimmsten Fall ertragen Sie Ihre Ehe oder Ihren Job nicht mehr. Manche treffen hier einen mutigen Entschluss: „Lieber eine Trennung oder einen Jobverlust riskieren, als in einem Zustand der Betäubung leben – vielleicht verbessert sich meine Ehe oder mein Job ja auch, wenn ich mich weiterentwickle." Aber wenn Sie gerade kein Risiko eingehen wollen, lesen Sie lieber nicht weiter. Manchmal ist es auch ein Segen, bestimmte Dinge nicht spüren zu müssen. Vermutlich sind Sie aber nicht in einer kritischen Lebenssituation. Dann werden Sie durch die folgenden Schritte gewinnen.

> Jedes Gefühl hat einen guten Grund und verdient es wahrgenommen zu werden.

„Jedes Gefühl hat einen guten Grund und verdient es, wahrgenommen zu werden." Mit einer solchen Haltung heißen Sie die Regungen in Ihrem Inneren willkommen: Ihre Empfindsamkeit, Ihre Wünsche und Sehnsüchte, aber auch Ihren Zorn. Auch negative Gefühle vermitteln eine wichtige Botschaft. Zorn sagt: „Da tut einer etwas, das mir nicht guttut und wozu er kein Recht hat." Neid sagt: „Das hätte ich auch gerne." Selbst Ekel und Verachtung verdienen Gehör: „Da ist etwas so abstoßend, mit dem will ich nicht in Berührung kommen." Natürlich ist es nicht immer klug, Gefühle auszusprechen oder aus ihnen heraus zu handeln. Aber die Gedanken sind frei und die Gefühle auch. Wenigstens in Ihrem Inneren sollten sie sich zeigen dürfen. Dann können Sie immer noch prüfen, was zu tun ist. Manchmal klärt sich im Gespräch mit einer Vertrauensperson, welche Konsequenzen man aus seinen Empfindungen zieht.

Einem Kollegen werden Sie vielleicht nicht offen sagen, wie abstoßend Sie als Frau seine Witze finden. Aber vielleicht weisen Sie ihn diplomatisch darauf hin, dass die männlichen Kollegen für seine Witze wohl mehr Sinn haben. Aber selbst wenn Sie einmal an einer Situation nichts ändern können, verdienen Sie Ihr eigenes Mitgefühl. Dann gestehen Sie sich auch das Recht zu, sich von anderen einmal trösten und schützen zu lassen.

Noch nie ist jemand aus einer Selbstbetäubung aufgewacht, ohne seinem inneren Zensor zu begegnen. Er meldet sich oft mit Sätzen wie den folgenden:

- „Stell dich nicht so an!"
- „Sei nicht so kompliziert."
- „Du bist doch nicht der Nabel der Welt. Warum soll sich alles um dich drehen?"
- „Das empfindest du sicher falsch."
- „Du musst Verständnis haben."
- „Wo kämen wir denn hin, wenn sich jeder wegen solcher Kleinigkeiten aufregen würde?"
- „Wenn du dich hier aufregst, dann gibt es einen Streit ohne Ende."

Manchmal haben das Eltern genauso gesagt. Häufig wurden diese Sätze aber nicht ausgesprochen. Allein die Familienatmosphäre hat ihre Botschaft vermittelt.

Der innere Zensor setzt die Betäubungsspritze an. Wenn Sie ihn gewähren lassen, werden Sie nach kurzer Zeit nichts mehr spüren. Daher sollten Sie sich der Zensur entgegenstellen:

- „Unsinn. Ich stelle mich nicht an, ich nehme nur wahr, dass es mir in dieser Situation nicht gut geht."
- „Ich kann meinen Gefühlen in aller Regel trauen."
- „Verständnis heißt nicht, dass ich alles über mich ergehen lassen muss."

Wenn Sie die selbstbetäubende Stimme wahrnehmen und entkräften, bleibt Ihnen eine letzte Herausforderung. Denn die Selbstbetäubung hatte ja ihren Sinn. Sie hat Sie früher vor Situationen bewahrt, in denen Ihre Empfindsamkeit von anderen als störend, nervig, lästig, belastend oder egoistisch gesehen worden wäre. Die Selbstbetäubung hat Sie vor den Auseinandersetzungen geschützt, die für Sie oft entmutigend geendet haben. Je mehr Sie spüren, desto mehr wird es Sie motivieren, unangenehme Situationen zu verlassen oder eine Auseinandersetzung zu wagen. Diesen Mut müssen Sie nun aufbringen. Mut ist eigentlich nur ein anderes Wort für Vertrauen. Sie dürfen vertrauen, dass die meisten Menschen heute Ihre Gefühle, Wünsche und Abneigungen verstehen. Und Sie dürfen vertrauen, dass Sie mit den wenigen Situationen klarkommen, in denen Ihre Gegenwehr und Ihre Initiative nicht auf Offenheit stoßen.

Entdecken Sie Ihren sanften Einfluss

Von Ihnen geht wenig Aggression aus. Das wird Ihnen beim nächsten Schritt ein Vorteil sein. Andere werden sich von Ihnen fast alles sagen lassen, weil sie sich von Ihnen nicht bedroht fühlen. Menschen ohne Stacheln können andere auf peinliche Dinge hinweisen, ohne dass es beschämend ist. Sie können andere sanft mit Fehlverhalten konfrontieren. Denn die uneigennützige Art, mit der Sie andere ansprechen, fühlt sich nicht wie eine Machtausübung und auch nicht wie ein persönlicher Angriff oder eine Geringschätzung an.

Vielleicht sind andere schon auf Sie zugegangen: „Sag du es ihm lieber."

„Wieso ich?", haben Sie dann vielleicht gefragt. Die Antwort liegt in Ihrem Wesen.

In Ihrem niedrigen Aggressionspegel liegt noch ein weiterer Vorzug. Denn es gibt nicht nur den hässlichen, verletzenden Streit. Es gibt auch den anregenden Streit. In einem guten Streit spüren wir uns selbst und den andern. Wir fühlen uns lebendig. Geschwister suchen diesen Streit, auch wenn er gelegentlich in verletzende Formen umschlagen kann. Viele Ehepaare berichten sogar: „Nach einem Streit haben wir besonders guten Sex." Streit schafft Nähe und bringt Menschen in Kontakt mit ihrer Leidenschaft. Menschen mit hohem Aggressionspegel erleben die positive Qualität von Auseinandersetzungen kaum. Denn sie geraten schnell in einen Machtkampf oder in einen Kreislauf, in dem einer den anderen verletzt. Weil Sie aber nicht zur Eskalation neigen, können Sie Auseinandersetzungen auf einem anregenden und verbindenden Level halten.

Kennen Sie sanfte Menschen, die gelegentlich trotzdem in eine Auseinandersetzung gehen? Dann haben Sie bereits ein Vorbild, an dem Sie sich orientieren können. Vielleicht sind es Menschen, die mit Humor und durch die Blume etwas Ernstes sagen, was einfach einmal gesagt werden musste.

Vermutlich werden Ihnen die üblichen Kommunikationstipps grob erscheinen: „Sagen Sie offen, was Sie sich wünschen, wie Sie sich fühlen und was Sie stört. Setzen Sie Ich-Botschaften ein. Beharren Sie ruhig, aber eindeutig auf Ihrem Recht." Auch wenn das alles wirksame Kommunikationsstrategien sind, sind sie doch sehr direkt. Daher stelle ich Ihnen einige sanfte Mittel der Auseinandersetzung vor. Sie passen vielleicht besser zu Ihnen.

Fragen. Wer fragt, führt. Fragen leiten andere zu den Dingen, die sie nicht berücksichtigt haben. Fragen überführen unfaires Verhalten. Durch Fragen werden sich Menschen ihrer Verhaltensweisen und ihrer Absichten bewusst. Deshalb sind auch sie ein wirkungsvolles Mittel, obwohl sich der Fragende im Hintergrund hält.

- „Wie wird es unseren Kindern damit wohl gehen?"
- „Dürfte ich das bei dir umgekehrt auch tun?"
- „Inwiefern sind die Interessen meiner Abteilung dabei berücksichtigt?"
- „Was denkst du, wo wir in einem halben Jahr stehen, wenn wir das so machen?"

Sich anderen in den Weg stellen. In Ehen, Freundschaften, Gremien und auch in vielen Teams gilt das Konsensprinzip. Zunächst versucht man, eine Lösung zu finden, der sich alle oder zumindest möglichst viele anschließen können. Dadurch wächst jedem einzelnen eine Vetomacht zu. Wer nicht mitgeht, der übt Einfluss aus. Daher können Sie dies auch als sanftes Einflussmittel nutzen.

- „Ich kann mich damit nicht identifizieren, solange ..."
- „Dem kann ich mich nicht anschließen, weil ..."
- „Da kann ich nicht mit, wenn ..."
- „Das kann ich so nicht mittragen."

Sie werden staunen, was solche kleinen Sätze in Bewegung bringen können. Als Person nehmen Sie dadurch ungewohnt viel Raum ein. Vielleicht kommen Sie sich egoistisch, kompliziert oder überempfindlich vor. Aber jeder darf sich anderen ab und zu in den Weg stellen. Dadurch werden Sie auch für andere spürbar. Außerdem verschaffen Sie den Dingen, an die Sie glauben und die Ihnen wichtig sind, ein angemessenes Gewicht.

Ein mission statement. Wer seine Mission in den Vordergrund stellt, darf mit seiner Person in den Hintergrund treten. Trotzdem wird sichtbar, wofür einer steht. Das gilt auch für die alltäglichen Dinge. Einen Dauerredner in Ihrem Team könnten Sie offen konfrontieren: „Eduard, jetzt mach doch mal einen Punkt. Sonst kommt ja keiner mehr zu Wort." Ihre Kollegen würden sich freuen, dass auch Sie einmal Eduard stoppen. Aber eine solche Konfrontation ist vielleicht nicht Ihre Art. Ein stilles Statement genügt, in einem Moment eingeworfen, in dem Eduard Luft holen muss: „Ich fände es gut, wenn die Kollegen von der Grafik auch noch etwas sagen könnten." Sie merken: Sie müssen sich nicht in den Vordergrund stellen und auch nicht kämpferisch auftreten. Auch mit sanften Mitteln gewinnen Sie Profil und üben Einfluss aus. Allerdings gibt es Schlüsselmomente im Leben, in denen Sie aus der Deckung gehen sollten.

> Wer Orientierung sucht, will einen Standpunkt spüren, hinter den sich ein anderer mit seiner ganzen Person stellt.

Lernen Sie sich zu reiben

Manchen Menschen ist man eine offene Auseinandersetzung schuldig, einem Liebespartner zum Beispiel. Denn wie schon erwähnt haben Konflikte viele positive Wirkungen: Sie bauen Spannungen ab, bereinigen Probleme, die sonst vielleicht unter den Teppich gekehrt werden würden. Konflikte schaffen Nähe, und Reibung erzeugt Wärme. Und schließlich laden sie eine Paarbeziehung immer neu erotisch auf, weil sich eine Spannung zwischen Mann und Frau und zwischen zwei unterschiedlichen Persönlichkeiten aufbaut.

Auch unter Geschwistern, Kollegen und Freunden gibt es manchmal Schlüsselmomente, die eine Reibung erfordern: Eine Person ist auf dem Holzweg und braucht Korrektur. Wenn sie später ihre Fehler einsieht und den Schaden bilanziert, wird sie vielleicht enttäuscht fragen: „Warum hast du mir nie etwas gesagt? Hast du nicht bemerkt, dass ich mir selbst schade?"

In anderen Situationen sucht eine Person Orientierung. Sie möchte hören, was Sie wirklich denken. Eine diplomatische oder sachliche Antwort genügt hier nicht. Wer Orientierung sucht, will einen Standpunkt spüren, hinter den sich ein anderer mit seiner ganzen Person stellt.

Eine Kollegin zum Beispiel könnte die Teamleitung übernehmen, müsste dafür aber erheblich mehr arbeiten. Nun steht Sie vor Ihnen und fragt: „Was denkst du?" Folgende Antwort wäre zwar nett gemeint, aber trotzdem enttäuschend: „Tja, beides hat seine Vor- und Nachteile. Letztlich musst du es wissen. Ich traue es dir auf jeden Fall zu."
In solchen Schlüsselmomenten braucht es eine klare, spürbare Position, an der sich ein anderer reiben kann: „Wenn ich vor der Entscheidung stünde, würde ich das auf keinen Fall machen. Du bekommst ja kaum mehr Gehalt. Mir ist die Entspannung am Abend und die Zeit für Freunde wichtiger."
Nun ist die Mission aber noch nicht beendet. Mit Ihrem klaren Standpunkt beginnt die Auseinandersetzung. Ihre Kollegin wird vielleicht antworten: „Ja, aber soll ich hier bis zur Rente dasselbe machen, das ist doch langweilig. Man muss sich doch einmal herausfordern lassen."
Jetzt nicht ausweichen, sondern weiter spürbar bleiben und eine Reibungsfläche bieten: „Den Gedanken verstehe ich. So ein Aufstieg hat schon seinen Reiz. Ich denke aber: Da freut man sich kurz und ist stolz und dann verschlingt einen die Arbeit."
„Willst du mir das jetzt ausreden"?
„Nein, natürlich nicht. Ich sage dir nur, was ich denke und wie ich entscheiden würde."
„Ja, interessant. Danke."

In ähnlicher Weise können Sie einen spürbaren Standpunkt beziehen, wenn es um gemeinsame Entscheidungen geht. Kompromissbereit können Sie sich auch dann noch zeigen, wenn Ihr Standpunkt klar geworden ist.

Vermutlich spüren Sie Ihren Standpunkt nicht immer sofort. Wenn Sie ihn nur selten ausgesprochen haben, fehlen Ihnen vielleicht Formulierungen. Bis Sie etwas mehr Übung haben, dürfen Sie sich aus dem folgenden Baukasten bedienen.

Klartext-Baukasten

Situationsbewertung:
abstoßend, unangenehm, peinlich, ungerecht, anstößig, langweilig, beunruhigend, gefährlich, ziellos

Bewertung von Verhaltensweisen:
unhöflich, provozierend, aufreizend, voreilig, abwertend, grenzüberschreitend, überheblich, einschüchternd, unehrlich, unzuverlässig, ausnutzend, respektlos, unverschämt, verantwortungslos, bequem, geistlos, geschmacklos

Bewertung von Folgen:
schädlich, unkalkulierbar, nachteilig, trennend, eine Beziehung/das Vertrauen verletzend

Solche Klartext-Formulierungen können andere gut annehmen, wenn Sie sie als einen persönlichen Standpunkt äußern, zum Beispiel:

„Eigentlich ist es mir egal, ob wir in die Berge oder ans Meer fahren. Aber eine Sorge habe ich. Wenn wir ans Meer fahren, dann bist du vielleicht damit zufrieden am Strand zu liegen, während ich gerne mal etwas unternehmen würde. Das wäre für mich *unangenehm*. In den Bergen dagegen werden wir beide aktiv. Deshalb möchte ich das nicht voreilig entscheiden. Wir können ja beides einmal durchplanen und am Ende schauen, was besser ist."

Ein solches Statement klingt kompromissbereit, und ist doch eine klare, spürbare Position.

Inzwischen bemerken Sie sicher: Es sind gar keine großen Umwälzungen, durch die Sie ein Profil und den nötigen Einfluss gewinnen. Es gibt sanfte Formen, andere zu korrigieren, herauszufordern und einen spürbaren Standpunkt zu beziehen. Damit eignen Sie sich jenes Mindestmaß an Selbstbehauptung an, das wir uns selbst und anderen manchmal schulden.

Einigen wenigen Auseinandersetzungen dürfen Sie allerdings aus dem Weg gehen. Sie sollten es sogar.

Meiden Sie selbstbezogene Menschen

Es gibt Menschen, die mit ihrer Person so viel Raum einnehmen, dass für Sie keiner mehr bleibt. Es gibt verschiedene Ursachen, die Menschen selbstbezogen machen: zu viel eigene Probleme; eine starke Empfindsamkeit und Kränkbarkeit; das Gefangensein in einer Sucht oder einer psychischen Erkrankung; ein Ehrgeiz, der die persönlichen Ziele über die Beziehung zu anderen stellt; Dünkel und ein übertriebenes Gefühl der eigenen Bedeutsamkeit. Diese unterschiedlichen Ursachen haben die gleiche Wirkung: Menschen sehen vor allem sich selbst und nehmen andere kaum wahr. Sie suchen sich Bezugspersonen, die sich zurücknehmen und in der Beziehung eine passive Rolle einnehmen.

Diese Beschreibung lässt Sie bereits ahnen: Solche Menschen tun gerade Ihnen nicht gut. Wenn selbstbezogene Menschen Einfluss auf Sie gewinnen, dann verstärken sie Ihre Schwäche. Sie vertiefen die Prägungen, die Sie überwinden wollen. Deshalb dürfen Sie solchen Menschen aus dem Weg gehen. Wo das nicht möglich ist, etwa bei Kollegen, da können Sie sich auf das Mindestmaß an Kontakt zurückziehen, das es für eine gute Zusammenarbeit braucht. Für nähere Beziehungen werden Sie genügend Menschen finden, die Ihnen auch Raum lassen. In der Gegenwart der richtigen Menschen wird Ihre Schwäche zum Gewinn.

Genießen Sie Ihre Gelassenheit

In einer Welt voller Stacheltiere brauchen wir Menschen, die sich selbst nicht so wichtig nehmen und eine Situation entspannen können. Was wir in diesem Kapitel als Schwäche betrachtet haben, ist in vielen Situationen auch eine Stärke. Menschen ohne Stacheln sind Freunde, mit denen man wunderbar entspannen kann. Von ihnen fühlt man sich bedingungslos angenommen. Sie sind angenehme Kollegen, ein Ruhepol im stressigen Job. Sie sind Ehepartner, die das Zuhause zu einer Kraftquelle machen. Diese Qualitäten werden Sie auch nicht verlieren, wenn Sie etwas mehr Einfluss gewinnen, sich anderen einmal in den Weg stellen oder sich in Schlüsselmomenten einmal reiben.

Dieses Kapitel hat Ihre Wahrnehmung geschult, wann Sie anderen eine Auseinandersetzung schuldig sind. Es sind die wenigen Momente im Leben, in denen ein anderer einen spürbaren Standpunkt braucht, eine Korrektur herausfordert oder Sie auch als Mitstreiterin oder Mitstreiter braucht. In vielen anderen Situationen dürfen Sie gelassen an Problemen vorbeigehen, an denen sich andere aufreiben.

Wie bei anderen Schwächen kann es vorkommen, dass andere Sie in eine Schublade stecken. Sie werfen Ihnen dann ein Unbeteiligtsein vor, wo Sie niemandem eine Auseinandersetzung schuldig sind. Vielleicht empört sich ein Kollege über die Büroausstattung, die er unzureichend findet. Er wünscht sich, dass Sie an seiner Seite um bessere Bedingungen kämpfen. Doch Sie wissen: Fast niemand in der Firma hat bessere Büros. Es ist völlig sinnlos, sich aufzuregen. Vielleicht wird Ihnen der Kollege dann einen Vorwurf machen: „Du nimmst wohl alles hin?“ Für andere Situationen in Ihrem Leben könnte diese Kritik ein Körnchen Wahrheit beinhalten. Hier aber nicht. Deshalb können Sie auch gelassen antworten: „Tut mir leid, ich komme mit dem Büro ganz gut klar. Ich glaube auch nicht, dass wir hier viel erreichen werden.“

In einer Welt voller Stacheltiere brauchen wir Menschen, die sich selbst nicht so wichtig nehmen und eine Situation entspannen können.

Ein Lebensstil der Gelassenheit, der sich gelegentlich auch einmal auseinandersetzen kann, bewahrt Sie vor unnötigen Kämpfen. Er konzentriert Ihre Energie auf die wesentlichen Dinge des Lebens. Wenn Sie mit Ihrem Lebensthema noch weiterkommen wollen, beschreiten Sie einen spirituellen Weg. Er führt Sie zum heiligen Zorn.

Gehen Sie einen spirituellen Weg

Wenn sanftmütige Menschen der Zorn packt, dann horchen wir auf. Hier muss etwas verletzt sein, das absolut schützenswert ist. Aber wann muss auch der Sanfteste zornig werden? Das ist eine spirituelle Frage. Wenn wir uns mit dieser Frage der christlichen Tradition nähern, stellen wir fest: Jesus lebte ein Leben der Selbstzurücknahme und des Hinnehmens. Ein Mensch ohne Stacheln würden wir urteilen, wenn wir einige Stellen der biblischen Überlieferung ausklammern.

Jesus lebte etwa 30 Jahre ganz unauffällig, als Handwerker im Kreis seiner Herkunftsfamilie. Als er sein öffentliches Wirken beginnt, hat er nicht nur Erfolge. In seiner Heimatstadt Nazareth wird er nicht ernst genommen. Jesus nimmt das hin. Viele Schüler sind durch die Radikalität seines Lebens abgeschreckt. Sie verlassen ihn. Jesus nimmt das hin. Er findet vorwiegend bei den einfachen Menschen Aufnahme, die Eliten distanzieren sich. Auch das nimmt Jesus hin. Der religiösen Oberschicht wird der Einfluss Jesu dennoch zu groß. Sie beschließen seinen Tod. Jesus willigt ein: „Es muss so sein." Er entschuldigt sogar Pilatus, der das Todesurteil ausspricht. Für die, die ihn den qualvollen Tod sterben lassen, bittet er Gott um Vergebung.

Diese Wehrlosigkeit findet allerdings einige wenige Kontrapunkte. Sie führen uns zum Geheimnis des heiligen Zorns. Nur ein einziges Mal in seinem Leben bewaffnet sich Jesus (Johannes 2,13ff). Im Vorhof des Tempels in Jerusalem wurde reger Handel betrieben. Praktischerweise ließen sich hier die Tauben, Schafe und Ochsen kaufen, die für das Opfer nach Gottesdienstvorschriften benötigt wurden. Geldwechsler sorgten für die passende Währung. Wir können uns die Stimmung an diesem Platz vorstellen: Rufen, Feilschen, Diskussionen, Tratsch. Jesus bindet Stricke zu einer Peitsche. Er treibt die Händler samt ihren Tieren aus dem Tempel. Er stößt die Tische der Geldwechsler um und schüttet ihr Geld aus. Hier ist Schluss mit lustig. Wenn ein Ort der Besinnung zum Markt verkommt, packt Jesus ein heiliger Zorn. Offenbar ist für Jesus hier etwas Heiliges berührt, ein Bereich, der absolut schützenswert ist.

Einen ganz anderen Auslöser hat ein weiterer Moment heiligen Zorns. Die jüdische Gruppierung der Pharisäer steht Jesus eigentlich nahe. Denn auch sie setzt Gott an die erste Stelle. Auch sie fordert, dass der Glaube im Alltag konsequent gelebt wird. Aber in einem wesentlichen Punkt steht Jesus im scharfen Gegensatz zu den Pharisäern. Er will Menschen, die voraussetzungslose Liebe Gottes vermitteln und sie zu einem kindlichen Vertrauen einladen. Die Pharisäer dagegen üben Macht über das Gewissen aus. Sie beschweren Glaubende mit so vielen religiösen Vorschriften, dass ihnen darüber die Beziehung zu Gott verstellt wird. Das wird zum Anlass für eine flammende Kritik, die man nicht in der Bibel vermuten würde. Sie ist uns im 23. Kapitel des Matthäusevangeliums überliefert. Jesus nennt die Pharisäer blinde Führer, Narren und Schlangenbrut. Er vergleicht sie mit Gräbern, die von außen schön anzusehen sind, aber nur tote Knochen beherbergen. Jesus lässt hier einem heiligen Zorn Raum. Es sind die Heuchelei der religiösen Elite und ihre Machtausübung über das Gewissen, die hier den Zorn von Jesus wecken. Auch das Gewissen gehört zum Heiligen, das unbedingt schützenswert ist. Wer das Gewissen von Menschen fehlleitet, beschwert oder verdunkelt, richtet auf spiritueller Ebene großen Schaden an. Er schädigt Menschen in einer Weise, die ihre Empfänglichkeit für Gott zerstören kann. Ich habe schon Menschen begleitet, die das erlebt haben. Ihr Heilungsweg dauert lange.

Heiliger Zorn darf, was die zwischenmenschlichen Spielregeln sonst einschränken: scharf kritisieren, den Gefühlen freien Lauf lassen, Fehler ohne Schonung ans Licht ziehen und vielleicht auch einmal einen Tisch umstoßen. Eine Berechtigung zur Gewalt lässt sich hieraus freilich nicht ableiten. Denn Jesus war den Händlern als einzelner körperlich unterlegen. Seine Macht war alleine moralisch begründet.

Auch heute finden sich Anlässe für heiligen Zorn. Auch heute gibt es Heuchelei. Auch heute üben Menschen Macht über das Gewissen anderer aus, nicht nur in der Kirche, sondern auch an Arbeitsplätzen und in Familien. Menschen missbrauchen Vertrauen. Auch heute wird „Heiliges“ – unbedingt Schützenswertes – instrumentalisiert und verzweckt: Liebe und Körper dienen Geschäftsinteressen, der Glaube wird zum Marktplatz, auf dem Händler magische Einflüsse, Heilungsmittel und Glück feilbieten. Menschen nutzen die Not anderer aus, um sich zu bereichern. Andere lassen Schutzbefohlene im Stich oder beuten sie sogar für ihre Bedürfnisse aus. Einige bemänteln selbstbezogenes Verhalten so geschickt, dass sie in der Familie, am Arbeitsplatz oder selbst in der Kirche ungestraft durchkommen. Es gibt daher einige Anlässe für heiligen Zorn.

Als sanfter Mensch mögen Sie vieles aushalten und entschuldigen. Es gibt jedoch Werte, die absolut schützenswert sind, und wehrlose Menschen, die jemanden brauchen, der für sie einsteht. Heiliger Zorn führt zur reinsten Form der Gegenwehr. Wenn Sie sich berühren lassen, wo Menschen verletzt und Werte missachtet werden, wachen Sie aus einer moralischen Betäubung auf. Eine noch unsichere Empörung entfaltet sich zum Zorn, wenn Sie ihr Raum geben. Das führt nicht zu einem Wutausbruch, über den Sie keine Kontrolle hätten. Sie willigen darin ein, dass ein guter Zorn Sie überwältigt, bis Ihr Körper davon erfasst ist. Diese willentliche Entfesselung befähigt sie zu einer kraftvollen Körpersprache und unmissverständlichen Worten.

> Ein heiliger Zorn hinterlässt einen bleibenden Eindruck. Vielleicht kann man dies sogar als Bestimmung sanfter Menschen deuten.

Ein heiliger Zorn brennt sich in das Gewissen anderer ein und hinterlässt einen bleibenden Eindruck. Vielleicht kann man dies sogar als Bestimmung sanfter Menschen deuten.

Nachwort

Sicher haben Sie in diesem Buch nicht nur die eigenen Stacheln entdeckt, sondern auch die anderer Menschen. Die beiden Bücher „Meine Stacheln“ und „Stachlige Persönlichkeiten“ gehören daher zusammen. Jedes lässt eine Frage offen. Nach der Veröffentlichung von „Stachlige Persönlichkeiten“ habe ich viele Rückmeldungen wie diese bekommen: „Ich finde mich auch in den stacheligen Typen wieder. Aber was mache ich jetzt gegen meine eigenen Stacheln? Das steht gar nicht im Buch.“ Diese Frage habe ich nun in „Meine Stacheln“ aufgegriffen. Dafür lässt dieses Buch eine andere Frage offen: „Wie gehe ich denn mit den Stacheln anderer um?“ Antworten darauf finden Sie in „Stachlige Persönlichkeiten“.

Wer sich mit seinen Stacheln beschäftigt, sieht manche Beziehungen anders. Vielleicht bemerken Sie heute erst, warum andere Sie kritisiert haben, unter Ihnen gelitten oder sich von Ihnen distanziert haben. Das ist mitunter schmerzlich, kann aber auch heilsam sein. Außerdem versöhnt ein selbstkritischer Blick oft: So böse war der andere gar nicht. Wir sind nur in einer Weise aufeinanderstoßen, durch die sich unsere Schwächen gegenseitig verstärkt haben.

Es gibt einige verhängnisvolle Kombinationen von Schwächen. Wenn sie aufeinandertreffen, können Beziehungen schnell scheitern. Diese Konstellationen stelle ich Ihnen im Folgenden vor.

Energie rauben und abwerten. Selbstüberforderung macht manchmal hilflos. Bei Menschen mit Abwertungsneigung lässt das den inneren Film ablaufen: „Ich bin von Unfähigen umgeben.“ Statt Verständnis zu zeigen, kritisieren sie Selbstüberfordernde hart. Das macht diese aber nur noch hilfloser. Nun können sie gar nicht mehr auf die Bedürfnisse der abwertenden Person eingehen. Das zieht weitere Abwertungen nach sich.

Blenden und abwerten. Selbstdarstellung verspricht mehr, als sie halten kann. Abwertende Menschen schließen dann auf ein grundlegendes

Unvermögen, dem sie sich ausgeliefert fühlen. Sie decken die Selbstdarstellung schonungslos auf und entziehen dem Selbstdarsteller jede Wertschätzung. Das reizt den andern natürlich noch mehr dazu, von seinen Schwächen abzulenken und sich darzustellen.

Einschüchtern und rächen. Auch wenn ein Starker Macht ausübt und ein anderer sensibel für Ungerechtigkeiten ist, kommt es zu einem Teufelskreis. Ein ungerecht Behandelter lässt sich zu heimlichen Strafen hinreißen. Das wird dann vom Starken als Verrat und Vertrauensbruch empfunden. Er antwortet mit Härte. Machtmissbrauch führt so zu Rache, Rache zu Machtmissbrauch.

Grenzen überschreiten und vermeiden. In verhängnisvollen Beziehungen weiß niemand, ob am Anfang die Henne stand oder das Ei. Entweder provoziert die Vermeidung Grenzüberschreitungen, zu denen sich einer hinreißen lässt, der etwas nicht bekommt, worauf er ein Recht zu haben glaubt. Oder es sind Grenzüberschreitungen, durch die sich ein anderer zum Ausweichen gezwungen sieht.

Energie rauben und blenden. Nach diesem Drehbuch spielen sich Ehedramen ab, ihm folgen aber auch andere Beziehungen. Selbstdarstellung weckt bei Menschen, die Unterstützung suchen, überhöhte Erwartungen. Wenn die sich nicht erfüllen, reagieren sie verzweifelt, wütend oder enttäuscht. Für die selbstdarstellende Person wird dies zur Blamage. Sie versucht nun die Probleme von sich wegzuschieben, womit sie automatisch bei der Person landet, die Unterstützung sucht. Es entsteht ein schmerzhaftes Spiel, bei dem einer dem anderen den schwarzen Peter zuschiebt: „Du hast ein Problem!“ Und: „Wenn du nicht ..., dann wäre alles in Ordnung.“

Wenn zwei Schwächen in verhängnisvoller Weise aufeinandertreffen, kommt es zu Verwicklungen. Die Beteiligten müssen gar keine schwie-

Wenn zwei Schwächen in verhängnisvoller Weise aufeinandertreffen, kommt es zu Verwicklungen.

rigen Persönlichkeiten sein. Allein die gegenseitige Verstärkung der Schwächen sorgt für ernste Probleme.

Wie aber gehen Sie damit um, wenn Sie sich einmal in einer solchen Konstellation wiederfinden? Am einfachsten wäre es, das Scheitern einzugestehen und sich aus der Beziehung zu lösen. Aber vielleicht können oder wollen Sie einem anderen nicht aus dem Weg gehen. Dann haben Sie hier ein Trainingsfeld, das Sie reifen lässt. Mit den Strategien dieses Buches können Sie Ihren Teil dazu beitragen, dass sich eine Beziehung verbessert. Aber stellen Sie sich darauf ein: Es wird sehr, sehr schwer werden. Oft macht es den Kopf freier, wenn Sie ein wenig mehr Abstand einnehmen. Das ist selbst in enger Zusammenarbeit mit Kollegen, in Ehen, unter Freunden und Geschwistern möglich. Dann geht man eine Weile freundlich, respektvoll und hilfsbereit miteinander um, wie es etwa eine Krankenschwester oder ein Krankenpfleger tun, die bei aller Zuwendung einen professionellen Abstand wahren.

Zum Glück reagieren die wenigsten Menschen empfindlich auf uns. Die meisten kommen mit unseren Schwächen klar. Und doch werden Sie beobachten: Je mehr Sie Ihre Stacheln entschärfen, desto schöner werden Ihre Beziehungen. Sie werden noch vertrauensvoller, offener, spontaner, lebendiger, gefühlvoller und tiefer. Es lohnt sich also, den Einsichten auf der Spur zu bleiben, die Sie beim Lesen gewonnen haben. Dazu stelle ich Ihnen einen leichten und einen zielstrebigen Weg vor. Der leichte Weg folgt einfach der eigenen Einsicht. Es gibt Erkenntnisse, hinter die man nicht mehr zurückgehen kann. Sie verändern unsere Haltung und unser Verhalten.

Selbsterkenntnis gewinnen Sie schichtweise. Wie beim Häuten einer Zwiebel dringen Sie Schicht für Schicht tiefer vor. Wenn Sie die Kapitel, in denen Sie sich wiedergefunden haben, in einem halben Jahr oder Jahr noch mal lesen, dann werden Sie staunen, welche Einsichten Ihnen beim ersten Mal entgangen sind. In der Zwischenzeit haben Sie neue Erfahrungen gemacht. Sie eröffnen Ihnen eine neue Schicht der Selbsterkenntnis.

Der zielstrebige Weg geht noch systematischer vor. Es wird Ihnen nicht schwerfallen, aus den Anregungen eines Kapitels einen individuellen Trainingsplan zu erstellen. Für das Kapitel Grenzen überschreiten zum Beispiel könnte ein Trainingsplan so aussehen:

- Elisa und Henning fragen, ob sie sich in letzter Zeit vereinnahmt, gedrängt oder durch meine Entscheidungen übergangen gefühlt haben.
- Henning erst einmal in Ruhe lassen, wenn er spät nach Hause kommt und schweigsam ist.
- Elisa es selbst überlassen, ob sie mir Insiderinformationen anvertraut.
- Helene erst anrufen, nachdem sie sich einmal von sich aus gemeldet hat.
- Wenn ich in Stressphasen jemanden für mich eingespannt habe, gleiche ich das in entspannten Phasen mit Hilfsbereitschaft aus.
- Mit der neuen Kollegin *langsam* etwas entstehen lassen.

Wenn Sie auf diese Weise trainieren, setzen Sie gleich mehrere Veränderungen in Gang. Zum einen üben Sie neue Gewohnheiten ein. Zum anderen rufen Sie, sobald Sie sich anders verhalten, bei Ihrem Gegenüber auch andere Reaktionen hervor. Wenn sich der Ehemann Henning abends nicht bedrängt fühlt, wird er selbst mehr Nähe suchen. Durch die neuen Erfahrungen beginnen alte Wunden zu heilen, die hinter den eigenen Schwächen stehen.

Korrigierbarkeit ist als Ziel nicht nur realistischer als Vollkommenheit, sondern auch sympathischer.

Trotzdem kann es bei alledem nicht darum gehen, ein besserer Mensch zu werden. Sie sind bereits liebenswert, so wie Sie sind. Wenn Sie die Selbsterkenntnis zu Selbstkritik verleiten würde, könnte sie Ihnen mehr schaden als nutzen. Korrigierbarkeit ist als Ziel nicht nur realistischer als Vollkommenheit, sondern auch sympathischer. Aber wozu sich dann verändern? Vielleicht ist der beste Grund jener, der sich in dem bescheidenen Kindergebet ausdrückt:

„Hilf, Herr meiner Tage,
dass ich nicht zur Plage
meinem Nächsten bin."

Übersicht

Stachel	**Kindheitsprägungen**	**Veränderung**	**Spiritueller Weg**
Grenzen überschreiten 	Ein starkes Verantwortungsgefühl. Ein Mangelgefühl. Überhöhte Maßstäbe. Die Erfahrung von Missachtung.	Definieren Sie Ihren Einflussbereich! Lernen Sie, Menschen zu gewinnen! Bewältigen Sie Mangelsituationen!	Ein spiritueller Weg zur Freiheit.
Blenden 	Ein Mangel an Aufmerksamkeit. Suche nach Zustimmung und Anerkennung. Unzulänglichkeit und Scham. Angst vor Versagen.	Entdecken Sie das Gewöhnliche! Versöhnen Sie sich mit Misserfolgen!	Ein spiritueller Weg zur Echtheit.
Energie rauben 	Sensibilität. Sich-beweisen-müssen. Abhängigkeit.	Verkleinern Sie Ihr Leben! Lernen Sie sich selbst zu schützen! Suchen Sie professionelle Hilfe! Entlassen Sie andere aus der Verantwortung!	Ein spiritueller Weg zur Einfachheit.

Stachel	Kindheits-prägungen	Veränderung	Spiritueller Weg
Einschüchtern 	„Du darfst nicht schwach sein!" „Geht nicht, gibt's nicht!" „Du bist in wichtiger Mission unterwegs."	Versöhnen Sie sich mit Ihrer Verwundbarkeit! Gehen Sie auf Augenhöhe! Entdecken Sie die Tugend der Barmherzigkeit!	Ein spiritueller Weg des Machtverzichts.
Abwerten 	Unfähigen Bezugspersonen ausgeliefert. In den eigenen Bedürfnissen ignoriert. Im Selbstwert verletzt.	Umarmen Sie die Unvollkommenheit! Nehmen Sie am anderen Maß! Entschärfen Sie Kränkungen!	Ein spiritueller Weg des Vertrauens.
Vermeiden 	Ein Mangel an Hilfe und Rückhalt. Erlernte Hilflosigkeit. Die Erfahrung von Aggression.	Lernen Sie, sich zu schützen! Suchen Sie sich Rückhalt! Führen Sie sich selbst!	Ein spiritueller Weg der Selbstüberwindung.

Stachel	Kindheits- prägungen	Veränderung	Spiritueller Weg
Rächen 	Die Ohnmacht, schlecht behandelt zu werden. Die Ohnmacht, beschämt zu werden. Die Ohnmacht, im Stich gelassen zu werden. Die Ohnmacht, beherrscht zu werden.	Entdecken Sie Ihren Einfluss! Lassen Sie los und vergeben Sie!	Ein spiritueller Weg der radikalen Akzeptanz.
Menschen ohne Stacheln 	Nicht wahrgenommen. Kein Raum für Empfindsamkeit. Entmutigung. Zum Verstehen geboren.	Spüren Sie, was los ist! Entdecken Sie Ihren sanften Einfluss! Lernen Sie sich zu reiben!	Ein spiritueller Weg zum heiligen Zorn.

Literaturverzeichnis

Behary, Wendy T. (2014): Mit Narzissten leben. Wie Sie selbstbezogene Menschen entlarven und dabei wachsen können. Junfermann Verlag, Paderborn.

Berckhan, Barbara (1999): Die etwas intelligentere Art, sich gegen dumme Sprüche zu wehren : Selbstverteidigung mit Worten. Kösel Verlag, München.

Berckhan, Barbara (2012): Wie Sie anderen den Stachel ziehen, ohne sich zu stechen. Gräfe und Unzer Verlag, München.

Berger, Jörg (2008): Das 9x1 des Charakters. Gottes Bild von mir entdecken. Verlag der Francke-Buchhandlung GmbH, Marburg.

Berger, Jörg (2013): Liebe lässt sich lernen. Wege zu einer tragfähigen Paarbeziehung. Verlag Springer Spektrum, Heidelberg.

Berger, Jörg (2014): Stachlige Persönlichkeiten. Wie Sie schwierige Menschen entwaffnen. Verlag der Francke-Buchhandlung GmbH, Marburg.

Bernstein, Albert J. (2012): Emotional Vampires. Dealing with People Who Drain You Dry. McGraw-Hill Publ., New York.

Bramson, Robert M. (1988): Coping with Difficult People. Random House Publ., New York.

Canetti, Elias (2012; 1974): Der Ohrenzeuge. 50 Charaktere. Fischer Taschenbuch Verlag, Frankfurt am Main

Chapman, Gary D. (2012): Die andere Seite der Liebe : Ärger, Wut und Zorn ; wie „negative" Gefühle zur positiven Kraft werden. Brunnen Verlag, Gießen.

Gordon, Thomas (2013): Gute Beziehungen. Wie sie entstehen und stärker werden. Klett-Cotta Verlag, Stuttgart.

Grabe, Martin (2007): Lebenskunst Vergebung. Verlag der Francke-Buchhandlung GmbH, Marburg.

Hinsch, Rüdiger, und Pfingsten, Ulrich (2007): Gruppentraining sozialer Kompetenzen. Beltz Verlag, Weinheim.

Hinsch, Rüdiger, und Pfingsten, Ulrich (2012): Soziale Kompetenz kann man lernen. Beltz Verlag, Weinheim

Jacob, Gitta, und Arntz, Arnoud (2011): Schematherapie in der Praxis. Beltz Verlag, Weinheim.

Kanfer, Frederick H., und Reinecker, Hans (2011): Selbstmanagementtherapie. Ein Lehrbuch für die klinische Praxis. Springer Verlag, Heidelberg.

König, Karl (1999): Kleine psychoanalytische Charakterkunde. Vandenhoeck und Ruprecht Göttingen.

Lelord, François, und André, Christophe (2011): Der ganz normale Wahnsinn. Vom Umgang mit schwierigen Menschen. Rheda-Wiedenbrück Verlag, Gütersloh.

Reiss, Neele, und Vogel, Friederike (2014): Empathischen Konfrontation in der Schematherapie. Beltz Verlag, Weinheim.

Riemann, Fritz (1961): Grundformen der Angst. Eine tiefenpsychologische Studie. Ernst Reinhard Verlag München Basel.

Rohr, Richard und Ebert, Andreas (1989): Das Enneagramm. Die neun Gesichter der Seele. Claudius Verlag München.

Saum-Aldehof, Thomas (2007): Big Five. Sich selbst und andere erkennen. Patmos Verlag Düsseldorf.

Schmitz, Bernd (2002): Kognitive Verhaltenstherapie bei Persönlichkeitsstörungen und unflexiblen Persönlichkeitsstilen. Pabst Sience Publ., Lengerich.

Schulz von Thun, Friedemann (2014): Miteinander reden. Band 1-4. Rowohlt Verlag, Reinbek.

Wardetzky, Bärbel (2004): Ohrfeige für die Seele: Wie wir mit Kränkung und Zurückweisung besser umgehen können. Deutscher Taschenbuch Verlag, München.

Wöller, Wolfgang und Kruse, Johannes (2005): Tiefenpsychologisch fundierte Psychotherapie. Schattauer Verlag Stuttgart.

Young, Jeffrey E. (2012): Kognitive Therapie der Persönlichkeitsstörungen. Ein schemafokussierter Ansatz. Dgvt Verlag, Tübingen.

Young, Jeffrey E. (2015): Schematherapie. Ein praxisorientiertes Handbuch. Junfermann Verlag, Paderborn.

Weitere Bücher von Jörg Berger

Stachlige Persönlichkeiten
Wie Sie schwierige Menschen entwaffnen
ISBN 978-3-86827-474-5
176 Seiten, Paperback

Leben und leben lassen.

Sie meinen es nicht böse. Trotzdem verwickeln schwierige Menschen andere in Beziehungen, die Kraft rauben, überfordern oder sogar gefährlich werden können. Kann man sich wirkungsvoll davor schützen? Und geht das, ohne sich selbst unfair zu verhalten?
Es geht, weiß der Psychotherapeut Jörg Berger und stellt bewährte Strategien für den Umgang mit schwierigen Menschen vor. Psychologisches Hintergrundwissen, Tricks, Tipps und viele Fallbeispiele machen das Buch zu einer aufschlussreichen und praxisnahen Lektüre.

Mit Illustrationen von Thees Carstens.

In gekürzter Fassung auch
als Hörbuch erhältlich:
Stachlige Persönlichkeiten
ISBN 978-3-86827-529-2